职业教育物流类专业精品系列教材

物流市场营销

主　编◎陈　锐　付永军　梁　婧

首都经济贸易大学出版社
Capital University of Economics and Business Press
·北　京·

图书在版编目（CIP）数据

物流市场营销 / 陈锐，付永军，梁婧主编. -- 北京 ：首都经济贸易大学出版社，2025. 2. -- ISBN 978-7-5638-3805-9

Ⅰ. F252.2

中国国家版本馆 CIP 数据核字第 20256Z640H 号

物流市场营销

WULIU SHICHANG YINGXIAO

陈　锐　付永军　梁　婧　主编

责任编辑　韩　泽

封面设计　砚祥志远·激光照排　TEL：010-65976003

出版发行　首都经济贸易大学出版社

地　　址　北京市朝阳区红庙（邮编 100026）

电　　话　（010）65976483　65065761　65071505（传真）

网　　址　http://www.sjmcb.cueb.edu.cn

经　　销　全国新华书店

照　　排　北京砚祥志远激光照排技术有限公司

印　　刷　唐山玺诚印务有限公司

成品尺寸　185毫米×260毫米　1/16

字　　数　274千字

印　　张　14

版　　次　2025年2月第1版

印　　次　2025年2月第1次印刷

书　　号　ISBN 978-7-5638-3805-9

定　　价　49.00元

编 委 会

主　编　陈　锐　付永军　梁　婧

副主编　刘　茜　盛　景　徐茸茸　张　磊
孙　阳　王宇慧　王江美子

参　编　叶　静　赵雨辰　毛　雨　张　萍
王启程　郭思彤

○前　言

随着信息技术和网络技术的飞速发展，我国电子商务呈现出迅速发展的势头，在线购物的蓬勃发展，给电子商务企业带来了前所未有的发展机遇，电子商务这一现代交易形式也受到更多人的关注。与此同时，和电子商务紧密联系的物流管理也受到各方面的重视，人们开始认识到，电子商务想要顺利发展，就必须要有科学、有效的现代物流管理作为辅助和支撑。

物流是电子商务“四流”——信息流、商流、资金流、物流中的一环，也是电子商务中商品和服务的最终体现。同时，电子商务的发展也推动着物流向更先进的方向发展。

物流企业管理过程中如何进行营销？这是本书要解决的问题。物流市场营销就是研究并应用物流活动中的各种营销活动，将物流营销活动中的方法、技能和技巧传授给学生，更好地推动物流企业市场营销活动的开展。

本书共分为 7 个项目：认知物流服务与营销；物流市场调查与预测；物流市场细分与定位；物流服务营销组合策略分析；物流企业服务方案的制定；客户投诉处理；市场的深度开拓。

本书具有以下特点：

1. 采用项目教学和任务导入的体例设计

本书 7 个项目环环相扣，任务清晰明确。采用项目引领，任务驱动，故事导入，图文并茂，内容通俗易懂，具有创新精神。每个项目主要包括知识目标、能力目标、素养目标、案例导入、应用训练、学后测评等。每个任务主要有任务描述、知识链接、任务实施三个环节，其中又穿插延伸阅读、想一想、知识窗、拓展案例等栏目，层次清晰，讲练结合，方便老师讲授，学生学习。

2. 贴合实际，突出实用性

本书从物流管理这一全新的视角来研究市场营销，紧盯国家教育教学改革的步伐，详细阐明现代物流市场营销的各个环节和运作流程，包括物流市场细分与定位、物流服务营销组合策略分析、物流企业服务方案的制定、物流市场的深度开拓等重点内容。本书通俗易懂，案例丰富，有助于电子商务、现代物流管理专业的学生系统地学习物流营销知识，了解物流营销整个体系，并增加对现代企业物流实践的认识。

3. 紧紧立足高等职业院校学生技能型、应用型人才的培养定位，强化物流营销实训

当前职业学校本课程图书较多，但很多与职业学校的培养目标不符。本书紧紧立足高职学生技能型、应用型人才的培养定位，由长期从事教育教学一线的老师编写，贴合实际。本书适用于职业学校现代物流管理专业的专业技能课，同时也适用于电子商务专业的专业基础课，。

4. 课程设计思路充分体现思政元素

本课程深入挖掘课程思政元素，加强劳育、美育，将高校思想政治教育融入课堂教学和改革的各环节、各方面，实现立德树人，润物无声。做好思政元素与教材融合、与教师融合、与教学方法融合，将思想政治教育融入专业课程的目标、内容、方法三个方面，才能保障“课程思政”教学的有效运行，达到思政有内容、联系重依据、教育有效果的目标，具体表现在三个方面：一是调整教学目标，建立“价值塑造+能力培养+知识传授”三位一体的教学目标，强化显性思政，细化隐性思政，构建全课程育人格局。二是优化教学设计，以社会主义核心价值观和中华优秀传统文化教育为灵魂和主线，以专业技能知识为载体，深入挖掘物流市场营销课程的思想政治元素，将知识传授、价值引领和思想政治教育有机融合，做到课程教学全过程育人。三是改革教学方法，对传统教学方法进行改革，利用在线课程，采用“线上+线下”混合式教学模式，在课堂讲授、实训演练的同时，适时增加讨论、汇报、学生互评等教学环节，提高学生课堂参与度和学习兴趣。

本书由陈锐、付永军、梁婧担任主编，刘茜、盛景、徐茸茸、张磊、孙阳、王宇慧、王江美子担任副主编，叶静、赵雨辰、毛雨、张萍、王启程、郭思彤参与编写。同时，出版社韩泽等编辑老师也为本书的出版提供了大力支持，在此一并表示衷心感谢。

为了进一步提高本书的质量，欢迎广大读者提出宝贵的意见和建议。

编者

目　录

◯ 项目一　认知物流服务与营销

◎ 知识目标

1. 理解物流服务及其特征
2. 掌握物流服务营销的概念
3. 熟悉不同物流业务中的客户服务

◎ 能力目标

1. 能够描述物流的概念，理解物流服务及其特征
2. 能够理解市场营销的概念，并应用到物流企业的营销分析中
3. 能够进行简单的物流客户分类，会分析物流企业客户服务的内容

◎ 素养目标

1. 通过本部分知识的学习，使学生初步具有主动获取物流客户信息的能力
2. 培养学生的创新思维，在市场竞争中思考如何为客户提供优质的服务

◎ 案例导入

顺丰速运的客户服务策略

在宅急送、大田、中国邮政EMS快速发展以及国外快递公司大力开拓中国市场的情况下，顺丰速运有限公司（以下简称“顺丰速运”）面临着前所未有的市场竞争。对此公司采取了如下应对策略：

（1）顺丰速运根据物流客户的不同生命周期确定不同的战略目标。处于不同生命周期的客户，其运行成本是不一样的。处于考察期和衰退期的客户，其运行成本一般都比较大，往往要利用较多的运作资源，而得到的净利润却很少。在技术经济可行的情况下，对此类客户加以整合，利用其独有的特性减少运作资源的消耗，从而降低成本支出，可以有效地支撑快递企业的利润，一旦开发得好，将会为企业带来充足的客源和利润源。

处于成长期和成熟期的客户会给企业带来巨大的现实利润。“大客户+小客户”的

整合中，处于成长期和成熟期的大客户一般是企业利润的主要来源，是企业的关键客户之一；小客户虽占用了企业较多的运作资源，但创造的利润却较少。大客户的快递作业由于操作的时间、区域和作业方式不同，运作资源富余（如车辆装载空余）的现象经常出现，如果与小客户协同运作，实际上是以大客户的运作支出支撑着完成了大小两个客户的运作。因此，快递企业制订其运作计划时，采取此种方式可以在合理分配大客户作业量的同时兼顾小客户的业务，使运作效率指标更高。

基于核心竞争能力的快递企业客户资源整合是现代竞争持续发展的过程，需要进行不懈的努力。现代快递的根本含义是物流客户服务，而对客户资源进行整合恰恰是促进企业服务质量提升的重要手段。持续地进行客户资源整合必将有力地促进企业核心竞争力的提升，不断增强企业的能力；而企业核心竞争力的提升也进一步促进了客户资源的整合。

（2）根据利润来源，细分快递市场，选定目标客户。公司认真分析什么类型的客户作为快递利润的主要来源是最合理的，如是大的项目客户还是标准的中小客户？根据统计，顺丰速运的文件与包裹的比例为6∶4。与宅急送、大通、大田等国内快递公司相比较，顺丰速运的文件占比最大，这符合顺丰速运的客户定位。顺丰速运认为文件市场的风险最小而利润最大。另外，运输渠道的野蛮操作容易造成货物损坏，从而引起客户的索赔。顺丰速运以小客户市场为主，为客户提供最大、最多、最好的价值，从而实现客户价值最大化。

（3）扩大快递网络。顺丰速运的一个战略指导思想是由区域性快递公司发展成全国性快递公司。顺丰速运从广东起家，在夯实了珠江三角洲地区密集的快递网络之后，向长江三角洲地区复制了其业务模式，进而再向华北、华中和西南地区不断扩张。顺丰速运在全国的网络覆盖19个省、直辖市及香港特别行政区。顺丰速运网点完全自营，没有建设代理网点或采取加盟连锁的方式，其网络策略是“自然延伸”，即根据自身实力和发展程度，哪里有市场就将网络铺设到哪里。在经济发达地区建设密集网点，放弃经济不发达地区。

（4）改变营销理念，客户关系成为营销重点。中国快递的营销力量非常薄弱，EMS、中通等快递公司竟然没有专职的销售人员。在产品和价格不占优势的情况下，顺丰速运一直保持着布局大量的销售人员，并且进行专门的培训。快递销售必然是顾问式销售，对一家企业快递方案的解决是快递销售的重心。同时，作为服务业，必须高度重视客户关系的维护。

（5）采用“4Cs”物流营销组合与消费者沟通。这里的“4C”分别指customer（客户）、cost（成本）、convenience（便利）和communication（沟通）。“4Cs”物流营销组合以客户对物流的需求为导向，与目前我国的物流供求现状相适应，提出了物流市场不断发展的观点，着眼于企业与客户之间的互动，达到物流企业、客户及最终消费者都能获利的三赢局面。首先，“4Cs”可引导这些企业关心客户的需求、关心客户关系的维护，根据客户的行为来判断客户的物流需求，并为其设计物流服务，这样就可以使这些企业有可能获得长期、稳定的物流客户。其次，“4Cs”营销告诉物流企业，物流业所产生的效益具有共享性，这种共享是在物流企业和客户之间实现的，在企业的物流营销过程中，必须时刻注意到如果客户不能从外包的物流业中获取效益，那么物流企业的所有努力都将是徒劳的。再次，物流企业在从事物流活动时，应该将本企业最擅长的一面（核心竞争能力）充分展示给客户，让客户充分相信物流企业的能力。最后，将物流业务交给专业物流企业完成。

（6）根据物流客户的需要增加服务特色。顺丰速运现提供的服务有：一是门到门寄付或到付快递服务；二是门到门快件限时派送服务；三是门到门寄付或到付普货服务；四是代签回单业务。该公司最大的服务特色是“五不”：一是该公司不设400免费电话服务（顺丰公司认为，真正讲求时限的客户不在乎几角钱的电话费）；二是不收同行代理的快件，未开通城市不设代理；三是其公布的快件价格不打折扣、不优惠；四是递送员培训考核不合格不能上岗；五是不做广告（递送员取件快是最好的广告）。

问题：

1. 顺丰速运的物流服务是什么？一般物流企业的物流服务主要有哪些？
2. 顺丰速运的营销观念是怎样的？一般物流企业可以怎样考虑其营销组合？

任务一　物流服务的基本认知

➢ 任务描述

张强从某市职业技术学院现代物流管理专业毕业后，应聘到广州××物流企业。在该企业首先要进行为期三个月的入职培训和实习。在这期间要进行与岗位相关的培训与实习，如果实习期间表现良好，则被聘为正式员工。

张强入职的第一天先到人力资源部报到，然后到培训部进行入职培训。培训部李老师先对该企业的整体状况做了介绍，并带其参观了各个部门，随后到企业的培训室进行了上岗前的培训，并要求张强完成下面的任务：怎么认知客户服务的内涵？物流客户服务的内容有哪些？让我们带着问题进入本堂课的学习。

➢ 知识链接

一、物流和物流企业

(一) 物流的定义

物流（physical distribution，PD）这一概念最早是美国的阿切·肖（Arch Shaw）在20世纪初提出的，汉语的意思是“实物分配”或“货物配送”。他在《市场流通中的若干问题》一书中提出“物流是与创造需要不同的一个问题”，并提到“物资经过时间或空间的转移，会产生附加价值”。这里的“时间或空间的转移”指的是销售过程的物流。

在第二次世界大战中，围绕着战争供应，美国军队建立了“后勤”（logistics）理论，并将其用于战争活动中。这里的“后勤”是指战时物资生产、采购、运输、配送等活动作为一个整体进行的统一布置，以求战略物资补给的费用更低、速度更快、服务更好。后来“后勤”一词在企业的经营活动中得到了广泛的应用，随之又有了商业后勤、流通后勤的提法。此时的后勤包含了生产过程和流通过程的物流，因而是一个内涵更广泛的物流概念。经过半个多世纪的演变，现在大多数西方国家把物流称作logistics，而不是physical distribution。20世纪50年代，日本派团考察美国的物流技术，引进了物流的概念。20世纪80年代初，我国从日本直接引入“物流”概念至今。而物流的确切定义目前各国不尽相同。

20世纪90年代，美国物流管理协会对物流的定义为：物流是为满足消费者需求而进行的原材料、半成品、最终产品及相关信息从起始地到消费地的有效流动与存储的计划、实施与控制的过程。

我国国家标准《物流术语》(GB/T 18354—2021）中的物流定义为：根据实际需要，将运输、储存、装卸、搬运、包装、流通加工、配送、信息处理等基本功能实施有机结合，使物品从供应地向接收地进行实体流动的过程。

(二) 物流企业的定义

原国家标准化管理委员会公布的《物流企业分类与评估指标》推荐性国家标准对物流企业做出的定义：物流企业（logistics enterprise）是指至少从事运输（含运输代理、货物快递）或仓储一种经营业务，并能够按照客户物流需求对运输、储存、装卸、包装、流通加工、配送等基本功能进行组织和管理，具有与自身业务相适应的信息管理系统，实行独立核算、独立承担民事责任的经济组织，非法人物流经济组织可比照适用。

我国国家标准《物流术语》（GB/T 18354—2021）中的物流企业（logistics service provider）定义为：从事物流基本功能范围内的物流业务设计及系统运作，具有与自身业务相适应的信息管理系统，实行独立核算、独立承担民事责任的经济组织。

二、物流的分类

（一）按物流的作用进行分类

1. 供应物流（supply logistics）

供应物流是为生产企业提供原材料、零部件或其他物料时所发生的物流活动。对于制造企业而言，是指对于生产活动所需要的原材料、燃料、半成品等物资的采购、供应等活动所产生的物流；对于流通企业而言，是指交易活动中，从买方角度出发的交易行为中所发生的物流。

2. 销售物流（distribution logistics）

销售物流是企业在销售商品过程中所发生的物流活动，是指物资的生产者或持有者到用户或消费者之间的物流。对于制造企业，是指售出商品；而对于流通企业，是指交易活动中，从卖方角度出发的交易行为中所发生的物流。

3. 生产物流（production logistics）

生产企业内部进行的涉及原材料、在制品、半成品、产成品等的物流活动称为生产物流。生产物流是制造企业所特有的，它和生产流程同步。原材料、半成品等按照工艺流程在各个加工点不停顿地移动、流转形成了生产物流。如果生产物流发生中断，生产过程也将随之停顿。

4. 回收物流（returned logistics）

回收物流是不合格物品的返修、退货以及伴随货物运输或搬运中的包装容量、装卸工具及其他可再用的旧杂物等，经过回收、分类、再加工、使用的流动过程。

5. 废弃物物流（waste logistics）

废弃物物流是将经济活动或人民生活中失去原有使用价值的物品，根据实际需要进行收集、分类、加工、包装、搬运、储存等，并分送到专门处理场所的物流活动。

（二）按物流研究范围进行分类

1. 宏观物流

宏观物流是指社会再生产总体的物流活动，它是从社会再生产总体角度认识和研究的物流活动。这种物流活动的参与者是构成社会总体的大产业、大集团，宏观物流也就是研究社会再生产总体物流，研究产业或集团的物流活动和物流行为。宏观物流研究的主要特点是综观性和全局性。宏观物流研究的主要内容包括：物流总体构成，物流与社会的关系，物流在社会中的地位，物流与经济发展的关系，社会物流系统和国际物流系统的建立和运作等。

2. 中观物流

中观物流是社会再生产过程中的区域性物流，它是从区域的经济社会视角来认识和研究物流的。从空间位置来看，一般是较大的空间。例如，一个国家经济区的物流，称之为特定经济区物流；一个国家城市经济社会的物流，称之为城市物流。

3. 微观物流

微观物流是指消费者、生产者、流通企业所从事的实际的、具体的物流活动。此外，在整个物流活动中的一个局部、一个环节的具体物流活动也属于微观物流；在一个小地域空间发生的具体的物流活动也属于微观物流；针对某一种具体产品所进行的物流活动也是微观物流。我们经常涉及的企业物流、生产物流、供应物流、销售物流、回收物流、废弃物物流、生活物流等物流活动均属于微观物流。微观物流研究的特点是具体性和局部性。因此，微观物流是更贴近具体企业的物流。

（三）按物流业务活动范围进行分类

1. 社会物流

社会物流一般是指流通领域发生的物流，是全社会物流的整体，所以有人也称之为大物流或宏观物流。社会物流的一个标志是：它是伴随商业活动发生的，即与物流过程和所有权的更迭相关联。

就物流学的整体而言，可以认为研究对象主要是社会物流。社会物流的流通网络是国民经济的命脉，流通网络分布是否合理，渠道是否畅通等都是至关重要的。必须对其进行科学管理和有效控制，采用先进的技术手段，保证高效能、低成本运行，这样做可以带来巨大的经济效益和社会效益。

2. 行业物流

同一行业中的企业虽然在市场上是竞争对手，但是在物流领域中却可以常常互相协作，共同促进行业物流系统的合理化。行业物流系统化的结果是使参与的所有企业都得到相应的利益。

3. 企业物流

企业是一种从事商务活动，即为满足顾客需要而提供产品或服务，以营利为目的的经济组织，区别于政府和居民等经济领域的其他主体。一个制造企业要首先购进原材料，然后经过若干工序的加工，最后形成产品销售出去。一个运输企业要按照客户的要求将货物运送到指定地点。在经营范围内，由生产或服务活动所形成的物流系统称之为企业物流。

三、物流服务及其特征

（一）物流服务的含义

物流服务是从接受顾客订单开始到将商品送到顾客手中为止所发生的所有服务活动。物流服务可使交易的产品或服务实现增值。其本质是更好地满足顾客需求，即保证顾客需要的商品在顾客要求的时间内准时送达，服务能达到顾客所要求的水平等。

物流服务的目的就是提供更多能满足客户要求的服务，扩大与竞争对手之间的差距，通过销售额的增加来获得或增加企业的利润。

物流服务具有三个方面的作用：一是有效地完成商品的供应；二是减轻客户的物流作业负担，提高作业效率；三是为客户节省更多的流动资金来研发企业的核心技术。

（二）物流服务的特征

由于流通业与一般制造业和销售业不同，它有运输、仓储等公共职能，是为生产、销售提供物流服务的产业，所以物流服务就是流通业为他人的物流需要提供的一切物流活动。它是以顾客的委托为基础，按照货主的要求，为克服货物在空间和时间上的间隔而进行的物流业务活动。物流服务的内容是满足货主需求，保障供给，即在适量性、多批次、广泛性上，安全、准确、迅速、经济地满足货主的要求。

物流服务的本质是达到客户满意。服务作为物流的核心功能，其直接使物流与营销相联系，为用户提供物流的时空效用，因而其衡量标准只能看客户是否满意。

1. 无形性

商品是一种有某种具体特性和用途的物品，是由某种材料制成的，具有一定的重量、体积、颜色、形色和轮廓的实物。而物流服务主要表现在活动形式上，不物化在任何耐久的对象或出售的物品之中，不能作为物而离开消费者独立存在，顾客在购买服务之前，无法看见、听见、触摸、嗅闻物流服务。物流服务结束后，客户并未获得服务的物质所有权，而只是获得一种消费经历。

2. 不可储存性

物流服务容易消失，不可储存。物流企业在为客户服务之后，服务就立即消失。因此，购买劣质服务的客户通常无货可退，无法要求企业退款，而且企业也不可能像产品生产者那样，将淡季生产的产品储存起来在旺季时出售，而必须保持足够的生产能力，以便随时为客户服务。如果某个时期市场需求量低，物流企业的生产能力就无法得到充分利用；而在市场需求量超过生产能力时，物流企业就无法接待一部分客户，从而丧失一部分营业收入。当然，尽管物流服务容易消失，但物流企业可反复利用其服务设施，因此要保持持久的销售量，物流企业最好的方法是保持现有的老客户。

3. 差异性

差异性是指物流服务的构成成分及其质量水平经常变化，很难统一界定。物流企业提供的服务不可能完全相同，由于人类个性的存在，同一位第一线的员工提供的服务也不可能始终如一。与产品生产相比较，物流企业往往不易制定和执行服务质量标准，不易保证服务质量。物流企业可以在工作手册中明确规定员工在某种服务场合的行为标准，但管理人员却很难预料有各种不同经历、性格特点、工作态度的员工在这一服务场合的实际行为方式；而且服务质量不仅与员工的服务态度和服务能力有关，也和客户有关，同样的服务对一部分客户是优质服务，对另一部分客户却可能是低质服务。

4. 不可分离性

有形产品可在生产和消费之间的一段时间内存在，并可作为产品在这段时间内流通。而物流服务却与之不同，它具有不可分离性的特征，即物流服务的生产过程与消费过程同时进行，也就是说企业员工向顾客提供物流服务时，也正是客户消费服务的时刻，二者在时间上不可分离。由于物流服务本身不是一个具体的物品，而是一系列的活动或者过程，所以物流服务的过程也就是客户对服务的消费过程。正因为物流服务的不可分离性，不需要像产品一样经过分销渠道才能送到客户手中，物流企业往往将生产、消费场所融为一体，客户必须到服务场所才能接受服务，或物流企业必须将服务送到顾客手中，因此各个物流服务网点只能为某一个地区的消费者服务。所以，物流网络的建设是物流企业管理人员必须做好的一项重要工作。

5. 从属性

货主企业的物流需要是伴随商流的发生而发生的，是以商流为基础的，所以物流服务必须从属于货主企业物流系统，表现在流通货物的种类、流通时间、流通方式、提货配送方式都是由货主选择决定，流通业只是按照货主的需求站在被动的地位来提供物流服务。

6. 移动性和分散性

物流服务是以分布广泛、大多数时候不固定的客户为对象，所以有移动性和面广、分散的特性。这会使产业局部的供需不平衡，也会给经营管理带来一定的难度。

7. 较强的需求波动性

物流服务是以数量多而又不固定的客户为对象，他们的需求在方式上和数量上是多变的，有较强的波动性，容易造成供需失衡，成为在经营上劳动效率低、费用高的重要原因。

8. 可替代性

一般企业都可能具有自营运输、保管等自营物流的能力，使得物流服务从供给力方面来看有替代性。这种自营物流的普遍性，使物流经营者从量和质上调整物流服务的供给力变得相当困难。

四、物流服务分类

（一）按业务分类

我国物流企业可分为运输型物流企业、仓储型物流企业、综合服务型物流企业三大类。另外，根据物流的作用和所涉及领域的不同，还可分为流通加工型物流企业和国际物流企业等。不同类型物流企业的物流服务内容与特点有很大差异。

1. 物流运输业务中的物流服务

运输功能是物流服务的基本服务内容之一。物流的主要目的就是满足客户在时间和地点两个条件下对一定货物的要求，时间的变换和地点的转移是实现物流价值的基本因素。

企业既可以通过拥有自己车辆的方式自己设计运输系统，也可将这项物流业务外包给专业的第三方物流（third party logistics，TPL）。专业的物流公司一般自己拥有或掌握一定规模的运输工具；具有竞争优势的TPL经营者的物流设施不仅仅只在一个点上，而是一个覆盖全国或某个大的区域的网络。因此，TPL服务公司首先可能要为客户设计最合适的物流系统，选择满足客户需要的运输方式，然后具体组织网络内部的运输作业，在规定的时间内将客户的商品运抵目的地。除了在指定交货点的交货需要客户配合外，整个运输过程，包括最后的市内配送，都可由 TPL 经营者完成。

知识窗

物流小常识——货车类型

货车分为重型、中型、轻型、微型四种。重型货车指总质量在 12 吨以上，车长 6 米以上的货车。中型货车指总质量大于 4.5 吨、小于 12 吨，车长小于 6 米的货车。轻型货车指总质量小于等于 4.5 吨，车长小于 6 米的货车。微型货车指总质量小于 1.8 吨，车长小于等于 3.5 米的货车。

2. 物流仓储业务中的物流服务

对于企业来说，仓储业务是通过一定的库存来实现的。与运输一样，企业既可以构建自己的仓库，或租用仓库，来对产品进行管理，也可以交给TPL来完成这项功能。

决策必须是在综合考虑了各方面因素的情况下做出的，最主要的目的是利益最大化。在由运输路线和仓库组成的物流网络中，库存处于结点的位置。

3. 物流配送业务中的物流服务

物流配送是将货物送交收货人的一种活动，目的是做到收发货经济，运输过程更为完善，保持合理库存，为客户提供方便，降低缺货的危险，减少订发货费用。

4. 流通加工业务中的物流服务

流通加工的主要目的是方便生产或销售。专业化的物流中心常常与固定的制造商或分销商进行长期合作，为制造商或分销商完成一定的加工作业，如贴标签、制作并粘贴条形码等。

5. 信息处理业务中的物流服务

由于现代物流系统的运作已经离不开计算机，因此可以对物流各个环节及各种物流作业的信息进行实时采集、分析、传递，并向货主提供各种作业明细信息及咨询信息，这是相当重要的。

（二）按服务对象分类

1. 以顾客为核心的物流服务

这是指由第三方物流提供的、以满足买卖双方对于配送产品的要求为目的的各种可供选择的物流服务。

2. 以促销为核心的物流服务

这种物流服务包括对储存的商品提供特别介绍，为销售点展销提供物流支持等。

3. 以制造为核心的物流服务

这是指通过独特的产品分类、递送等定制化服务来支持制造活动，如按用户要求尺寸供应软管。

4. 以时间为核心的物流服务

这种物流服务包括准时化（just in time，JIT）供应等。

五、物流服务的重要意义

（1）物流是企业生产和销售的重要环节，是保证企业高效经营的重要方面。对于一个制造型企业来说，物流包括从采购、生产到销售这一供应链环节中所涉及的仓储、运输、搬运、包装等各项物流活动，它是贯穿企业活动始终的。只有物流顺畅，才能保证企业的正常运行。同时，物流服务还是提高企业竞争力的重要方面，及时、准确地为客户提供产品和服务，已成为企业之间除了价格以外的重要竞争因素。

（2）物流服务水平是构建物流系统的前提条件。物流服务水平不同，物流的形式将随之而变化，因此物流服务水平是构建物流系统的前提条件。企业的物流网络如何规划，物流设施如何设置，物流战略怎样制定，都必须建立在一定的物流服务水平之上。不确定的物流服务水平而空谈物流，是无源之水，无本之木。

（3）物流服务水平是降低物流成本的依据。物流在降低成本方面起着重要的作用，而物流成本的降低必须首先考虑物流服务水平，在保证一定物流服务水平的前提下尽量降低物流成本。从这个意义上说，物流服务水平是降低物流成本的依据。

（4）物流服务起着连接厂家、批发商和消费者的作用，是国民经济不可缺少的一部分。

延伸阅读

顺丰速运的客户服务理念

顺丰速运从成立之初，就确立了“速度第一”的客户服务理念。速度是快递之魂。全国两万多家快递企业都将速度作为自己的生命线，但一些企业在注重速度的同时忽视了一个重要的因素，那就是低成本下的速度才是真正的速度。为了提高速度确保递送时限，顺丰速运经常买火车票、飞机票，让自己的员工带着客户的物品乘坐火车、飞机去送货，甚至专车直送、包飞机。这样做就保证了准点率，满足了客户的需求。速度是顺丰速运争夺市场的利器。

职业技能点提示

《物流管理职业技能等级标准》中的“中级职业技能要求”：掌握物流基本概念认知、掌握物流前沿发展与创新认知。

（1）掌握物流管理基础知识。

（2）能获取物流行业前沿发展和创新的相关知识。

任务实施

任务目的：

通过该体验，熟悉物流企业的物流服务运作方式、物流业务的组织过程、物流服务的运作流程，培养学生调查、收集、整理相关信息的能力，掌握一定的调研与分析方法，培养团队合作精神。

任务准备：

联系一家物流企业，对该企业的基本信息、物流业务经营方式和组织过程、网点分布、所能提供的物流服务等进行调查，最好能对某一单物流业务处理过程进行跟踪，提出分析意见。

实施步骤：

（1）指导老师给出具体任务的要求，调研报告的格式，评分标准。

（2）以小组为单位到企业进行调查，注意做好调查记录。

（3）了解物流服务组织方法和物流业务操作流程。

评价与考核：

（1）以小组为单位，分析某物流企业所能提供的物流服务，撰写某单物流业务的完整流程。

（2）指导教师组织各组之间互评讨论，根据各组的提交意见及总结的质量情况，以及各组在模拟训练中的表现，按照评分标准进行成绩评定。

任务二 物流服务营销的基本认知

➢ 任务描述

在一周的入职培训之后，张强被分配到企业的营销部门进行轮岗实习。在入职培训中，培训部李老师曾说过，企业的一切业务都来自营销，营销工作做得好可以使企业销售成为多余，客户会自动购买我们提供的物流服务。要做好在该部门的岗位工作，张强需要对物流服务营销有基本的认识，以便成为一名合格的正式员工。那么，如何理解市场营销和物流服务营销呢？物流服务营销的运作和管理过程是怎样的呢？让我们进入本堂课的学习。

➢ 知识链接

物流企业是一种服务企业，它向客户提供的主要是服务，而服务的好坏不像产品那样方便展示，它需要物流企业从多方面加强宣传，以赢得客户的信赖。因此，物流企业良好的物流营销策略可以使物流企业获得长期的、稳定的客户，增强物流企业的市场竞争力。

一、物流服务营销的含义

物流服务营销是指物流企业以物流市场需求为核心，通过采取整体物流营销行为，以提供物流产品和服务来满足客户的需要和欲望，从而实现物流企业目标的过程。

物流服务营销是贯穿于物流业务中的主要核心业务，涉及企业经营活动的全过程以及企业的各个方面。物流企业需要不断创新营销理念和优化营销活动，以客户为核心，以物流资源链为服务手段，以市场占有率和建立客户忠诚度为导向，开展针对性的营销策略，注重客户的维护与开发，实现客户的系列化、个性化物流服务，注重客户关系的维护，提高物流服务质量，根据客户的行为来预测客户的物流需求，并为其设计物流服务，建立长期的、双赢的客户关系。

二、物流服务营销的原则

物流企业要扩大自身的影响力和知名度，就必须进行有效的物流营销。在物流营销时要遵循哪些原则，就成为营销人员首要的功课。

（一）注重规模，讲究整体效益

现代物流企业的效益离不开规模化。规模化运作是降低物流成本、提高物流效率的有效途径，也是提供定制物流服务的前提。整体效益与规模大小有关，没有一定的规模就无法产生出足够的整体效益。例如，沃尔玛的供应链与联华超市的供应链显然不同。以沃尔玛为核心的供应链系统要比联华超市的规模大得多，也复杂得多。

（二）注重合作，讲究合作优势

现代物流的最终目标就是使制造企业的物流彻底地从企业核心业务中分离出来，使生产企业能够集中资金、人力和物力投入其核心制造领域。一方面，把原来企业内部的运输、仓储等物流业务交给专业化的物流公司，是社会产业分工越来越细的发展规律的体现。另一方面，现代物流要求在更大范围内进行资源的合理配置，单个物流企业本身并不一定必须拥有完成物流业务的所有功能。物流企业在做好自身核心物流业务的同时可将其他业务外包，把原来企业内部的运输、仓储等物流业务交给专业化的物流公司。因此，它们必须与其他物流企业实行友好合作。企业选择一个很好的物流伙伴不仅能实现内部资源的最佳整合和最大限度的利用，开辟新的利润增长点，还可以在市场开拓、信息处理、财务咨询和战略决策上增加筹码。

（三）注重回报，讲究企业共赢

物流企业在进行营销活动时，既要满足客户的物流需求，为客户提供价值，又要具备为自身带来短期或长期利润的能力，实现企业与客户的双赢。一方面，追求回报是物流企业生存和发展的物质条件；另一方面，物流企业在营销活动中也要回报客户，要满足客户的物流需求，为客户提供增值服务，回报是维护市场关系的必要条件。

三、物流服务营销的特点

在市场经济条件下，物流企业是一种具有独特的服务性的经济组织，它通过为客户提供物流服务来实现自己的价值。与一般的工业企业市场营销相比，物流服务营销具有以下几个主要特点。

（一）物流企业为客户提供的是服务产品

物流企业为客户提供的产品是使物品在时间、空间的位置移动和形状性质变动，通过物品和信息的流动过程，实现物流价值最大化，因而它提供的不是日用品、食品、纺织品等有形的产品，而是一种特殊的服务产品。它的无形性使得客户难以触摸并予以评判，物流供应商和客户之间相互作用的重点也从直接的交易转向关系的协调。

（二）物流服务的质量由客户的感受决定

由于物流企业提供的是服务产品，它的质量的优劣不能由企业来决定，而是由客户接受服务的感受来决定。

（三）物流营销的对象广泛

物流活动的全球化使物流变得更加复杂，生产企业为了将资源集中在自己的核心业务上，往往将其他非核心业务外包。目前外包物流已成为国际潮流，一些政府、非营利组织等也日益成为物流企业的服务对象，这些急剧增多的物流外包为物流企业提供了广阔的市场和服务对象，物流服务的对象涉及各行各业，客户非常广泛。

（四）物流企业营销服务的能力强

随着物流市场的个性化需求越来越突出，物流企业必须具有强大的营销服务能力与之相适应。一个成功的物流企业，必须具备较大的运营规模，建立有效的地区覆盖面，具有强大的指挥和控制中心，兼备高水平的综合技术、财务资源和营销策略。

四、物流企业主要类型

物流企业类型很多，根据物流企业以某项服务功能为主要特征，并向物流服务其他功能延伸的不同状况，可分为运输型物流企业、仓储型物流企业和综合服务型物流企业。

（一）运输型物流企业

运输型物流企业应同时符合以下要求：

（1）以从事货物运输业务为主，包括货物快递服务或运输代理服务，具备一定规模。

（2）可以提供门到门运输、门到站运输、站到门运输、站到站运输服务和其他物流服务。

(3) 企业自有一定数量的运输设备。

(4) 具备网络化信息服务功能，应用信息系统可对运输货物进行状态查询、监控。

(二) 仓储型物流企业

仓储型物流企业应同时符合以下要求：

(1) 以从事仓储业务为主，为客户提供货物储存、保管、中转等仓储服务，具备一定规模。

(2) 企业能为客户提供配送服务以及商品经销、流通加工等其他服务。

(3) 企业自有一定规模的仓储设施、设备，自有或租用必要的货运车辆。

(4) 具备网络化信息服务功能，应用信息系统可对货物进行状态查询、监控。

(三) 综合服务型物流企业

综合服务型物流企业应同时符合以下要求：

(1) 从事多种物流服务业务，可以为客户提供运输、货运代理、仓储、配送等多种物流服务，具备一定规模。

(2) 根据客户的需求，为客户制定整合物流资源的运作方案，为客户提供契约性的综合物流服务。

(3) 按照业务要求，企业自有或租用必要的运输设备、仓储设施及其他设备。

(4) 企业具有一定运营范围的货物集散、分拨网络。

(5) 企业配置专门的机构和人员，建立完备的客户服务体系，能及时、有效地提供客户服务。

(6) 具备网络化信息服务功能，应用信息系统可对物流服务全过程进行状态查询和监控。

知识窗

市场营销的核心概念

1. 需要、欲望和需求

需要 (needs)：人类的基本要求没有得到满足的感受状态。

欲望 (wants)：人类想得到上述某些基本需要的具体满足物的愿望，是更深层次的需要的满足。

需求 (demands)：人们有能力购买并且愿意购买某种具体产品的欲望。

2. 顾客价值 (顾客让渡价值)、顾客满意和全面质量营销

顾客价值 (value)：顾客从拥有和使用某产品中所获得的价值与为取得该产品所付

出的成本之差。

顾客满意（satisfaction）：取决于消费者所感觉到一件产品的效能与其期望值的比较。

全面质量营销（total quality marketing）：以顾客需求为先导，以提高产品和服务质量为重点，通过全过程的营销努力来提高产品质量，驱动质量绩效，以实现顾客满意目标的一种新型营销理念。

3. 交换、交易和关系营销

交换（exchange）：通过提供某种东西作为回报，从别人那里取得所需物品的行为。

交易（transaction）：交换活动的基本单元，由双方之间的价值交换构成的行为，涉及两种以上有价之物、协议一致的条件、时间和地点等。

关系营销：与顾客及其他利益相关者建立、维持并加强富有特定价值的牢固关系的过程。

➢ 职业技能点提示

《物流管理职业技能等级标准》中的“中级职业技能要求”：掌握物流服务营销概念认知、掌握物流企业发展的认知。

（1）掌握物流服务营销基础知识。

（2）能根据物流企业不同类型特点提供不同的服务。

➢ 任务实施

任务目的：

通过该体验模拟组建物流企业，理解物流企业的物流服务理念、物流客户服务的内容，培养学生的组织能力和团队合作精神。

任务准备：

通过网络或其他途径，查找 3 个以上的物流企业，分析它们为客户提供的物流服务，了解这些物流企业的营销观念、营销策略、客户分类及服务内容。

参考以上分析内容，分组成立一家物流公司。

实施步骤：

（1）给自己小组的物流公司起一个名字。

（2）制定该物流公司的发展目标。

（3）制定该公司的服务理念。

（4）分析该公司的客户分类及服务内容。

评价与考核：

（1）以小组为单位，撰写模拟组建物流企业的策划书。

（2）指导教师组织各组之间互评讨论，根据各组提交的意见及总结的质量情况，以及各组在模拟训练中的表现，按照评分标准进行成绩评定。

任务三　物流客户服务的基本认知

➢ 任务描述

为期一个月的营销部门实习结束之后，张强被安排到该企业客服部门继续进行轮岗实习。在入职培训中，培训部李老师曾反复强调，客户是企业的利润来源，满意的客户服务是形成和保持客户忠诚的有力保障。要做好在该部门的岗位工作，张强需要对物流客户服务有基本的认识，以便成为一名合格的正式员工。那么，如何理解物流客户？哪些因素会影响物流客户服务水平？如何为不同类型的客户提供满意的客户服务呢？让我们带着问题进入本堂课的学习。

➢ 知识链接

一、物流客户及其分类

（一）客户

1. 客户的定义

一般来说，客户的概念有外延和内涵之分。外延的客户是指市场中广泛存在的、对企业的产品或服务有不同需求的个体或消费群体；内涵的客户是指企业的所有服务对象，如公司股东、雇员、顾客、合作者、政府官员、社区的居民等。

总之，客户是相对于产品或服务提供者而言的，无论是个体的客户还是组织的客户，都是接受企业产品或服务的对象，个体的客户和组织的客户都统称为客户。

2. 客户需求的特性

（1）客户需求具有无限扩展性。应该说，客户的需求是无止境的，永远不会停留在一个水平上。随着经济、技术的发展，客户的需求也不断地向前发展。

（2）客户需求具有多层次性。尽管客户有多种多样的需求，但不可能同时得到满足，需要我们按照个体的经济实力、支付能力和客观条件，根据轻重缓急，有序地逐步实现。

(3) 客户需求具有可诱导性。客户需求的产生有些是必需的、最基本的，有些是与外界的刺激诱导有关的，如经济政策的变动、各类营销活动的影响、社会交际的启示、广告宣传的诱导等，都会使客户的需求发生变化或转移，潜在的需求也可以变为现实的需求。

(4) 客户需求具有分散性。自我国加入世界贸易组织以来，由于竞争的不断加剧和民营企业的飞速发展，各类企业的市场占有率不断下降，因此客户需求具有分散的特性。

(二) 物流客户

1. 物流客户的定义

物流客户是指物流公司所有的服务对象，包括公司股东、雇员、顾客、合作者、政府官员、社区的居民。物流客户有以下两个显著的特性：

(1) 物流客户是物流企业最重要的战略资源。物流客户是物流企业交易的对象，物流客户通过购买物流企业提供的产品和服务，获得了需求上的满足；而物流企业则获得了利润，使物流企业得以生存和壮大。因此，物流客户是物流企业“唯一”的利润中心，是物流企业生存发展的“衣食父母”，是物流企业的无形资产，也是物流企业不可忽视的最重要的战略资源。

(2) 物流客户不同于顾客。顾客是企业服务对象的泛指，代表着一个被服务的群体，是所有可能成为该企业客户的统称；而物流客户是指物流企业拥有具体名称、地址、具体需求、经营特性等详细资料的服务对象。

客户与企业之间的关系比一般意义上的顾客更加密切。物流客户是针对物流市场某一特定人群或细分市场而言的。顾客可以由任何人或机构来提供服务，而物流客户则主要由专门的企业、专门的人员或部门来提供服务。

2. 物流客户的内涵

在现代营销观念日益普及、客户意识日趋增强的今天，人们对物流客户的理解已经不再局限于物流企业的服务对象这样传统意义上的客户概念，而是从供应链的角度，把物流客户内涵扩大化，还包括物流企业内部下游流程对上游流程的需求等环节。物流客户的内涵主要包括以下两点：

(1) 物流客户一般是物流产品或服务的最终接受者，体现为供应链客户关系。从现代物流的角度分析，产品从供应商、生产商到批发商、零售商，再到最终消费者手中，整个生产流通过程就是一条供应链，它将供应商、生产商和经销商的生产经营活动紧密联系起来，而物流过程则是这些环节的联系桥梁。处于供应链的上下游企业等都是物流企业的服务对象。因此，物流企业的客户可能是供应商、生产商，也可能是一级批发商、二级批发商、零售商，也可能是其他的物流企业，还可能是个人或其他组织。

所谓供应链（supply chain），就是围绕核心企业，通过对信息流、物流、资金流的控制，从采购原材料开始，然后制成中间产品以及最终产品，最后由销售网络把产品送到消费者手中，将供应商、制造商、分销商、零售商直到最终用户连成一个整体的功能网链结构。

（2）物流客户不一定局限于企业之外，也体现为企业内部客户关系。从供应链的角度来看，物流企业内部上下流程也是服务与被服务的关系，即物流企业内部下流程是上流程的客户。但是从传统的角度来看，人们习惯于认为企业内部各部门或各环节是平行关系或合作关系，从而淡化了服务意识和市场意识，造成服务的内外脱节，影响物流企业的运营效率。

物流企业内部客户包括企业内部的从业人员、基层员工、主管及股东。这部分客户符合物流客户定义，满足一般性客户的特性。对企业来说，他们具有双重身份，也是需要首先满足的群体。

按照工作关系的不同，可以将企业内部客户关系分为三种类型：一是水平支援型。彼此独立工作，如遇到困难则互相帮助，这种组织常见于一般的服务业，物流企业也一样。二是上下流程型。物流企业许多工作需要各个部门前后合作才能完成，如流通加工、分拣、包装、配送等。三是小组合作型。它是以上两种形式的综合，一般按主从位置划分。

（三）物流客户的分类

1. 物流客户分类的方式

（1）按照服务对象的性质，可将物流客户分为个体型客户和组织型客户。

个体型客户是指由于个人或家庭的需要而购买物流产品或服务的最终消费者，它主要由个人或家庭购买者构成。

组织型客户是指一定的正式组织机构，以组织的名义，因组织的运作需要而购买某种物流产品或服务的对象，它一般由一系列组织单位或团体机构等构成。

（2）按照业务关系，可将物流客户分为交易型客户、合同型客户和联盟型客户。不同类型的客户对物流服务有不同的需求，因此对他们的管理方式也应有所区别。

交易型客户是指物流企业与客户的关系是建立在一次交易或一系列独立交易的基础上，这种关系的客户数量较多且需求具有随机性，需求的数量和水平难以准确预测。因此，在管理这类客户时，第三方物流企业应强调客户服务能力的柔性化，在顾客满意和物流成本之间寻找良好的平衡。

合同型客户是指物流企业与客户的关系是根据一种具体的情况确立的合同关系，并在合同的指导下满足客户的要求。由于这种关系具有合同的具体指导，可以比较准确地预测客户需要的服务水平和数量，因此为这类客户服务时，第三方物流企业只要确保服务过程的稳定性和可靠性，就可以使客户满意。

联盟型客户是指物流企业与客户的关系是一种为实现共同的利益、目标和战略的有计划的持久性合作关系。在管理这种客户关系时，第三方物流企业应该加强与客户的互动沟通，充分认识和发掘客户深层次的需求，为客户提供个性化的服务，帮助客户达到预定的战略目标。

（3）按照客户成熟度，可将物流客户分为现实客户和潜在客户。

现实客户，又称为显性客户，是指有购买能力和购买动机，能为企业创造现实利益的个人或群体。这类客户一般具备四个条件：有购买动机或需求；有足够的消费能力；了解物流产品或服务的购买途径；能为物流企业带来即时收入。

潜在客户，又称准客户或隐性客户，是指由于各种原因暂时不能接受物流产品或服务，但是能为物流企业创造潜在收益的个人或群体。这类客户一般有以下特征：目前预算不足，暂时不具备消费能力；可能具有消费能力，但暂时还没有购买某种物流产品或服务的需求或动机；可能具有消费能力，也可能具有消费需求，但缺乏商品信息或购买渠道。此类客户会随着环境或需求的变化，成为个体型客户或组织型客户。

（4）按照重要程度，可将物流客户分为A类客户、B类客户和C类客户。

A类客户，又称重点客户或关键客户。这类客户的数量一般占企业总数的 5%左右，而为企业带来的业绩（销售额、利润）却占企业总数的80%左右。

B类客户，又称为合适客户。这类客户的数量一般占企业总数的15%左右，而为企业带来的业绩（销售额、利润）只占企业总数的15%左右。

C类客户，又称一般客户。这类客户的数量一般占企业总数的80%左右，而为企业带来的业绩（销售额、利润）只占企业总数的5%左右。

2. 客户分类的意义

（1）任何一个企业的资源都是有限的，因此不可能为所有客户提供同等满意的产品和服务。企业应当以有限的资源优先满足关键客户的需要，求得最大化客户价值与最大化企业价值的平衡。

（2）客户分类可以衡量一个企业的有限资源是能为所有客户提供满意的产品或服务，还是只能满足一小部分客户的服务要求。由此扩大合适客户和关键客户的范围，使一般客户也能得到更广泛的服务，从而促进客户整体价值的提高。

（3）客户分类有利于企业根据关键客户和合适客户的需要，进行客户化设计、制造和服务，使客户的个性化需求得到满足，使客户价值最大化。这是客户的需要，也是营销管理的动力之源。

知识窗

客户与用户

查理·芒格（Charlie Munger）很喜欢钓鱼，有一天他去一家渔具店买鱼饵，看到同一款式的鱼饵有多种颜色，便好奇地问老板："老板，鱼会喜欢这些颜色吗？"老板答道："先生，我可不是把鱼饵卖给鱼的啊！"

这个故事形象地说明了客户与用户的区别：客户是产品或服务的请求方和支付者，而用户则是产品或服务的实际使用者。

二、物流客户服务的概念

（一）客户服务

客户服务旨在通过满足客户本人的喜好，使客户感觉到自己受到重视，把这种好感铭刻在心里，进而成为企业的忠实客户。

国际物流学界对客户服务有一个较全面的、广为接受的定义：客户服务是发生在买方、卖方及第三方之间的一个过程，这个过程使交易中的产品或服务实现增值。这种发生在交易过程中的增值，对单次交易来说是短期的，但当各方形成较为稳定的合同关系时，增值则是长期的、持久的。同时，这种增值意味着通过交易，各方都实现了价值的增加。因此，从过程管理的观点看，客户服务是通过节省成本费用为供应链提供重要的价值增值的过程。

（二）物流客户服务

物流客户服务是指物流企业为其他需要物流服务的机构与个人提供的一切物流活动（强调的是结果）。它是在生产和科技的进步、世界各国经济的发展、企业之间竞争的加剧、买方市场形成的情况下产生和深化的。随着物流业的发展，人们对物流客户服务重要性的认识不断提高，物流企业更加明确地确立了"以客户为中心、以满足客户需求为己任"的经营理念，将物流客户服务列为企业经营管理过程中的重要组成部分加以实施，对物流营销、物流成本、服务水平和企业竞争力都产生了重要的影响。建立良好的客户关系，以优质的服务为客户提升价值，已成为物流企业不可忽视的主要环节和参与竞争的主要手段。

物流客户服务是赢得竞争性优势的重要源泉。企业通过对物流的计划、实施和控制，可以使企业在与竞争对手的争夺中脱颖而出，从而创造价值和提高客户满意度。现代物流要求企业将恰当的商品、在恰当的时候、用恰当的方式、以恰当的数量送达客户，在这个过程中，物流客户服务是至关重要的。越来越多的消费者要求提高物流质量、降低物流价格、改善服务水平，同时不少大客户对特殊物流需求和相应的物流网络提出了更高的要求。成功的物流企业逐渐采取了客户服务导向的策略，并逐渐做到客户化信息系统、客户化快速反应、客户化企业组织结构、客户化企业组织运营。

总之，一切以满足客户需求、开发客户需求和创造客户价值为基本出发点和终极目标，这就是现代物流客户服务。

三、物流企业客户服务的内容

客户服务是物流企业最关键的业务内容，是企业的赢利来源。物流企业必须积极主动地处理客户各种不同类型的信息咨询、订单执行查询、投诉及高质量的现场服务等。

（一）核心服务——订单服务

订单服务是构成物流客户服务的主要部分，物流企业的所有业务都是围绕客户的订单而开展的，它是从接到客户的订单开始发货到将货物送达客户手中的一系列物流过程。订单服务包括订单受理、订单传递、订单处理、订单分拣与整合、订单确认、退货处理等过程。

（二）基础服务——储存、运输与配送服务

在完成客户订单的业务中，需要有储存、运输与配送这些基础服务来配合。没有物流的基础服务，就没有物流的延伸服务。物流企业只有认真、扎实地做好储存、运输与配送服务，才能使企业在竞争中立于不败之地。

（三）辅助服务——包装与流通加工服务

在物流基础服务做好以后，还必须做好包装与流通加工服务。包装与流通加工服务是促进销售、维护产品和提高物流效率的关键。

（四）增值服务——延伸服务

随着行业内竞争的加剧，物流企业在完成基础服务的同时，必须为客户提供增值化的延伸服务。物流企业需要根据客户的个性化需求为客户提供多样化的延伸服务业务，不断开拓新颖独特的增值服务，使企业的客户服务技术和水平有一个质的提高，对客户来说更具有竞争力和吸引力。

物流的延伸服务可以在基础服务的基础上向上、向下延伸，如需求预测、货款回收与结算、物流系统设计、物流方案规划制作与选择、物流教育与培训及物流咨询等。

这些服务能够为客户提供差异化的增值服务，使物流企业的服务更具竞争力。物流企业客户部门必须认真对待，仔细分析客户的需求内容及层次，满足客户的需求，在竞争中超越对手。

四、影响物流客户服务水平的因素

物流客户服务涉及企业的许多部门，影响客户服务水平的因素有 4 个：时间、可靠性、沟通、方便。下面探讨这些因素对物流服务买卖双方的影响。

（一）时间

从卖方的角度，时间因素通常用订单周期表示；而从买方的角度，则是备货时间或补货时间。不管是从什么角度及采用什么术语，影响时间因素的基本变量主要有 4 个，即订单传送时间、订单处理时间、订单准备时间和订单发送时间。当今成功的物流作业具有对备货时间的基本变量高度控制的能力，能够通过对订单处理、订单准备、货物发送这些活动的有效管理，保证合适的订单周期及一致性，由此提高卖方公司对买方的客户服务水平。

订单传送包括订单从客户到卖方传递所花费的时间，少则几秒（用电话），多则几天（通过信函）。卖方若能提高订单传送的速度，就可减少备货时间，但可能会增加订单传送的成本。计算机与互联网使订单传送产生了根本性的变化，通过买卖双方的计算机连接，卖方可以登录到买方的计算机，在实时系统中，买方可以知道有关产品的供货可能性及可能的装运日期等信息。买方也可以通过计算机来挑选所需要的商品，并通过电子信息交换传送给卖方。例如，电子数据交换（electronic data interchange，EDI）自动订货系统已广泛应用于买卖双方。

卖方需要时间来处理客户的订单，使订单准备就绪和发运。这一功能一般包括调查客户的信誉、将信息传送到销售部做记录、传送订单到存货区、准备发送的单证。这里的许多功能可以用电子数据处理同时进行。一般来说，卖方作业成本的节约量比实施现代技术的资本投资量要大，这是因为当今计算机硬件与软件的成本已大大降低了。

订单准备时间包括订单的挑选和包装发运。不同种类的物料搬运系统以不同方式影响着订单准备工作，物料搬运系统可以从简单地靠人力操作的系统到复杂的高度自动化的系统。两套系统中订单准备时间相差很大。

订单发送时间是从卖方将指定货物装上运输工具开始至买方卸下货物为止的时间。当卖方雇用运输公司时，计算和控制订单发送时间是比较困难的。要减少订单发送时间，卖方必须雇用一个能提供快速运输的运输公司，或者利用快速的运输方式，不过这时的运输成本会上升。

若对以上所有变量进行改进来减少备货时间，其费用可能太高。为此，物流公司可以在某一项目上进行改进而其他项目仍保持不变。例如，投资自动化物料搬运设备可能在财务上不合算，为缩短人工操作带来的较长的订单处理时间，公司可以采用以电话订货代替信函订货，以及用公路运输代替铁路运输。这将使公司减少备货时间而不用在自动物料搬运设备上进行投资。

（二）可靠性

可靠性包括订单的正确性。正在焦急等待紧急货物的客户，可能发现卖方发错了货；没有收到想要的货物的客户可能面对潜在的销售或生产损失；不正确的订单使客户不得不重新订货，或者客户会气愤地从此找另一家供应商订货。如果客户是营销渠道的中间商，缺货状态也会直接影响卖方。

对有些客户，可靠性比备货时间更重要。如果备货时间一定，客户可以使存货最小化。也就是说，若客户100%地保证备货时间是10天，则可把存货水平在10天中调整到相应的平均需求，并不需要用安全存货来防止由备货时间引起的波动所造成的缺货。因为备货时间的可靠性直接影响客户存货水平和缺货成本，提供可靠的备货时间可以降低客户面临的这种不确定性。卖方若能提供可靠的备货时间，可使买方尽量降低存货与缺货成本，减少订单处理时间，以及优化生产计划。

可靠性不仅是备货时间上的一致性，还要求在安全和质量的均一性等条件下将货物送达客户。如前所述，物流功能是销售功能的终点，安全交货是所有物流系统的最终目的。如果货物到达时受损或丢失，客户就不能按期望使用，从而加重客户存货、生产和营销等方面的成本负担。如果所收到的货物是受损的货物，就会破坏客户的销售或生产计划，进而产生缺货成本，导致利润或生产损失。因此，不安全的交货会使买方发生较高的存货成本或利润和生产损失。这种状况对于致力实施一定程度的零库存计划以尽量减少存货的公司是不能接受的。

（三）沟通

对订货供应极其重要的两个活动是客户订购信息与订单供应和实际存货、拣货过程的沟通。在订货信息阶段，用EDI能减少订单信息传递到仓库接收时的错误，卖方应简化产品标识，如使用条形码，以减少订单挑拣人员的错误。然而，经常与客户保持接触与采用EDI同样重要。与客户进行沟通对监控与可靠性相关的客户服务水平来说是非常重要的。跟客户沟通与交流对物流服务水平的设计来说是基本的。交流渠道必须永远畅通，这只是卖方对客户物流要求的外部限制条件。没有与客户的接触，物流经理就不能提供最有效和最经济的服务，这就等于打球时物流经理不知道比赛规则。然而，沟通是一个双向的过程，卖方必须能够传达客户重要的物流服务信息。此外，许多客户要求得到货物的物流状态信息，如有关发运时间、承运人或线路等问题。客户需要运输信息以便计划作业。从以上分析可以看出，物流客户服务中的良好沟通具有重要意义。

（四）方便

方便实际上是对物流服务水平必须具备灵活性的另外一种较为通俗的说法。在物流服务的范畴中，方便或者说灵活性体现了客户多样化的不同要求。客户对于物流服务的期望不仅仅局限于货物的按时送达等基本层面，他们还期望在整个物流过程中能够享受到便捷、灵活的服务体验。例如，客户希望能够根据自己的实际情况灵活调整收货的时间和地点，或者在物流运输过程中能够随时了解货物的动态信息并方便与物流方进行沟通。而物流服务提供商要努力以经济的方式来满足这些要求，这就需要在保证服务质量的前提下，合理优化资源配置，降低运营成本，通过创新的管理模式和技术手段，既满足客户对于方便和灵活性的需求，又能实现经济效益的最大化。

综上，时间、可靠性、沟通、方便是制订有效客户服务计划的基本考虑因素。这是从物流角度来度量物流客户服务表现。这些客户服务因素也是在物流领域中建立客户服务表现标准的基础。客户服务的供应链环境已经导致更严密的度量标准的产生，现在，人们越来越认识到物流服务表现的度量需要从客户角度来进行。

延伸阅读

美国著名财经杂志《产业周刊》评选的全球最佳CEO乔尔玛·奥利拉（诺基亚公司）说，一个称职的CEO要具备的素质有两条：首先是沟通的能力；其次是对人进行管理的能力。普林斯顿大学对一万份人事档案进行分析，发现“智慧”、“专业技术”和“经验”只占成功因素的25%，其余75%决定于良好的人际沟通。哈佛大学就业指导小组的调查结果显示，在500名被解职的男女中，因人际沟通不良而导致工作不称职者占82%。

企业执行力不好，其中最大的问题源于沟通，也就是说执行者没有搞清楚整个事情的来龙去脉，就开始执行操作。这种错误概率非常高。

➢ 职业技能点提示

《物流管理职业技能等级标准》中的“中级职业技能要求”：掌握物流客户概念认知、掌握物流客户服务的认知。

（1）掌握物流客户服务基础知识。

（2）能根据基本理论，熟悉怎样管理物流客户。

➢ 任务实施

任务目的：

体验模拟客户信息收集，熟悉客户信息收集的途径，掌握客户信息收集的主要内容，培养学生的信息素养和团队合作精神。

任务准备：

根据项目一所模拟组建的物流企业，分析其客户需求。通过网络或其他途径，查找 5 个以上的客户企业，为每一客户企业建立客户档案卡，分析能为客户提供的物流服务，了解物流企业客户信息收集的途径、客户信息收集的主要内容。

任务步骤：

（1）每一小组模拟组建的物流企业分析自己可能的客户行业及具体企业。

（2）每一小组讨论开发这些客户的可能途径。

（3）通过网络或其他途径，查找5个以上的客户企业，收集其信息。

（4）教师给出客户档案卡的模板，每一小组为客户分别建立客户档案卡。

（5）分析可以为每一客户提供的物流服务。

评价与考核：

（1）以小组为单位，撰写客户开发模拟总结。

（2）指导教师组织各组之间互评讨论，根据各组提交的意见及总结的质量情况，以及各组在模拟训练中的表现，按照评分标准进行成绩评定。

◎ 应用训练

（1）列举国内知名的 10 家物流企业，并选取其中一家物流企业的客户，描述其客户物流需求。比如，德邦物流、中国远洋物流有限公司、中铁快运股份有限公司、中邮物流有限责任公司、中远国际货运有限公司、中铁集装箱运输有限责任公司、招商局物流集团有限公司、中国物资储运总公司、中铁现代物流科技股份有限公司、青岛海尔物流有限公司、广东邮政物流配送服务有限公司 、南方物流企业集团有限公司、宝供物流企业集团有限公司、上海佳吉快运有限公司。

（2）选取其中一家物流企业的客户，描述其客户物流需求，比如广百超市。

客户：广百超市

需求产品：舒肤佳沐浴露

规格：500 mL

功能：滋润保湿

数量：500箱（12支×500 mL）

运输方式：根据广百超市每天缺货的需求，保供及时配送所需的数量。

加工：宝供在接到订单时，开始分装广百超市所需要的各类规格的沐浴露。

需求产品：舒肤佳香皂

规格：115g×4

功能：薄荷舒爽型

数量：300块

需求产品：强生爽身粉

规格：70g×4

功能：爽身防痱

数量：300盒

需求产品：高露洁漱口水

规格：500 mL

功能：抗菌，保持口腔持久清新

数量：500支

需求产品：威露士清新薄荷洗手液

规格：525 mL×2

功能：滋润去菌

数量：300瓶

（3）为了满足上面客户的需求，我们需要在物流资源、人员等方面做什么准备，如何准备？

第一，提升物流运行的质量和管理水平。要以市场和客户为中心，完成公司物流业务改善设定的目标；建立具有竞争力的物流运行管理体系；以利益最大化为指导，以物流成本管理为主线，构建科学合理的物流运行成本管控模式；以客户需求为源头，建立适应市场的应变机制，扩大经营收入，提高资产和人力资源的利用率。

第二，以完善内部管理体系为基础，理顺关系，优化流程，规范标准。完善内部物流运行管理体系，继续建立和深化零部件、原材料、物流供应商评价和看板运输管理体系，提高“收、发、存、运、交付”水平，确保生产，规范管理；完善成本预测预控体系，强化动态管控和数据分析管理，强调数据化、时效性、指导性相结合；继续完善员工KPI绩效评价体系，规范评价体系和工作流程，建立正常的激励约束机制；充实完善质量/测量管理体系，根据业务变化，不断充实规范体系文件和记录，确保体系有效运行，通过审核认证；完善环境/职业安全健康管理体系，注重细节管理，提升本质化安全水平，顺利通过公司内审和第三方认证。

第三，以课题改善为手段，解决重点、难点问题。通过V-UP、V-FAST等方法，全力推进重大课题项目的改善，通过确立大、小改善课题的形式，集中力量，抓住重点项目，以点带面，讲求实效，突出成果。提升发现问题、分析问题、解决问题、实施改善的能力。

第四，划小核算单位，持续开展低成本运营活动，提升成本竞争力。建立全成本核算体系，逐步以科室、仓库、班组为单位，进行全面成本核算，构建精益物流运行模式，继续组织推进零部件、原材料、运输业务物流原单位基础数据的收集、测算、分析等工作，为今后发展奠定基础。

第五，努力拓展外部市场，增加业务收入，扩大利润。各物流中心应继续开源节流，拓展外部市场，增加经营收入，挖掘内部潜力，降低营运成本，减亏增效。努力扩大仓储业务增值服务范围，提高工作效率。例如，开展代保管、闲置仓库租赁、二次加工、零部件包装及集配上线等服务项目。

◎ 学后测试

一、不定项选择题

1.（　　）是指为生产企业提供原材料、零部件或其他物品时，物品在提供者与需求者之间的实体流动。

A. 销售物流　　B. 供应物流　　C. 生产物流　　D. 回收物流

2.（　　）是指生产过程中的原材料、在制品、半成品及产成品等在企业内部的实体流动的过程。

A. 销售物流　　B. 废弃物物流　　C. 生产物流　　D. 回收物流

3. 根据物流企业以某项服务功能为主要特征，并向物流服务其他功能延伸的不同状况，可将物流企业分为（　　）。

A. 运输型物流企业　　B. 仓储型物流企业

C. 综合服务型物流企业　　D. 管理型物流企业

4. 物流配送业务中的客户服务主要集中在（　　）、配送运输、配送加工、送达服务。

A. 集货　　B. 分拣　　C. 配货　　D. 配装

二、判断题

1. 物流客户服务不像有形产品那样可以长期储存，服务是无法储存的，因此当出现物流客户服务需求的高峰或低谷时，容易出现供求矛盾，从而影响服务水平和客户满意度。（　　）

2. 对于物流企业来说，它提供的产品仅仅是简单的运输、仓储、装卸等环节的空间组合。（　　）

3. 物流营销不能降低企业的运行成本。（　　）

4. 流通加工是物品从生产地到使用地的过程中，根据物流客户的需要施以包装、分割、计量、分拣、刷标志、贴标签、组装等简单作业的总称。（　　）

5. 在物流客户生命周期的成熟期，物流企业应采取特别对待计划。（　　）

三、思考题

1. 物流服务的性质有哪些？

2. 物流营销的特点有哪些？

3. 应当从哪几个方面来提高物流客户服务水平？

4. 在物流客户关系的稳定期，该怎样管理物流客户？

◯项目二 物流市场调查与预测

◎ 知识目标

1. 掌握物流市场调查的方法与步骤
2. 熟悉调查问卷的设计

◎ 能力目标

1. 能根据市场调查步骤开展市场调查活动
2. 会设计物流服务市场调查问卷

◎ 素养目标

1. 开展市场营销环境分析，为物流企业决策服务，求得自身的生存与发展
2. 用市场调查与预测的方法为企业决策服务，提高企业竞争能力和应变能力

◎ 案例导入

天津市滨海新区物流企业市场调研

调查目的：通过实地调查和认真研究滨海新区的物流环境与状况，了解滨海新区物流行业的发展方向与需求，熟悉并掌握滨海新区物流行业的具体情况，以及滨海新区交通资源的分布状况。

地理环境分析：滨海新区位于我国华北、西北和东北三大区域的接合部，地处环渤海地区的中枢部位，京津和环渤海湾城市带的交汇点，与日本、韩国隔海相望，是我国北方地区进入东北亚、走向太平洋的重要门户和对外通道，也是连接我国内陆与中亚、西亚和欧洲的亚欧大陆桥的东起点，拥有“三北”辽阔的辐射空间，这样的地理位置使得滨海新区拥有极大的物流需求。

交通环境：滨海新区海、陆、空立体交通网络发达。陆运方面，通过京沈、京沪、京九、大秦等国家主干铁路与全国铁路网相连，京津塘、津晋、唐津等高速公路与国家干线公路网沟通；海运方面，有吞吐量世界第五的天津港作为支撑；航空方面，则有天津滨海国际机场。

政策优势：国家鼓励滨海新区进行金融改革和创新。在金融企业、金融业务、金融市场和金融开放等方面的重大改革，原则上可安排在滨海新区先行先试。本着科学、审慎、风险可控的原则，可在产业投资基金、创业风险投资、金融业综合经营、多种所有制金融企业、外汇管理政策、离岸金融业务等方面进行改革试验（国务院20号文件）。同时，天津市政府积极响应国家的号召，给予滨海新区建设极大的重视，让其优先发展，成为带动天津乃至整个华北区域的先锋。

供需状况分析：天津有大中小各类物流企业近两万家，但是上规模的并不多，能达到区内企业合作要求的物流企业更是寥寥无几，目前进驻区内的500强企业已有100多家，传统企业自营物流已逐渐剥离。区内的物流需求呈井喷式发展。

竞争状况分析：物流企业准入门槛低、投资少、效益回收快，越来越多的人投资发展物流业，但也暴露出这些中小物流企业服务内容单一、物流手段落后、信息化程度低等众多问题。虽然滨海新区内工商企业林立，但随着信息技术的不断发展，他们对第三方物流企业的资质也有了更高的要求。随着一大批国际知名物流企业进驻区内，本土中小物流企业的传统业务遭受到强烈冲击。

客户分析：滨海新区已经形成了优势比较突出的七大主导产业，即电子信息、石油开采及加工、海洋化工、现代冶金、汽车及装备制造、食品加工和生物制药，具备了比较雄厚的产业基础，形成了高新技术产业集群。这些产业科技含量高、产业链长、辐射功能强，因此对第三方物流企业资质要求高，业务量需求巨大。

经济效益分析：略。

优势分析：滨海新区具有集港口、经济技术开发区、高新技术园区、出口加工区和保税区于一体的功能聚集优势。

劣势分析：滨海新区拥有的多是“比较优势”而缺乏绝对优势。以上这些优势在环渤海其他省市并不鲜见，如拥有海域、油气、腹地等共享的资源条件。滨海新区的现有优势多为受资源约束的硬优势，而缺乏可持续利用的软优势。

机遇分析：经济全球化给滨海新区开发和开放带来了新契机，我国经济结构的战略转型为滨海新区开发和开放营造了良好的国内环境。

威胁分析：环渤海地区区域经济联系不够密切。到目前为止，环渤海更多的是一个地理上的区域概念，还不能构成环渤海经济圈，这主要是因为京津冀是地理上的区域概念，还没有构成环渤海经济圈。

调研结果：

（1）滨海新区现代物流业发展的有利条件。

①区位优势。天津良好的区位环境，使其具有比较强的对内吸引和向外输出的双

重的有利条件，正成为中西部地区进入国际市场的“绿色通道”。天津拥有京津、西北和华北12个省、自治区、直辖市的腹地，服务两亿多人口，是华北、西北地区通向世界各地最短最好的出海口，也是国外客商进入中西部市场的最佳通道。目前，已经基本形成了海空兼备的综合运输体和天津港集装箱物流中心等六大物流基地，形成了海空港一体的国际物流运作体系，大批国际资本通过天津进入腹地。另外，天津还拥有我国北方最大的港口和进出口货值最大的海关。

②政府部门的高度重视，极大地推进了滨海新区现代物流业的建设。滨海新区领导已经充分认识到现代物流业对提高工商企业和全社会效益，更好地配置和使用社会资源的重要性和紧迫性，因此大力推进滨海新区现代物流业的建设。目前，海港、空港和信息港的同步建设已经取得了巨大成就。

③滨海新区第二产业增长势头旺盛，物流市场容量乐观。世界经济一体化的发展、物流需求的增加为滨海新区物流业的发展提供了强大的需求动力，使得国际性的跨国企业在滨海新区的投资和国际贸易额大幅度上涨。这给滨海新区带来了国际物流市场和需求，这种需求大大推动了滨海新区迈向国际化物流中心的进程，同时大量先进的现代物流企业进入滨海新区，也为滨海新区现代物流产业提供了先进的发展经验，由此推动和促进滨海新区现代物流业的发展。

（2）滨海新区现代物流业发展的不利因素。

①与其他经济发达区域相比，经济总量较低。与国内的同行业相比，滨海新区的物流业发展还不够快，规模还不够大，处于第一集团军的尾部。而滨海新区的总体经济连续多年保持快速增长，其中现代物流业的规模还比较小，其增加值占生产总值的比重不足发达国家的1/3，物流成本却是发达国家的2倍。

②周边城市物流的发展对滨海新区构成威胁。滨海新区周边城市正在不断地分割传统物流市场，周边空港、海港、陆港的建设和发展都会对滨海新区的物流业市场构成威胁。较远的有比较完善的物流发展计划的上海和深圳，周边的青岛、大连、秦皇岛等港口，都会给天津港带来挑战。作为国际物流中心，滨海新区也面临着来自国际性港口城市的激烈竞争与挑战，如香港、新加坡、高雄、釜山等环太平洋地区的港口。天津港和釜山港的硬件设施相当，与香港等其他港口相比，差距更大。

③内部整合不力。与深圳和浦东不同，滨海新区包括天津港、开发区、保税区三个功能区和塘沽、汉沽、大港三个行政区以及海河下游工业区。其实是先有这些行政区，后才有功能区和滨海新区管委会。到现在为止，管委会只是天津市委、市政府的一个派出机构。这种相互平级、各自为政的管理体制，使得每个区都有自己的发展战

略，给协调利益分配、规划落实、重点项目设置等带来一定的困难。这种条块分割的体制导致滨海新区对周围的带动和辐射力没有得到充分发挥，区域内的整体优势被极大地削弱。

④天津港对外联系通道不畅。尽管近年来天津港的发展速度很快，但还没有形成以港口为中心的便捷的对外交通网络，这使港口发展受到限制。天津港公路集疏运通道能力不足，高速公路尚不能直接进港，但公路运输占了集疏运货量的60%~70%。天津港没有直通中西部腹地的铁路干线和与能源基地直接相连的铁路煤炭运输专用通道，也未设立海铁联运集装箱办理站。这种状况，势必影响港口吞吐、拆装箱、流通加工等物流功能的发挥。

⑤天津空港聚集功能不强。航班航线少，对适应航线货物吸引力小，高附加值产品绝大部分从北京机场转运，航空物流量增长缓慢，直接导致天津空港作为全国四大货运基地的地位在下降。

问题：

1. 市场调研真有那么重要吗？
2. 针对滨海新区物流市场调研的结果，你有什么好的解决措施吗？

任务一 物流服务营销环境分析

任务描述

张强在广州××物流企业通过为期3个月的入职培训和轮岗实习之后，被安排到该企业营销业务部进行工作。工作半个月之后，张强发现该企业近期业务量并不高，很多老业务员的业绩也在下滑，因此常常受到营销经理的苛责。根据张强对这些同事的了解，他们工作中非常尽心尽力，张强认为业绩下滑的原因可能和整个经济形势有关，因此准备了一份简短的报告，向营销经理说明他的想法，希望对企业的营销环境做个调查分析，以便企业做出相应的应对措施。营销经理认真听取了张强的阐述，认为颇有道理，要求由张强负责对企业营销环境进行分析，并特别指出近期竞争对手的一些举措，希望张强能给出一份较好的应对策划。

那么，物流企业的营销环境包括哪些方面？可以采用什么方法对物流企业的营销环境进行分析？如何分析？让我们进入本堂课的学习。

➢ 知识链接

一、物流服务营销环境的含义

任何物流企业都是在一定的环境中生存的，除自身外，外部环境对企业营销行为的影响也不容忽视。因此，重视研究市场环境及其变化，善于分析和识别由环境变化带来的机会和威胁，并采取适当的方法，是物流企业营销活动最基本的任务。

物流市场营销环境可以定义为：与物流企业市场营销活动有关的各种外界条件和因素的综合。任何物流企业从事营销活动，都会受到来自企业内部及企业外部诸多因素的影响。物流市场营销环境一般分为宏观环境和微观环境。

二、物流服务宏观营销环境的分析

物流市场营销的宏观环境指影响企业营销活动的一系列巨大的社会力量和因素，包括政治与法律环境、经济环境、技术环境、社会文化环境、自然环境和人口环境等。

（一）政治与法律环境

政治与法律是影响企业营销的重要的宏观环境因素。

1. 政治环境因素

企业在市场营销中，特别是在对外贸易活动中，一定要考虑东道国政局变动和社会稳定情况可能造成的影响。政治环境对企业营销活动的影响主要表现为国家或政府所制定的方针政策，如人口政策、能源政策、物价政策、财政政策、货币政策等，都会对企业营销活动带来影响。在国际贸易中，不同的国家也会制定一些相应的政策来干预外国企业在本国的营销活动。主要措施有：进口限制，税收政策，价格管制，外汇管制，国有化政策。

拓展阅读

我国现代流通体系建设

2022 年 1 月 13 日，国家发展改革委发布《“十四五”现代流通体系建设规划》，提出到 2025 年，现代流通体系加快建设，商品和资源要素流动更加顺畅，商贸、物流设施更加完善，国内外流通网络和服务体系更加健全，流通业态模式更加丰富多元，流通成本持续下降、效率明显提高，对畅通国民经济循环的基础性、先导性、战略性作用显著提升等发展目标；展望 2035 年，我国现代流通体系全面建成，形成覆盖全球、安全可靠、高效畅通的流通网络，流通运行效率和质量达到世界先进水平，参与国际合作和竞争新优势显著增强，对现代化经济体系形成高效支撑，为满足人民美好生活需要提供坚实保障。“十四五”期间我国物流行业发展的主要目标见表2-1。

表2-1 《“十四五”现代流通体系建设规划》解读

发展方向	具体内容
提高流通现代化水平	强化流通各环节各领域数字赋能，加快流通设施智能化建设和升级改造，促进流通业态模式创新发展。贯彻绿色发展理念，坚持走绿色低碳发展新路，加大绿色技术装备推广应用。加快流通设施节能改造，降低流通全过程资源消耗和污染排放，深入融入全球产业供应链，提升全球资源要素配置能力，助力我国产业迈向全球价值中高端等
构建内畅外联现代流通网络	服务商品和资源要素跨区域大规模流通，优化商贸、物流、交通等设施空间布局，构建东西互济、南北协作、内外联通的现代流通骨干网络。依托全国资源优势地、产业和消费聚集地，布局建设一批流通要素集中、流通设施完善，新技术、新业态、新模式、应用场景丰富的现代流通战略支点城市等
发展有序高效现代流通市场	着眼商品和资源低成本、高效率自由流通，健全统一的市场规划和制度体系，构建类型丰富、统一开放、公共有序、配套完善的高水平现代流通市场。推进商贸市场、物流市场和交通运输业联动联合、有机协同，充分释放各类市场活力等
培育优质创新现代流通企业	支持流通企业做大做优，增强创新创造力和核心竞争力。支持现代流通企业网络化发展，对内优化升级商贸和物流网络，对外整合利用全球资源，构筑成本低、效率高、韧性强的全球流通运营渠道，培育国际合作和竞争新优势。鼓励现代流通企业生态化发展，引导中小企业基于流通供应链、数据链、价值链开展深刻对接。构筑资源共享、协同发展的流通新生态

2.法律环境因素

企业开展市场营销活动，必须了解并遵守国家或政府颁布的有关经营、贸易、投资等方面的法律法规。如果从事国际营销活动，企业不仅要遵守本国的法律制度，还要了解和遵守市场国的法律制度和有关的国际法规、国际惯例和准则。

在物流市场营销中，首先要熟悉两大类法律：一类是与市场营销活动有关的法律，包括企业法、经济合同法、商标法、包装法等；另一类是有关限制竞争的法律法规，包括反垄断法、反不正当竞争法、反倾销法等。此外，还应了解与法律的制定与执行有关的监督、管理和服务于企业市场营销活动的政府部门的职能、管理内容及方式。例如，要进入美国市场，首先要熟悉与市场营销有关的法律和规定。企业决策者应该对相关的法律内容有大致的了解，遇到相关法律问题时，可以请法律顾问或者委托律师事务所完成。

（二）经济环境

经济环境指企业营销活动所面临的外部社会条件，包括经济发展水平、经济体制、地区与行业发展状况、城市化程度、消费者收入水平的变化等，其运行状况及发展趋势会直接或间接地对企业营销活动产生影响。

物流市场营销活动必然要受到宏观经济状况（包括国内经济发展状况和国际经济状况）的影响和制约。国内经济状况主要指国民经济的发展速度及关系国计民生重要商品的提供状况。一般来说，国民经济发展较快、社会有效需求上升的时期，市场营销的经济环境就比较宽松，对企业营销活动的开展比较有利。因为国民经济发展较快，社会成员的收入水平和购买力也会相应得到提高，市场活跃，企业的产供销活动能够顺利地进行。反之，国民经济发展较慢的时期，有效需求不足，市场疲软，大量产品滞销，企业营销活动就比较困难。我国经济发展的实践充分证明了这一点。近年来，虽然我国物流产业总额增速减缓，但由于社会经济仍保持稳定增长，有拉动物流产业增长的刚性需求。

（三）技术环境

技术环境不仅直接影响企业内部的生产和经营，还与其他环境因素互相依赖、相互作用，特别与经济环境、文化环境的关系更紧密，尤其是新技术革命，给企业市场营销既提供了机会，又带来了威胁。企业的机会在于寻找或利用新的技术，满足新的需求。而它面临的威胁则可能有两个方面：一方面，新技术的突然出现使企业现有产品或者服务变得陈旧；另一方面，新技术改变了企业人员原有的价值观。

科学技术发展促进了企业物流装备的现代化，如集装设备、物流设施、仓库设备、铁道货车、货船、汽车、货运航空器、装卸设备、输送设备、分拣与理货设备、物流工具的现代化等。同时，科技使信息技术与网络设备得到广泛应用，如基础应用方面的有Internet（互联网）、GIS（地理信息系统）、GPS（全球卫星定位系统）、BarCode（条形码）、RF（射频技术）等，作业方面的有JIT（准时制工作法）、POS（销售终端）、ECR（有效客户响应）、ACEP（自动连续补货）、QR（快速响应）、MIS（管理信息系统）、ERP（企业资源计划）、DRP（分销资源计划）、CRM（客户关系管理）、SCM（供应链管理）等。

（四）社会文化环境

社会文化环境是指在一种社会形态下已经形成的价值观念、宗教信仰、风俗习惯、道德规范等的总和。任何企业都处于一定的社会文化环境中。企业营销活动必然受到所在社会文化环境的影响和制约。为此，企业应了解和分析社会文化环境，针对不同的文化环境制定不同的营销策略，组织不同的营销活动。

（五）自然环境

自然环境是指物流企业赖以生存的基本环境，包括自然条件、自然资源、地理位置、气候和环境污染程度等。自然环境及其发展变化会影响到物流企业的运输成本和获取资源的难易程度，影响到市场营销组合的设计。所以，在进行市场营销活动时，自然环境的状况是不容忽视的。

（六）人口环境

人口是构成市场环境的基本要素。宏观环境中提到的人口实际包括人口数量、人口结构和人口分布。

拓展阅读

我国人口情况对物流业的影响

2021 年的人口普查结果显示，中国拥有超过 14 亿的人口，超过欧洲和北美国家的总和。因此，中国被视为世界上最大的市场之一。人口是宏观经济研究中确定性最强的变量，中国的人口结构呈现净增人口下滑、性别比改善、本科率提升三个重要趋势。

人口总量继续保持增长，但增速明显放缓，尤其是每年净增人口数量，预计未来还会持续下滑。根据联合国之前的预测，中国的人口总数预计会在 2029 年达到峰值，约 14.42 亿人，之后会逐渐下降，预计到 2100 年，中国人口将会降低到 10.65 亿人。预计到 2030 年，16~59 岁劳动年龄人口中，45~59 岁的大龄劳动力占比将达 36%，这将严重影响依靠人力的传统物流企业的发展。

2020 年总人口性别比为 105.07，较 2010 年的 105.20 略有降低。出生人口性别比为 111.3，总体性别结构明显改善，但出生人口中还是男多女少。

从 1977 年恢复高考到现在，大学本科以上学历累计人数占总人口数量的比例不到 4%，普通本专科人数占比不到 7%。但本科录取人数占适龄人口（18 岁上大学）的比例逐年提升，年轻人受教育程度明显提升。

围绕以上三个重要人口参数，构建数据模型后发现：在充分放宽物流劳动力供给范围以及保守估计物流行业需求增长的基础假设下，2021 年将是物流业单年新增劳动力供给的顶峰；2018—2021 年物流业劳动力人口的单年高速增长，容易造成劳动力市场对劳动力供给的误判。因此，要格外关注 2021 年开始的每年新增物流劳动力供给下滑，而供需失衡拐点预计将在 2024 年年初出现。无人化、自动化将是物流行业未来一段时间的热门领域。根据麦肯锡研究报告，大约有 50%的商业活动在理论上可以实现无人化，但不足5%的职业可以完全由人工智能完成。他们保守预计，中国在2030年时，60%的工作中有1/4左右的流程可以实现无人化，乐观情况下将会有30%以上的岗位被人工智能取代。

此外，我国人口区域分化越来越明显，东部地区人口占39.93%（+2.15个百分点），中部地区占25.83%（−0.79个百分点），西部地区占27.12%（+0.22个百分点），东北地区占6.98%（−1.20个百分点）。中西部人口变化相对平稳，东部和东北形成鲜明对比，人口进一步向东部发达城市群聚集，快速从收缩性城市流出。未来，广东和浙江仍会是物流行业发展的主要地区，不管是供给还是需求，这些区域将主导新模式、新技术、新业态等发展方向。另外，新疆、西藏、海南、福建和宁夏将是潜力较大的物流“新大陆”。

最后，我国近年来在城市化建设过程中，人口也出现流动，但农村人口不是向大城市聚焦，而是向小城镇转移。2020年我国城镇化率为63.89%，比常住人口城镇化率达到60%的目标还要高出3.89个百分点，新型城镇化加速推进，大超预期。这也是未来中国经济发展的重要增长点，经济发展向城市群、都市圈深化，2030年的城镇化率将超过75%。国家继续推进城镇化是大势所趋，国内仍然在经历快速城市化进程，映射到物流行业，超级城市圈将带动区域大型物流枢纽和城市内物流体系的发展需求。

知识窗

PEST分析法是对宏观环境因素进行综合分析的一种管理工具。“PEST”代表着4个因素：①政治因素（political），包括政府政策、法律法规、政治稳定性等，这些因素可能影响组织的运营和决策；②经济因素（economic），涵盖经济增长、通货膨胀、利率、汇率等，对组织的财务状况和市场环境产生重大影响；③社会因素（social），考虑人口结构、价值观念、社会趋势等，旨在了解市场需求和消费者行为；④技术因素（technological），包括创新、科技发展、专利和知识产权等，对组织的竞争力和业务模式产生深远影响。PEST分析法通过综合这4个维度，帮助组织全面了解外部环境，为未来的决策提供有力支持。根据不同行业或企业的自身特点和经营需要，PEST分析的具体内容会有差异。

三、物流服务微观营销环境的分析

物流市场营销微观环境的分析主要包括对物流企业、供应者、营销中介、顾客、竞争者等的分析。

（一）物流企业

每个物流企业都有其发展目标，有其具体明确的经营任务。为了实现其目标或完成工作任务，物流企业必须依据自身条件和市场要求开展某些业务活动。物流企业的营销部门在制订和实施营销计划、开展营销活动时，必须考虑到与企业其他部门的协调，包括与最高管理层、财务部、供应部、采购部、仓储部、物流中心等的协调，使营销活动得到内部高层和相关部门的大力支持。

（二）供应者

供应者是指物流企业从事物流活动所需各类资源和服务的供应者。它既包括为物流企业提供设备、工具、能源及土地和房产的各类供应商，也包括提供信贷资金的各类金融机构，以及在各类人才市场上为企业提供人力资源的中介机构等。另外，为物流企业生产经营过程提供各种劳务和服务的机构，如货物运输、设备修理、员工培训、环卫清洁及保安等服务机构，也都构成企业的供应商。

供应商对物流企业营销活动的影响主要表现在三个方面：一是供应的可靠性，即资源供应的保证程度，这将直接影响物流企业的服务能力和交货期；二是资源供应的价格及其变动趋势，这将影响到物流企业服务的成本；三是供应资源的质量水平，这将直接影响到物流企业提供的服务质量。

（三）营销中介

营销中介是指协助物流企业把物品从供应地运送到接收地的活动过程中的所有中介机构，如货运代理机构和营销服务机构。作为物流市场营销活动不可缺少的一部分，营销中介机构凭借自己的经验、专业知识以及活动规模，为物流企业提供了大量的货源，拓宽了物流企业的营销渠道，并为物流企业提供市场调研、咨询、广告宣传、塑造企业形象等方面的服务。

（四）顾客

市场是由人构成的。物流市场营销活动的成败，关键在于物流企业的产品或服务能否被消费者所购买。因此，对顾客进行分析就是企业营销活动的出发点和归宿。顾客是物流企业最重要的环境因素，物流企业的服务如果能得到顾客的认可，就会赢得市场。因此，物流企业应识别和分析顾客的需求特征，为顾客提供最为优质、高效、便捷的物流营销服务。

拓展案例

UPS的顾客

许多人认为美国联合包裹运送服务公司（UPS）是一个从事个人小包裹业务的

公司。

其实，UPS的主要业务面向的并不是居民消费者，而是大企业。UPS的绝大多数收入不是来自接受包裹的消费者，而是来自发送包裹的企业。居民消费者可能简单地认为UPS代表着快捷、友好和低成本的包裹传递，而实际上UPS可以满足客户一些更复杂的需求。

对物流企业来说，包裹传递涉及采购、库存、订单核实、发货、支付、商品退换以及其他物流服务。除了实体包裹传递，物流企业还要处理与之相关的资金和信息传递。UPS知道，对许多物流企业来说，这些日常的物流活动实在令人头疼。并且，许多物流企业还没有把这些活动看成是获得竞争优势的一项战略能力。

而这就是UPS的切入点，也是UPS做得最好的地方。多年来，UPS不断壮大，不再仅仅是邻里之间递送小包裹的公司，它现在是拥有350亿美元资产、提供广泛物流服务的巨头企业。UPS处理物流活动，让客户把精力集中在它们能做得最好的地方。UPS能为客户提供一切，从地上或空中包裹递送、货物递送（空中、海路、铁路和公路）、邮件服务，到库存管理、第三方物流、国际贸易管理、物流管理软件和电子商务解决方案，甚至包括融资。

无论一个企业的规模如何，UPS都有充足的资源去处理其物流。UPS拥有36万名员工（包含临时工）、8.8万辆运输车（汽车、敞篷车、拖拉机和摩托车，含租用）、600架飞机（含租用），并在全球120多个国家和地区设有750多个仓库。UPS运输了全美国国内生产总值的6%，每天联系着180万个卖者和600万个买者，每周处理超过4.6亿次电子交易。它为全世界90%的人以及“财富1 000强”中99%的企业提供服务。UPS每年投资10亿美元用于信息技术，以支持它的高度准时的物流服务，并使客户能够掌握物流过程中每一个时间点的信息。

除了帮助客户在美国国内运输货物，UPS还帮助企业客户摆脱了国际运输的烦恼。UPS每天开设800个国际航班，往返于466个国际终点站。虽然大多数居民不需要来往于中美之间的隔日送达空运服务，但是许多企业需要来往于亚洲制造区的运输服务。UPS确保重要物品的准时运输，如关键商业文件、高价物品（半导体芯片）和紧急修理零部件，这些物品每天都穿梭于太平洋上空。UPS甚至提供便捷的美国海关通关服务，使产品能够快速通过检查和出关。

在更深层次上，UPS能够为不同规模的企业提供所需的建议或技术支持，以改进它们的物流活动。UPS咨询部建议很多企业重新设计物流系统，使它们更适应其经营战略。UPS供应链方案帮助客户使产品、资金和货物在供应链中的流动更协同一致。UPS的物流技术为企业提供软件支持以帮助它们提高分销效率，包括街道路线优化设计、区域计划、灵活递送实施、实时无线递送以及GPS跟踪。

对于居民消费者，UPS用卡车进行简单、高效的包裹递送，在产业市场上，它培育了更深入、更复杂的客户关系。UPS不仅提供简单的物流服务，而且成为企业的战略合作伙伴。

（五）竞争者

竞争者包括现有的物流企业，从事同类产品及服务的所有企业及潜在的进入者。物流市场上存在三种层次的竞争对手：一是品牌竞争者，它们与本企业以相近的价格向同样的客户群提供相同的物流服务；二是行业竞争者，比如从事保税仓的企业会把所有经营保税业务的企业归入此类竞争者；三是形式竞争者，比如航运企业会把所有从事运输服务的企业归入形式竞争者。

拓展阅读

达利食品怎样靠“跟随战略”在竞争中取胜

达利食品集团1989年创立至今，已建立了达利园、好吃点、可比克、乐虎、和其正、豆本豆、美焙辰七大知名品牌。有人说达利食品是“中国最低调的隐形冠军”，它的战略是“走别人的路，让别人无路可走”。达利食品确实是把“跟随战略”做到极致的一家公司。

20世纪90年代好丽友进入中国的时候，是以“高端韩流食品”的形象切入市场的。当时一盒好丽友派要14元，那时候全国的平均工资还不到500元，显然不是每个人都能实现“好丽友自由”的。达利食品看准机会，推出了好丽友派的平替版“达利园蛋黄派”，一炮走红。

到了21世纪初，百事可乐旗下的乐事薯片和宝洁公司旗下的品客薯片相继进入中国市场，在国内大打广告。达利食品马上推出平替版“可比克薯片”，请来周杰伦打广告，但价格仅为乐事薯片的1/3，很快卖爆。接连两个爆款，让达利食品坚定了把“跟随战略”执行到底的决心。

接下来，2007年，达利食品推出凉茶品牌“和其正”，请来陈道明打广告，直接对标王老吉和加多宝。和其正主打“大罐凉茶”，本质上就是加量不加价。后来王老吉和加多宝打官司，让凉茶品类进一步增加曝光度，位于市场老三的和其正也收获了一波增长红利。

2013年，达利食品推出功能饮料乐虎，价格是红牛的一半。不过这一次，半路杀出个程咬金，同样定位功能饮料的“东鹏特饮”也是在2013年推出的，并且同样增长强劲。现在，红牛、东鹏特饮和乐虎，是国内功能饮料前三强。

正是这个庞大的休闲食品品牌矩阵，撑起了达利食品一年200多亿元的销售额，以及高达900亿元的公司市值。更厉害的是，虽然达利食品走的是下沉市场，产品相比于对标的头部产品往往价格减半，但达利食品的盈利能力却一点儿也不差，2021年的净利润率为16.7%。而当年同行业康师傅的净利润率为5%、统一为6%、良品铺子为3%。

达利食品的成功特别反常识。一直以来我们都信奉“数一数二”战略，也就是说，如果不能在一个细分领域做到数一数二的头部品牌，不如不做。许多企业遵循一条法则：“如果不能第一个进入某个品类，那么就创造一个品类使自己成为第一。”但是，达利食品偏偏不是这么干的。它不是去创造一个新品类，而是在一个已经成熟的品类当中，比如薯片、凉茶、功能饮料，去专攻老三的位置。

有人把达利食品的成功总结为一个公式：

成熟品类+顶流明星+低价策略=下沉市场爆品

成熟品类，意味着不需要教育消费者，什么叫派，什么叫薯片，什么叫凉茶，这些已经有头部品牌的巨量广告投入进行普及了。顶流明星宣传本质上是在给产品品质背书，越是下沉市场往往越认明星。而在品质感觉差不多的情况下，价格上的优势被进一步放大，成为抢占市场的杀手锏。

仔细想想，这个公式有一定的道理，但不能说明全部问题。因为成熟品类、顶流明星、低价策略这三点都不是什么难事，这个模式复制起来很容易。但为什么达利食品成为“跟随战略”之王，其他跟随者却没那么成功？在这个爆品公式之外，达利食品一定还有更深的护城河。

其实，凡是能够在快消品领域做到头部的企业，最终的护城河都是渠道。达利食品也不例外，可以说是休闲零售领域的渠道王者。目前达利食品的销售额仍然有2/3来自线下渠道，它的6 000家经销商覆盖了全国两三百万个销售点，可以深入到乡镇集市。这就保证了，一旦公司推出新品，可以迅速铺货下去，和对标产品形成贴身跟随战术。

反观很多新锐消费品牌，一大痛点就是广告打得很热闹，但是终端见不着货，广告打了白打。因为建立经销商渠道可打不了“闪电战”，是需要一家一家去谈、日复一日去维护的。为了调动经销商的积极性，达利食品给经销商的出货价只占零售价的50%，而业内行规一般是55%~60%。同时，为了离各个区域市场更近，达利食品在全国18个省都建立了食品加工厂，可以快速响应当地市场需求、大大节约物流成本。

总之，达利食品的王者之路，可以说是“起于模仿，成于渠道”。

知识窗

波特五力分析是一种竞争战略分析方法，由哈佛大学教授迈克尔·波特于1979年创立。波特在产业组织经济学基础上，推导出决定行业竞争强度和市场吸引力的五种力量，并以此为基础来进行行业基本竞争态势分析和商业战略研究。这五种力量分别是供应商的讨价还价能力、购买者的讨价还价能力、潜在竞争者进入的能力、替代品的替代能力、行业内竞争者现在的竞争能力。

四、物流营销环境的SWOT分析法

SWOT分析是企业在战略选择时，对企业内部条件的优势与劣势以及外部环境的机会与威胁进行综合分析，据以对备选战略方案做出系统评价，最终选出一种适宜的战略的分析方法。其中，S代表strength（优势），W代表weakness（弱势），O代表opportunity（机会），T代表threat（威胁）。对企业进行SWOT分析就是将与研究对象密切相关的各种主要内部优势、劣势和外部的机会和威胁等，通过调查列举出来，并依照矩阵形式排列，然后用系统分析的思想，把各种因素相互匹配起来加以分析，从中得出一系列带有一定决策性的结论。它主要包括以下几个方面的内容。

（一）分析环境因素

运用各种调查研究方法，分析出公司所处的各种环境因素，即外部环境因素和内部环境因素。外部环境因素包括机会因素和威胁因素，它们是外部环境对公司的发展直接影响的有利和不利因素，属于客观因素；内部环境因素包括优势因素和弱势因素，它们是公司在其发展中自身存在的积极和消极因素，属于主观因素。在调查分析这些因素时，不仅要考虑到历史与现状，更要考虑未来发展问题。

优势（S），是组织机构的内部因素，具体包括：有利的竞争态势、充足的财政来源、良好的企业形象、技术力量、规模经济、服务质量、市场份额、成本优势、广告攻势等。

劣势（W），也是组织机构的内部因素，具体包括：设备老化、管理混乱、缺少关键技术、研究开发落后、资金短缺、经营不善、竞争力差等。

机会（O），是组织机构的外部因素，具体包括：新产品或服务、新市场、新需求、外国市场壁垒解除、竞争对手失误等。

威胁（T），也是组织机构的外部因素，具体包括：新的竞争对手、代替产品增多、市场紧缩、行业政策变化、经济衰退、客户偏好改变、突发事件等。

（二）构造SWOT矩阵

将调查得出的各种因素根据轻重缓急或影响程度等方式排序，构造SWOT矩阵。在此过程中，将那些对公司发展有直接的、重要的、大量的、迫切的、久远的影响因素优先排列出来，而将那些间接的、次要的、少许的、不急的、短暂的影响因素排列在后面。在这个矩阵中，有四个象限或四种SWOT组合。它们分别是：优势-机会（SO）组合；优势-威胁（ST）组合；劣势-机会（WO）组合；劣势-威胁（WT）组合。

（1）劣势-威胁（WT）组合。物流企业应尽量避免这种状态。一旦处于这种状态，在制定策略时就要想方设法降低威胁和劣势对物流企业的影响，以求生存下去。

（2）劣势-机会（WO）组合。在这种情况下，物流企业应遵循的原则是，最大限度地通过利用外部环境中的机会来弥补物流企业的劣势。

（3）优势-威胁（ST）组合。在这种情况下，物流企业应巧妙地利用自身的优势来应对外部环境中的威胁，其目的是发挥优势而降低威胁，合适的策略应当是慎重而有限度地利用物流企业的优势。

（4）优势-机会（SO）组合。这是一种最理想的组合。

（三）制订行动计划

在完成环境因素分析和SWOT矩阵的构造后，便可以制订相应的行动计划。制订计划的基本思路是：发挥优势因素，克服弱势因素，利用机会因素，化解威胁因素；考虑过去，立足当前，着眼未来。运用系统分析等综合分析方法，将排列与考虑的各种环境因素相互匹配起来加以组合，得出决定公司未来发展的一系列可选择对策。

1. 依照SWOT分析法派生的营销策略

（1）WT策略（退却型策略）。当企业内部有劣势、外部又具有强大威胁时，物流企业要审时度势、趋利避害，及时调整自己的业务和结构。具体包括积极退却策略和消极退却策略。

（2）WO策略（防御性策略）。当企业内部有劣势、外部又有一定的机会时，物流企业需要及时调整其内部资源以更好地适应和利用外部机会。

（3）ST策略（分散化策略，又称游击策略）。当企业内部有优势，但外部又有威胁时，要善于采用迂回的策略，扬己之长，补己之短。

（4）SO策略（进攻型策略，也称企业扩张策略）。企业要不失时机地抓住该机会，谋求更大的发展和跨越。

2. 依照物流企业产品或服务与市场不同组合矩阵派生的营销策略

(1) 市场渗透策略。物流企业通过广告、价格、售后服务等营销策略，扩大自己的市场占有率。

(2) 市场开拓策略。现有物流产品寻求新市场的策略。

(3) 产品开发策略。物流企业开发出新产品投放到现有市场的策略。

(4) 多样化经营策略。物流企业开发出新产品投放到新兴市场的策略。

3. 依照市场细分派生的营销策略

(1) 差异性策略。通过强调产品或服务的独特性来区别于竞争对手的策略。

(2) 低成本扩张策略。企业在扩大市场份额和增加产品或服务销量时，采取的以降低成本、提高效率为核心的策略。

(3) 重点策略。在多个可能的行动方案中选择几个关键领域进行集中投资和资源配置，以实现特定目标的策略。

(4) 无差异性策略。将整个市场视为一个整体，并向所有消费者提供相同的产品或服务的策略。

4. 根据物流企业的市场定位派生的营销策略

(1) 市场领导者策略。在某一市场中占据领先地位的企业所采取的一系列行动和策略，旨在维持或扩大其市场份额，增强市场竞争力。

(2) 市场挑战者策略。在市场中处于非领导地位的企业为了争夺市场份额，挑战市场领导者或其他竞争对手地位而采取的一系列策略和行动。

(3) 市场追随者策略。跟随市场领导者的步伐，避免直接竞争，同时寻求在市场中稳定增长的策略。

(4) 市场补缺者策略。企业专注于市场的小部分或细分市场，通过满足特定客户群体的特定需求来获得竞争优势的策略。

➢ 职业技能点提示

《物流管理职业技能等级标准》中的“中级职业技能要求”：掌握物流服务营销环境含义认知、掌握物流宏观环境与微观环境认知。

(1) 掌握物流服务营销环境基础知识。

(2) 能根据基本理论，分析企业所处的各种环境因素。

➢ 任务实施

任务目的：

选择身边的物流企业作为对象，进行物流企业环境分析。联系课上所学的理论，采用实地考察的方法，对物流企业所处的环境做宏观和微观的分析。培养学生观察和分析资料的能力，使学生能利用调研分析后的资料，为企业发展提供具体的战略目标。

任务准备：

采用实地调研的方式，具体包括面对面的访谈了解、问卷调查和侧面行为观察等方式。全组成员合理分工，每人负责不同的内容，协同合作，调查后集体讨论分析，并总结出实训报告。

任务步骤：

(1) 指导老师给出任务的具体要求、报告的格式和评分标准。

(2) 以小组为单位到企业进行调查，注意做好调查记录。

(3) 针对每个企业的环境状况，各小组成员讨论交换意见。

(4) 列出SWOT分析表格，逐项填入，为物流企业提出具体的战略目标。

(5) 完成书面报告。

评价与考核：

(1) 以小组为单位，分析某物流企业所处的宏观和微观环境，做出相关的分析报告。

(2) 指导教师组织各组之间互评讨论，根据各组提交意见及总结的质量情况，以及各组在模拟训练中的表现，按照评分标准进行成绩评定。

任务二　物流市场需求调查与预测

➢ 任务描述

张强查阅了大量的资料，采用SWOT分析法对该企业的经营环境进行了分析，并提交了分析报告。在报告中，张强同时指出目前物流市场上竞争者众多，对于该企业来说，需要选准市场和顾客，才能有的放矢。营销经理对张强的营销环境分析报告很是赞赏，并在部门经理例会上向总经理进行了汇报。总经理要求营销业务部依据该报告的调查结果，对该企业物流服务市场需求进行调查和分析，并根据以往业务数据，对企业今年的业务量做出预测分析。物流市场需求的调查步骤是怎样的？该企业可以采用什么样的调查方法？如何做出市场需求的预测？让我们进入本堂课的学习。

➢ 知识链接

一、物流市场调查与预测的概念

物流市场调查，是物流企业为了提高决策质量以发现和解决营销中的机遇和问题，而系统地、客观地识别、收集、分析和传播信息的工作。

物流市场预测，是物流企业根据历史统计资料和市场调查获得的信息，对市场供求变化等因素进行细致的分析研究，运用科学的方法或技术，对营销活动及其影响因素的未来发展状况和趋势进行预计和推测。

二、物流市场调查与预测的基本内容

（一）市场需求调查

市场需求调查的内容主要是市场需求容量和物流需求特点。其中，市场需求容量的调查内容主要包括物流市场消费结构变化情况，消费量和分布情况，与竞争企业的比较等；物流需求特点的调查旨在了解和分析消费者的消费偏好和差异，可按地区、产业、消费者特征等因素进行区别调查。

调查目的：通过以上调查，物流企业对物流市场的基本情况有了初步的了解，为此后的调查做好铺垫。

（二）客户资源调查

客户资源调查的内容包括主要用户及潜在客户的数量、行业分布和区域分布、稳定性和亲和度、物流发展计划等。

调查目的：通过以上调查，物流企业可以针对现有客户以及潜在客户的特征，制定更为有效的客户服务方案以及客户开发策略。

（三）产品和价格调查

产品和价格调查的内容包括：一是市场上同类服务的数量、性能、价格、供求情况以及物流服务购买者对服务的认知和建议等；二是服务成本的基本构成、变动情况和服务的定价形式；三是促销情况，包括物流服务购买者惯于通过什么渠道了解物流信息，竞争企业的促销费用、广告费用，供货渠道，广告、宣传、推广的效果等。

调查目的：通过以上调查，物流企业能够制定更有针对性的服务价格策略以及促销策略。

（四）竞争情报调查和收集

竞争情报调查和收集的内容主要是竞争者现有物流资源和现有客户资源，以及其营销策略。

调查目的：通过以上调查，物流企业可依据现有和潜在的竞争对手的发展情况制定市场竞争策略。

（五）物流流量和流向调查

物流流量和流向调查的内容包括：一是企业库存商品的入出库数量、主要仓储方式；二是承运商品的运量、主要运输方式；三是商品资源的种类差异；四是商品的流向、商品流通过程覆盖的区域。

调查目的：通过以上调查，物流企业能够了解商品的数量变化趋势、基本种类构成、货物相关特征以及客户的地理区域分布，并以此为基础制定更加优化的物流系统。

三、物流市场调查的步骤

（一）确定调研问题，明确调查目标

在确定调查目标之后，企业必须确定一个具体的调查项目。调查项目必须是调查内容中较为具体的一项，如产品和价格调查内容中的竞争企业促销供货渠道。同时，一个调查项目可以有很多方面的问题，调查人员必须充分搜集企业内外部的有关情报和资料，进行初步分析，以确定最终的调查项目以及找出能够真正达到调查目标的问题，以免造成不必要的损失。

（二）制订调查计划

调查计划通常包括资料来源、调查方法、调查费用等内容。

1. 资料来源

资料一般有两个方面的来源：实地调查及文献资料查询。实地调查是为了特定的研究目的，调查人员依照调查方法直接向被访问者收集第一手的信息资料。而文献资料查询主要是市场调研人员在对现有的数据、报告和文献等信息资料进行收集、分析、研究和利用的一种市场营销调查研究方法，这种方法经常被用于探索性的调查研究阶段。

2. 调查方法

调查方法是保证调查目的实现的基本手段。调查方法通常有：询问法、观察法、实验法和问卷调查法。每种方法都有各自的特点和适用条件，使用时应考虑所需资料的性质、精确程度、调查工作时间安排状况、参与调查人员的状况、调查的费用等。

3. 调查费用

进行物流服务市场调查活动应以最少的费用获得最优的调查效果。在调查内容既定的情况下，采用不同的方案和方法花费的费用会有所不同。由此可见，合理的开支表是保证调查顺利进行的重要条件。因此，在制订调查计划时，要确切地预算调查经费，再严格按预算开展调查活动。

（三）收集调查资料

市场资料的范围很广，根据资料来源的不同，可分为第一手资料和第二手资料。第一手资料是调查人员通过对现场实地调查所收集的资料，如通过询问法、观察法、实验法所了解到的竞争者的状况，物流客户的感受、意向和想法。这些资料是直接接触和感受到被调查对象的产物，也是进行物流市场调查的直接结果。第二手资料是经过他人收集、记录或已经整理过的资料。它反映已经发生过的客观现象和存在的问题，可以直接或间接为市场调查提供必要的依据。由于资料收集过程的复杂性，这一阶段的花费最大且又最容易出现失误，尤其是在取得第一手资料时。因此，在组织物流服务市场调查时，要注意收集资料的每一个环节，正确选择调查人员和调查对象，确保资料来源的准确性和可靠性，保证调查的质量。

（四）对资料进行分析和整理

收集到信息资料后，就进入分析和整理资料阶段，即把所调查了解到的有关情况进行提炼，去伪存真、去粗取精。具体的方法和步骤如下：

（1）分类。主要是将调查了解到的相关情况的资料分门别类、归类编号，把性质相同的资料整理在一起。

（2）编辑。主要是对已筛选过的资料进行认真核对校验，从中发现并剔除有谬误和含糊不清的成分，选取有价值的东西，并编号归档。

（3）制表。主要是将已经分类的资料系统地制成各种统计图表，以便让看图表的人能缩短了解的时间，从而有效地对资料加以分析和利用。

（五）撰写调查报告

调查人员根据资料的分析情况编写调查报告，将调查成果提交给企业决策人。调查结果是制定营销决策的重要依据，所以说是组织物流市场营销调查的主要目的。

知识窗

调查报告的内容包括以下方面：

1.调查目的

2.调查对象及其情况

3.调查内容

4.调查方式（一般可选择问卷式、访谈法、观察法、资料法等）

5.调查时间

6.调查结果

7.调查体会（可以是对调查结果的分析，也可以是找出结果的原因及应对办法等）

拓展阅读

2021年快递行业经营现状调研报告

1. 总收入对比：顺丰总营收超5家同行之和

2021年，全国快递业务收入完成1.04万亿元，同比增长18%。顺丰、京东物流凭借其多元业务协同发展形成的综合物流生态圈，取得远高于行业的收入水平。中通、圆通等也不断拓展新业务，如跨境、航空、冷链等，以构建其生态圈“护城河”。这反映出，借助单一业务驱动增长的模式已不可持续，物流行业的竞争正逐步从原来的价格竞争转向服务竞争、生态竞争。

2021年顺丰实现营收2 072亿元，同比增加34.5%，超过“四通一达”+德邦6家上市公司营收之和。这主要来自时效快递、国际业务的收入拉动。其中，时效快递业务收入占了顺丰总收入的46%，主要来自个人物品、工商文件流转、中高端消费以及生产流通环节的高效响应需求。

在“通达系”企业中，中通、韵达、圆通的收入均超过了行业平均水平，其中圆通取得的收入增速最快，接近30%。除了受快递业务量增长的拉动，还显著得益于2021年航空和国际业务收入的增长——其国际快递及包裹服务的营收增速高达94.82%，远超其他产品同期水平，其“航空+国际化”战略的生态协同效应在业绩中得以直接体现。

京东物流2021年的营收首度破千亿，达1 047亿元，仅次于顺丰，其中占总收入过半的外部客户收入增速超七成，带动了整体收入的增长。值得注意的是，来自一体化供应链客户的收入达到711亿元，占总收入的比例达67.9%。京东物流表示，将持续通过一体化供应链物流服务助力实体经济，成为技术驱动的供应链解决方案和物流服务商。图2-1展示了头部快递企业2021年总收入情况。

2. 净利润对比：半数企业负增长，京东申通亏损

过去几年，受行业“价格战”加剧影响，快递企业多处于“增收不增利”的状态。2020年7家上市企业中，6家盈利，4家净利负增长，百世一家亏损。到2021年上半年，8家快递上市企业盈利状态普遍承压，均为负增长，其中一半出现亏损。

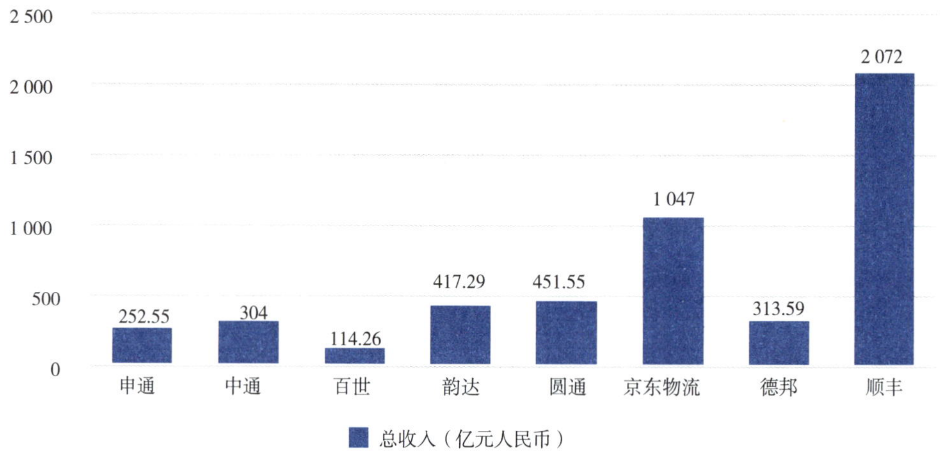

图2-1　头部快递企业2021年总收入情况

这一状况伴随下半年行业“价格战”监管收紧而缓和，就2021年全年来看，若排除处于投入期的京东物流，其他6家企业盈利，申通亏损，3家净利负增长。产能投入前置拉高运营成本，是业绩不佳的主要原因。从盈利方面看，中通表现最优，2021年实现调整后净利润同比增长7.8%，达49.5亿元，超过顺丰的同期水平。事实上，顺丰2021年因加大资源投入，一季度净亏超9亿元，在上半年就已被中通超越。而过去一年，中通在业务量增长的同时限制单票收入下降，带动经济件毛利上升。这背后，亦是整个行业逐步脱离“价格战”泥淖行业、迈入高质量发展通道的反映。

盈利状况最能反映出一家企业在全年的经营策略。为了获得长足发展，有的选择“壮士断腕”，有的选择“负重前行”。例如，百世在2021年终于实现“扭亏为盈”，全年净利润2.1亿元，而上年同期亏损20.5亿元，主要是由于出售其中国快递业务给极兔产生相关的收益。京东物流延续了此前几年亏损的趋势，因加强和扩大物流网络带来的一系列基础设施成本加大等，2021年全年亏损156.61亿元，说明其仍然处于高投入驱动高增长的阶段。

圆通的盈利能力同样离不开其持续发力的自有航空和国际业务。财报数据显示，公司2021年实现归属于母公司股东净利润21.03亿元，其中，圆通速递国际实现归属于母公司股东净利润1.45亿元，圆通航空实现归属于母公司股东净利润2.73亿元，二者合计贡献近两成的总净利润。

2022年3月宣布被京东收购的德邦，其2021年取得扣非净利润为亏损2.08亿元，同比上年下降198.57%，其中在2021年前三季度均处于亏损状态，直至第四季度才回正。这主要还是因为德邦转型大件快递业务以来，业务量整体偏低，中转及末端效能利用不饱和，以致该收入占总收入比重不断提升给公司整体毛利率水平带来了一定压力。有业内人士认为，德邦与京东合作后，将有望推动快递快运领域产品业务的效能和服务的专业化、标准化、品质化。图2-2展示了头部快递企业2021年净利润情况。

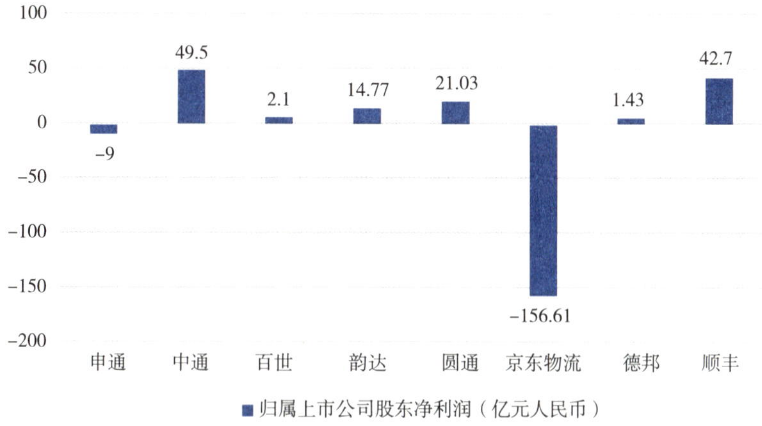

图2-2　头部快递企业2021年净利润情况

四、物流服务市场调查的方法

物流市场调查是一个收集、整理、加工和处理信息的系统工作。调查的方法有很多，而所采用的调查方式是否适当，直接影响调查结果的质量，是调查成败的关键。

（一）询问法

询问法是通过向人们询问他们的知识、态度、偏好和购买行为来收集第一手数据的方法。根据调查人员与被调查者接触的方式不同，又可分为人员调查、电话调查、邮寄调查和网上调查。

（二）观察法

观察法是调查人员直接观察或采用各种仪器间接观察被调查者行为或者现场事实的一种调查方法。通常有直接观察法、亲身经历法以及测量观察法。

拓展阅读

一个神秘的职业——商业尽调员

商业尽调员的主要工作之一就是去调查目标公司的实际业务情况。2020年，调查国内某新锐咖啡品牌的尽调机构，为了掌握该咖啡品牌的真实销售数据，雇了92个专职调查员、1 418个兼职调查员，到全国38个城市的门店，每天蹲点数到店顾客数，收集了25 000多张小票，进行了10 000个小时的门店录像，最后搞出了一份长达89页的做空报告。不管内容如何，至少在气势上营造出了“铁证如山”的感觉。商业尽调员的工作和注册会计师的调查工作有点类似。不过，注册会计师的调查是在明处，他们可以直接进驻被调查公司，去查账、查库存、询问信息；而商业尽调员的工作是在暗处，他们尽量不让被调查公司发现自己的存在。商业尽调员主要会用到以下几种方法：

(1) 现场蹲点观察。比如，有家尽调机构连续4个月潜伏在某公司的工厂外，对进出工厂的车辆进行录像监控。这家公司对投资人宣称，工厂年产能10万吨，投资人去工厂考察时，工厂正在开足马力生产，现场热火朝天。但是，尽调机构发回来的监控录像显示，4个月内只有6辆卡车进入过工厂，显然，这家工厂的产能是虚假的。

(2) 内部人访谈。比如，想要知道一家服装电商对外宣称的日活跃用户数有没有夸大，最好的办法当然就是找到公司的关键岗位员工，如运营负责人，来询问情况。尽调公司会在脉脉、领英等职场社交媒体上发私信联系这个人，或者通过猎头公司找人，再询问数据。尽调机构询问后发现，这家电商的真实日活跃用户数只有对外宣传的1/3。

(3) 第三方核实。比如，一家鲜花电商对投资人说，公司多年前就在云南开辟了鲜花培育基地，尽调员飞到云南当地去看，确实有很大一片鲜花基地，但他临走的时候，注意到一个细节：基地门口插的那块牌子太新了，“某某公司鲜花基地”几个字看起来像是刚刷上去的。尽调员到当地农户那儿挨家挨户去问，才发现这家公司是刚刚租下的基地。

（三）实验法

实验法是在某些环境条件下进行小规模的营销试验，并分析结果，确定后再把试验项目用于大范围推广的一种调查方法。一般用于一种推销方法的小规模试验或新产品于小范围内试用，然后再用市场调查方法分析这种实验性的推销方法或产品是否值得大范围推广，其目的是规避市场风险。

（四）问卷调查法

问卷调查法是通过向目标人群发放问卷，收集相关信息和数据，以了解顾客对自身以及竞争者产品、公司、品牌的认识、看法和喜好程度等的市场调研方法。其关键在于问卷的设计。

拓展阅读

问卷星——在线问卷调查平台

问卷星是一个专业的在线问卷调查、考试、测评、投票平台，专注于为用户提供功能强大、人性化的在线设计问卷、采集数据、自定义报表、调查结果分析等系列服务。与传统调查方式和其他调查网站或调查系统相比，问卷星具有快捷、易用、低成本的明显优势，已经被大量企业和个人广泛使用。其典型应用如下：

企业：客户满意度调查、市场调查、员工满意度调查、企业内训、需求登记、人才测评、培训管理、员工考试。

高校：学术调研、社会调查、在线报名、在线投票、信息采集、在线考试。

个人：讨论投票、公益调查、博客调查、趣味测试。

问卷星使用流程如下：

（1）在线设计问卷。问卷星提供了所见即所得的设计问卷界面，支持49种题型以及信息栏和分页栏，并可以给选项设置分数（可用于考试、测评问卷），可以设置关联逻辑、引用逻辑、跳转逻辑，同时还提供了千万份量级专业问卷模板。

（2）发布问卷并设置属性。问卷设计好后可以直接发布并设置相关属性，如问卷分类、说明、公开级别、访问密码等。

（3）发送问。通过微信、短信、QQ、微博、邮件等方式将问卷链接发给填写者填写，或者通过发送邀请邮件、嵌入公司网站，还可与企业微信、钉钉、飞书等高度集成。

（4）查看调查结果。可以通过柱状图、饼状图、圆环图、条形图等查看统计图表，卡片式查看答卷详情，分析答卷来源的时间段、地区和网站。

（5）创建自定义报表。自定义报表中可以设置一系列筛选条件，不仅可以根据答案来做交叉分析和分类统计（例如，统计年龄在20~30岁之间女性受访者的统计数据），还可以根据填写问卷所用时间、来源地区和网站等筛选出符合条件的答卷集合。

（6）下载调查数据。调查完成后，可以下载统计图表到Word文件保存、打印，在线SPSS分析或者下载原始数据到Excel导入SPSS等调查分析软件做进一步的分析。

（五）查询法

查询法即对经过其他人收集、记录或已经整理过的资料进行翻查。这类数据被称为第二手数据，包括：企业的各种记录、凭证、统计表及客户记录等；政府主管机关发布的统计资料；行业发布的市场动态、行情信息等；期刊、文献、报纸、书籍、会议报告及研究报告等。

五、物流市场预测的步骤

（一）物流服务市场预测概述

市场调查是营销决策的出发点。市场营销预测是市场调查的继续和发展，是市场营销决策的基础和前提。物流市场营销预测是物流企业根据具体的决策需要，结合企业历史统计资料和市场调查获得的市场信息，对市场供求变化等因素进行细致的分析研究，运用科学的方法或技术对市场未来的发展趋势做出估计和推断，从而为企业制定正确的市场营销决策提供依据。物流企业只有通过准确的市场预测，才能把握市场机会，明确市场目标和制定相应的价格策略、销售渠道策略和促销策略等，从而使物流企业扬长避短，适应市场变化，提高企业的竞争能力和应变能力。

（二）物流市场预测的步骤

市场预测的全过程是调查研究、综合分析和计算推断的过程。一个完整的市场预测，其基本程序是相同的，一般都要经过以下几个步骤。

1. 确定预测目标

确定预测目标是进行市场营销预测要解决的首要问题。预测目标决定着预测的一系列环节，如需要收集的资料、收集资料的途径、采用的预测方法等。只有目标明确，预测工作才能有条不紊地进行。

明确问题和调查目标后，我们还需要制订一套完备的市场调查计划，用于确保整个调查活动的顺利开展。通常采用调查计划表的形式来确定整个调查计划活动。调查计划表包括信息来源、调查方法、调查工具、调查方式、调查对象、经费预算、人员培训的内容（表2–2）。

表2–2　调查计划表包括的内容

项目	调查内容
信息来源	第一手资料、第二手资源
调查方法	询问法、观察法、实验法、问卷调查法
调查工具	调查表、机械设备
调查方式	全面调查、典型调查、重点调查、个别调查、抽样调查
调查对象	物流市场环境、行业竞争、宏观政策
经费预算	财务平衡
人员培训	调查组织者、调查员

2. 收集、整理资料

资料是进行市场营销预测的重要依据，必须做好资料的收集工作。收集什么资料，是由预测目标决定的，要根据预测目标的要求，调查、收集与预测对象相关的、历史的和当前的数据资料，掌握事物发展的过去和现状。调查提供的资料数据只有准确可靠，才能对市场、技术等发展趋势做出科学的预测。要认真审核所收集的资料，以保证资料的准确性、系统性、完整性和可比性。

资料的整理主要包括：对不准确的资料进行查证核实或删除，将不可比的资料调整为可比，对短缺的资料进行估计推算，对总体的资料进行必要的分类组合。对经过审核和整理的资料还要进行初步分析，观察资料结构的性质，进而作为选择适当预测方法的依据。

拓展阅读

建设物流大数据平台

随着大数据时代的到来，大数据技术可以通过构建数据中心，挖掘出隐藏在数据背后的信息价值，从而为企业提供有益的帮助，为企业带来利润。自 2012 年起，国家已陆续出台相关的产业规划和政策，从不同侧面推动大数据产业的发展。

何为物流大数据？所谓物流大数据，即运输、仓储、搬运装卸、包装及流通中涉及的数据、信息等。通过大数据分析可以提高运输和配送效率、降低物流成本，更好地满足客户服务要求。物流大数据将所有货物流通的数据、物流快递公司、供求双方有效结合，形成一个巨大的即时信息平台，从而实现快速、高效、经济的物流。信息平台不是简单地为企业客户的物流活动提供管理服务，而是通过对企业客户所处供应链的整个系统或行业物流的整个系统进行详细分析后，提出具有指导意义的解决方案。许多专业从事物流数据信息平台的企业形成了物流大数据行业。物流大数据交易采用利益交换的模式——用服务换取管理，即各个利益主体通过交换的方式，一方将信息的管理权交给另一方，另一方将信息整合起来后形成服务给一方，以消费者、商家、物流企业的数据为依托，为商家快递企业提供预警预测分析，帮助快递企业提前获取这些信息，从而提前对物流资源进行一定的配置和整合。

物流大数据的优势主要体现在哪里？第一，物流大数据可以根据市场进行数据分析，提高运营管理效率，合理规划分配资源，调整业务结构，确保每个业务均可盈利。第二，物流大数据的预测技术可根据消费者的消费偏好及习惯，预测消费者需求，将商品物流环节和客户需求同步进行，并预计运输路线和配送路线，缓解运输高峰的物流压力，提高客户的满意度和黏度。

3. 选择预测的方法

市场营销预测的方法有很多，主要可分为定量和定性两大类。各种方法都有自己的适应范围和局限性。预测的方法选择是否恰当、正确，对于预测的准确性有很大的影响。因此，应根据预测项目的不同，选择不同的、适用的预测模型。物流企业通常采用定量和定性的方法同时进行预测，或以多种方法相互比较印证来提高预测结果的准确性。

4. 进行预测

在对预测的方法进行选择后，我们就可以对预测的对象进行预测。如果是定量预测，就要选择合适的数学模型，进行运算并求得最终结果；如果是定性预测，就要建立逻辑推理模型来进行进一步分析。

5. 分析评价预测结果

市场预测毕竟只是对未来市场的一种估计和设想，由于市场特有的动态性和多变性，预测值同未来的实际值总是有差距的。在进行分析评价时，通常是把定量预测的结果与定性预测的一般性结论进行对照，同时充分考虑到企业的外部影响因素，找出造成误差的原因。分析造成差距的原因，看其是由于预测方法选择不当、建立的预测模型与产品实际需求规律不符合引起的，还是由于历史资料不完整、虚假因素等造成的，或是由于外部政治、经济、技术条件发生了重大变化，致使市场需求发生了重大变动，还有可能是因为预测人员的经验、分析判断能力的局限性造成了这种偏差。

6. 编写预测报告

预测后，要及时写出预测结果的报告。报告要把历史和现状结合起来进行比较，既要进行定性分析，又要进行定量分析，尽可能利用统计图表及数学方法予以精确表述。要做到数据真实准确，论证充分可靠，建议切实可行。

六、物流市场预测的方法

物流市场预测的方法很多，但是不同的方法有不同的适用范围，按方法本身的性质划分，可以将预测方法分为定性预测法和定量预测法两大类。

（一）定性预测法

定性预测法是那些利用判断、直觉、调查或比较分析对未来做出定性估计的方法。当我们试图预测新产品成功与否、政府政策是否变动或新技术的影响时，定性预测法是相对较好的方法。定性预测法具体包括：头脑风暴法、德尔菲法、销售人员意见法、管理人员预测法以及群众评议法。其中，最为流行的是头脑风暴法。

头脑风暴法可分为直接头脑风暴法（通常简称为头脑风暴法）和质疑头脑风暴法（也称为反头脑风暴法）。前者是让专家进行群体决策而尽可能激发创造性，产生尽可能多的设想的方法；后者则是对前者提出的设想、方案逐一质疑，分析其现实可能性的方法。采用头脑风暴法组织群体决策时，要集中有关专家召开专题会议，主持者以明确的方式向所有参与者阐明问题，说明会议的规则，尽力创造融洽轻松的会议气氛。主持者一般不发表意见，以免影响会议的自由气氛，由专家们“自由”提出尽可能多的方案。

（二）定量预测法

定量预测法是指从事物的数字特征方面入手，运用一定的统计或数学分析方法进行数量分析，从而挖掘出事物的数量中所包含的事物本身的特性及其规律性的分析方法。相对于定性预测法，定量预测法能够提高认识事物的精确度。其中，应用较为广泛的有移动平均法和指数平滑法。

移动平均法是预测将来某一时期的平均预测值的一种方法。该方法对过去若干历史数据求算术平均数，并把该数据作为以后时期的预测值。

指数平滑法是以某种指标的本期实际数和本期预测数为基础，引入一个简化的加权因子，即平滑系数，以求得平均数的一种预测方法。

知识窗

市场预测可以按不同的标准进行分类：

（1）按预测的时间跨度，市场预测可以分为短期预测、当前预测、中期预测和长期预测。

短期预测是根据市场上需求变化的现实情况，以旬、周为时间单位，预计一个季度内的需求量（销售量）。

当前预测主要是根据历史资料和市场变化，以月为时间单位测算出年度的市场需求量。

中期预测是指 3~5 年的预测，一般是对经济、技术、政治、社会等影响市场长期发展的因素进行深入调查分析后，所做出的未来市场发展趋势的预测。它为编制 3~5 年计划提供科学依据。

长期预测一般是 5 年以上的预测，是为制定经济发展的长期规划而预测市场发展趋势。它为综合平衡、统筹安排长期的产供销比例提供依据。

（2）按地理空间范围，市场预测分为国内市场预测和国际市场预测。

国内市场预测是对国内市场发展和对某个行政区域或经济区域市场变化趋势的预测。国际市场预测是对各国进出口贸易和国际市场变化趋势的预测。

（3）按经济活动的空间范围，市场预测可分为宏观的市场预测和微观的市场预测。

宏观的市场预测是从全社会经济活动的角度，对其发展趋势所作的综合性预测，如社会购买力预测、社会供求总量预测等。

微观的市场预测是从企业角度，对自身生产经营活动和与自己有关的市场环境所做的预测，如企业的市场占有率预测和销售额预测等。

(4) 按预测的性质，市场预测可以分为定性预测和定量预测。

定性预测是由预测人员凭借知识、经验和判断能力对市场的未来变化趋势做出性质和程度的预测。

定量预测是以过去积累的统计资料为基础，运用数学方法进行分析计算后，对市场的未来变化趋势做出数学测算。

七、调查问卷的设计

调查问卷的内容应该是调查目的的具体表现，如果内容不完全或不能获取有效信息，如缺少重要指标或指标层次不符合分析的要求，就会降低整个调查的质量，甚至使整个调查徒劳无功。因此，调查人员在制作调查问卷前，可以通过先分散后集中的方法设定问题，即先由调查人员在不受其他人影响的情况下各自写出有关的调查问题，然后再把调查人员集中在一起进行讨论，通过有效的筛选流程，确定最终的调查问题。调查问卷定稿后，应交营销主管人员审核通过方能采用。以下是一个典型的物流需求调查问卷的示范。

物流需求调查表：

(1) 调查目的。

(2) 调查对象。

(3) 调查时间。

(4) 有关调查问卷说明：

本次调查真诚邀请您或贵公司根据实际物流需求发表您的看法和观点。

答案无对错之分，如果您不明确某个问题的具体意思，可跳过该题。

调查问卷绝对保密。

…………

(5) 调查内容：

您需要的物流服务内容：生产商的原材料供应；零售商的配送业务；消费者的直接物流需求；网上销售的物流配送。

您需要的主要运输方式：公路、铁路、水路、飞机、管道。

您最看重的物流服务品质：安全性、时间性、经济性、舒适性、及时性、长期合作、综合性。

…………

（6）结束语。

知识窗

调查报告的结构

一般来说，调查报告的内容大体有：标题、导语、概况介绍、资料统计、理性分析、总结和结论或对策、建议以及所附的材料等。由此形成的调查报告结构，就包括标题、导语、正文、结尾和落款。

一、标题

调查报告的标题有单标题和双标题两类。所谓单标题，就是一个标题。单标题又可分为两种：一种是由“事由+文种”构成的公文式标题，如《江苏大学公共课教学情况的调研报告》；另一种是标明作者通过调查所得到的观点的标题，如《调整教育政策，增加教育投入》。所谓双标题，就是两个标题，即一个正题、一个副题。例如,《创新体制机制，推动科学发展——江苏大学学习实践科学发展观活动调研报告》。

二、导语

调查报告的导语是整个报告的开头部分，它为读者提供了报告的背景信息、目的、范围和重要性。一个有效的导语应该简洁、吸引人，并且能够激发读者继续阅读的兴趣。

三、正文

正文是调查报告的主体。它对调查得来的事实和有关材料进行叙述，对所做出的分析、综合进行议论，对调查研究的结果和结论进行说明。正文的结构有不同的框架。根据逻辑关系安排材料的框架有纵式结构、横式结构、纵横式结构。其中，以纵横式结构常为人们采用。按照内容表达的层次组成的框架有两种：一是“情况—成果—问题—建议”式结构，多用于反映基本情况的调查报告；二是“问题—原因—意见或建议”式结构，多用于揭露问题的调查报告。

四、结尾

结尾的内容大多是调查者对问题的看法和建议，这是分析问题和解决问题的必然结果。调查报告的结尾方式主要有补充式、深化式、建议式、激发式等。

五、落款

在标题下面注明调研单位全称。

拓展阅读

调查报告范文：2024年大学生网上购物调查报告

导语

“网购”是大学生消费的新时尚，淘宝网更是家喻户晓的知名网站。人们对于网购这种购物形式众说纷纭，我身边的大多数人都觉得网购存在很大的风险，也很少有人真正尝试过。我一直都对网购很感兴趣，很好奇，并在今年春天开始了我的“网购生涯”。从那以后，身边的同学也纷纷开始了网购。后来网购成了我生活的一部分，什么东西都喜欢从网上买。像我这样喜欢网购的大学生有多少呢？因此，我选择了这个主题。

一、调查目的

大学生对新鲜事物比较好奇。为了揭开网购的真实面目，让更多的人了解网购，对在校大学生进行此次调查。

二、调查对象及方法

1.调查对象：QD理工大学经贸学院（由于调查的困难性，选取了本学院进行调查）。

2.资料收集方法：采用问卷调查方法，向所取得的样本中的个体发放调查问卷，了解学生关于上网购物的基本情况。

3.调查方法：对经贸学院的全部学生（限于三年级以下）进行分层，分成大一、大二、大三3层，在总体中抽取容量为60的样本，在每层中进行系统抽样，根据每层样本量占总体的比重，在3层中分别抽取容量为22，22，16的样本。随机选定某一学号后，间隔10进行抽样，得到样本。

三、调查的内容

略（调查问卷见附件）。

四、调查结果分析

1.通过对样本中网购人数的调查，得到以下数据：大一学生样本中有9人进行网购，在该层中的比例为40.9%；大二有15人，占该层的68.18%；大三有11人，占该层的68.75%。有95%的把握推断经贸学院中网购人数比例范围为45.36%～70.44%。

2.在没有网购的同学中，有近50%的同学认为网购不安全；而在有过网购行为的同学中，有97%的同学觉得网购值得信任。另外，在前者中有92%的人会尝试网上购物。

3.在网购人群中，因为节约费用而选择网购的占网购人数的62%，还有一部分同学是出于好奇和寻找新奇商品而选择网购。在众多的购物网站中，消费者该如何选择呢？有48.57%的网购者会把网站商品是否齐全作为他们选择购物网站的主要标准。其中，淘宝网名列前茅，有87.3%的同学选择在淘宝购物。

4.大家都在网上买些什么呢？经调查，数码产品位居榜首，占到总消费的37.7%；其次是服装，占27.87%；在网上买书也是个不错的选择，占到总数的19.67%；相比之下，由于食品的特殊性（保鲜等问题），几乎无人在网上购买食品。

5.同学们的网购消费水平差异较大。有42%的同学每季网购一次，每月一次和每年一次的同学分别占总体的25.8%和27.5%，还有4.7%的网购达人平均每周一次。每次购物的平均交易金额在100元以下和100~500元的人数都占总数的42.8%，其他金额范围分布较小。

6.在网购过程中，难免会遇到一些困难，其中主要困难是商品描述不清楚，占45%；其次是商品数目繁多和网站太多，网上市场太杂乱（21%）。可见网购市场有待规范。

五、调查结果总结

通过上述的调查报告可知，大学生在网上购物还不是很普及，但存在很大的发展空间。阻碍他们开始网购的主要是安全因素，只要他们认为网购值得信任，网购的方便、省时、商品齐全等优点一定会吸引绝大多数的人开始网购。目前，人们在网上消费的商品种类具有一定的局限性，要想推动网购市场更快更好地发展，就要优化购物体系，打破这种局限。

购物网站是一个很好的平台，它能让我们实现资源共享。在网上我们可以找到最便宜、质量最好、最时尚的商品，坐在家里就可以买到世界各地的商品。未来网购一定会成为人们的主要购物形式之一。

◎ 附件

大学生网上购物调查问卷

说明：如果您选择“A”或者“B”选项，请只回答第2、3题

1. 您是否听说过或接触过网上购物？

A. 从来没听说过　　B. 听说过但没有接触过

C. 偶尔在网上购买物品　　D. 经常在网上购买物品

2. 您没有网购经历的原因是什么？

A. 网购流程太复杂

B. 网购不安全

C. 其他

3. 如果您没有网购经历，那么您接下来会考虑尝试网购吗？

A. 会　　B. 可能会　　C. 不会

4. 您经常登录哪个购物网站？

A. 淘宝　B. 易趣　C. 拍拍　D. 当当

E. 其他

5. 您选择网上购物的理由是什么？

A. 节省时间、节约费用　B. 操作方便

C. 寻找稀有商品　D. 出于好奇，有趣

E. 追求时尚

6. 您认为购物网站哪些内容最吸引您？

A. 打折优惠　B. 节日促销

C. 商品种类齐全　D. 商品介绍全面

E. 其他

7. 在网上购物时您经常选择什么产品？

A. 图书　B. 服装　C. 化妆品　D. 礼品

E. 数码产品　F. 食品

8. 您平均一次购物金额是多少？

A. 5 000元以上　B. 1 000~5 000元　C. 500~1 000元　D. 100–500元

E. 100元以下

9. 您对网上购物是否信任？

A. 非常信任　B. 信任　C. 一般　D. 不信任

E. 非常不信任

10. 在网上购物过程中，您有无受骗经历？

A. 有　B. 没有

11. 您在网上购物的频率是多少？

A. 平均每周一次　B. 平均每月一次

C. 平均每季一次　D. 平均每年一次

12. 您在网上购物时遇到的主要困难是什么？

A. 商品描述不清楚　B. 商品种类和网站数目太多

C. 页面复杂，不易操作　D. 网站速度太慢

➢ 职业技能点提示

《物流管理职业技能等级标准》中的“中级职业技能要求”：掌握物流市场调查与预测含义认知、掌握物流宏观环境与微观环境认知。

（1）掌握物流市场调查与预测基础知识。

（2）能根据所学的基本知识，进行调查问卷的设计，并能独立完成市场调查与分析。

◎ 综合实训

（1）学生分组，确定物流市场调查项目，要求每组设计一份完整的物流市场调查问卷。

（2）确定调查对象，利用双休日，以组为单位深入实际进行现场访问，收集市场信息资料，一方面检测问卷设计的合理性，另一方面锻炼学生的实际调查能力。

（3）对调查问卷进行整理汇总，根据掌握的实际情况和资料，做相应的统计分析，在此基础上，要求每位同学写一份书面调研报告。

◎ 学后测评

一、不定项选择题

1.（　　）是指影响物流企业营销活动的外部政治制度和政党制度、基本方针路线和国家法律法规。

A. 政治法律环境　　B. 经济技术环境

C. 社会文化环境　　D. 自然环境

2.（　　）是指一个国家、地区的民族特征、价值观念、生活方式、风俗习惯、宗教信仰和教育水平等对物流企业营销活动产生影响的因素。

A. 政治法律环境　　B. 经济技术环境

C. 社会文化环境　　D. 自然环境

3.物流市场营销（　　）包括物流企业、供应者、营销中介、顾客、竞争者和社会公众等方面。

A. 微观环境　　B. 宏观环境　　C. 环境　　D. 以上答案都不对

4.（　　）是指派出专门的调查人员直接向被调查对象当面询问以获得所需资料的一种最常见的调查方式。

A. 面谈调查法　　B. 电话调查法　　C. 信函调查法　　D. 观察法

5. SWOT分析主要分析企业的（　　）。

A. 优势和劣势　　B. 机会和威胁　　C. 管理理念　　D. 以上都不对

6. 物流企业的市场微观环境包括（　　）。

A. 物流企业内部环境　　B. 供应者

C. 营销中介　　　　　　　　　　　　　D. 顾客

二、判断题

1. 所谓 SWOT分析法，就是将企业面临的外部机会、威胁以及自身的优劣等方面因素互相结合而进行的综合分析和概括。（　　）

2. 询问法是由调查人员有目的、有针对性地对所调查的客户或者事件发生的场所进行观察，从而收集所需要的资料的方法。（　　）

3. 物流企业市场营销环境包括宏观环境和微观环境。（　　）

4. 对社会宏观环境的分析，一种颇为简明扼要的方法就是SWOT分析。（　　）

5. 如果客户的物流需求大体相似，对所实施的营销组合的反应基本相同，则应采用差异化营销策略。（　　）

6. 竞争者是物流企业环境分析中最重要的分析因素。（　　）

三、思考题

1. 什么是物流企业的营销环境？它可以从哪些方面加以分析？

2. 物流服务市场调查的步骤和方法是什么？

◎项目三 物流市场细分与定位

◎ 知识目标

1. 熟知物流市场细分的基本内容
2. 掌握市场定位的基本内容
3. 掌握寻找目标客户的方法
4. 了解目标客户的分类和档案管理

◎ 能力目标

1. 学会分析市场细分、市场定位，从而确定目标市场
2. 能够使用物流市场定位的方法，为企业及其产品进行恰当的市场定位
3. 能够熟练运用寻找目标客户的方法
4. 可以对目标客户进行分类，建立客户档案归类

◎ 素养目标

1. 提高学生在物流企业市场筛选过程中应用市场定位理论的能力，增强学生的创新能力和应用所学知识的意识

2. 培养市场意识，提升学生对物流企业客户细分的分析能力，用创新的思维思考具分化的目标市场，进行客户管理

◎ 案例导入

宜家家居（IKEA）的品牌定位

宜家家居于 1943 年创建于瑞典，从瑞典小镇里的一家小型企业发展至今，现已成为全球最大的家居用品商家，销售 1 万种产品，主要包括座椅/沙发系列、办公用品、卧室系列、厨房系列、照明系列、纺织品、炊具系列、房屋储藏系列、儿童产品系列等。

宜家家居采用全球化的采购模式，在全球设立了 16 个采购贸易区域，拥有超过 1 000 家供应商。宜家家居在全球 28 个国家和地区拥有 328 个商场，已经波及全球 60%的

可居住地区及70%以上的人口。每年宜家家居门店接待过的人数超过70亿人次。

宜家家居的企业使命是“为大众创造更加美好的日常生活”，这是宜家家居自创立以来一直努力的方向。在大多数情况下，设计精美的家居用品是为能够买得起它们的少数人提供的。但是，宜家家居的经营理念是“提供种类繁多、美观实用、老百姓买得起的家具用品”，这意味着响应大多数人对家居用品的需要，即使他们有着各种不同的需要、品味、梦想、渴望和收入。所以从一开始，宜家家居的目标受众就是大多数人。

宜家家居按照不同因素将消费者划分为具有不同需要、特征或行为，以及需要不同产品或营销方案的消费者群体，以进行市场细分。按地理因素，分为欧美市场和亚太市场。按户主年龄，分为18~34岁市场、35~49岁市场、50~64岁市场和65岁市场以上市场。1997年又细分出一个儿童市场，设计和开发更加适合儿童需求、旨在培养儿童运动能力和创造力的产品。此外，宜家家居按收入水平将消费者划分为低收入阶层和中、高收入阶层，以及富裕阶层。

完成市场细分之后，企业要选择能提供最大价值、长时间保持并盈利的目标市场。宜家家居首先选择欧洲市场，进而是美国、加拿大、亚洲等市场。宜家家居的主要目标消费者是年轻人和中年人。在以收入水平划分的市场上，考虑到各国经济发展水平存在差异，宜家公司在欧美市场的主要目标是中、低收入阶层，采用低价策略；而在经济欠发达的亚太市场，宜家家居的主要目标则是大城市中的富裕阶层。

在决定进入哪个细分市场后，宜家家居将自己的产品进行了市场定位。从一开始，宜家家居走的就是大众低价路线。在欧美等发达国家，宜家家居把自己定位成面向大众的家居用品提供商。针对这种市场定位，宜家家居的产品为“低价格、精美、耐用”的家居用品，形式上为单一风格的家居用品。因为其物美价廉、款式新、服务好等特点，受到广大中、低收入家庭的欢迎。

可是进入中国市场后，宜家家居重新选择市场定位。因为对仍处于发展中阶段的中国市场来说，宜家家居在欧美市场所谓的低价却是不便宜的，而原有的低价家具生产厂家竞争激烈并接近饱和，中国市场上的国外高价家具也很少有人问津。所以，宜家家居把目光投向了大城市中相对比较富裕的白领阶层。宜家家居在中国的市场定位是“高档不高价”，充分满足白领阶层“想用高档货，但付不起高价”的需求。宜家家居作为全球品牌，卖场的各个角落和经营理念都充斥异国文化、自由选购等特点，因而吸引了不少知识分子、白领阶层的眼球，加上较出色的产品质量，让宜家家居在吸引更多新消费者的同时，稳定了自己固定的回头客群体。

这就是一走进宜家家居门店就想“买买买”，很想把宜家家居的产品打包带回家，进而在宜家家居门店前排起的队伍可以绕商场好几圈的原因了。

任务一　市场细分概述

➢ 任务描述

星巴克的市场细分

对于星巴克，小资口头语是：“我不在家的时候，就在咖啡馆；我不在咖啡馆，就在去咖啡馆的路上。”星巴克的价格定位是“多数人承担得起的奢侈品”。消费者定位是“白领阶层”。这些消费者大部分是高级知识分子，爱好精品、美食和艺术，而且收入较高，忠诚度较高。

下面将从4个方面细分星巴克的市场。

1. 按地理因素细分市场

（1）中国特大级城市（如上海、北京）及东南部沿海地区经济发达城市。

（2）中国内陆经济相对发达的二线城市，如西安、成都、重庆等。

2. 按人口因素细分市场

（1）没有接受过大学教育的受教育程度较低的人群。

（2）接受过大学教育的受教育程度较高的人群。

3. 按心理因素细分市场

（1）追求品位的社会上等阶层。

（2）追求时尚的社会中等阶层。

4. 按行为因素细分市场

（1）咖啡爱好者。

（2）咖啡随机者。

（3）咖啡排斥者。

那么，什么是市场细分呢？作为物流专业的学生，物流市场细分是什么呢？让我们进入本堂课的学习。

➢ 知识链接

市场细分是由美国市场营销学家温德尔·史密斯于1956年首先提出的，它是目标市场营销活动的一个重要基础步骤。物流市场细分是现代物流专业化、分工化的表现，是我国物流业不断完善、对标国际一流物流水平的时代需要。

一、物流市场细分的概念

物流市场细分，是指企业根据客户需求的不同特征将整个市场划分成若干客户群的过程。每个客户群是一个具有相同特征的细分市场或子市场。企业针对不同的细分市场，采取相应的市场营销组合策略，使物流企业营销的产品（服务）更符合各种不同特点的客户需要，从而在各个细分市场上扩大市场占有率，提高产品和服务的竞争能力。

二、物流市场细分的模式与方法

（一）物流市场细分的模式

常见的物流市场细分的模式有以下3种：

（1）同质型偏好，即所有的外部物流需求者偏好大致相同的市场。这种市场显示出所有的物流需求者对产品的各种特征都有同样的需求，不存在明显的区别。例如，准时、安全等。不管什么企业，对它的要求基本没有区别。因此，在这个细分市场中，物流企业可以通过一般的物流服务要素供给来满足市场上的物流需求。

（2）分散型偏好，指外部物流需求者对服务的要求和偏好各不相同，有的偏好A，有的偏好B，有的偏好其中的几种特征，即需求者对服务要素的偏好很不集中，存在明显的区别，在坐标图中，偏好点呈分散型。因此，在这种细分市场中，物流企业可以通过一对一的个性化服务来满足市场上的物流需求。

（3）一体型偏好，指外部物流需求者的偏好在一定的环境和条件下可能出现独特偏好的密集型。针对这种密集型的特征，物流企业可以通过相对集中的营销行为来满足该细分市场中的物流需求。该细分市场中的营销行为既要体现不同物流企业的差异性，又要考虑到物流企业的市场利益回报。

（二）物流市场细分的方法

物流企业在对市场进行细分时，可采用单一变量因素，也可以采用多个变量因素或系列变量因素组合进行细分。

（1）单一变量因素法，就是根据影响客户需求的某一个重要因素进行市场细分。例如，可按区域对运输服务需求进行市场细分。

（2）多个变量因素组合法，就是根据影响物流需求的两种或两种以上的因素进行市场细分。例如，根据企业规模的大小、产品的最终用途及用户的地理位置来细分市场。

（3）系列变量因素法，就是根据企业经营的特点并按照影响物流需求的诸因素，由粗到细地进行市场细分。这种方法可使目标市场更加明确具体，有利于物流企业更好地制定相应的营销策略。例如，运输企业可先按区域对市场进行细分，再按客户的规模进行细分，最后按客户的产品性质对市场进行细分。

三、物流市场细分的条件

企业要使细分市场真正具有实用价值，保证细分市场能为企业制定有效的营销战略和策略服务。企业细分市场要具备的条件有可衡量性、赢利性、可行性、稳定性。

（1）可衡量性。可衡量性是指企业用以细分市场的标准是可以衡量的。主要包括以下三个方面：一是客户对服务有不同的偏好，对企业的营销策略具有明显的不同反应；二是企业必须能够获取客户的准确情报；三是企业对于各个细分市场能进行定量分析且便于对市场进行可行性研究，使企业能选择较好的目标市场。

（2）赢利性。赢利性是指企业进入目标市场后能够获得预期的利润。如果物流市场的规模很小，不能为企业获取足够的赢利，就不值得进行细分。

（3）可行性。可行性是指企业通过合理成本的营销组合能够进入细分出来的市场。细分市场的目的是企业能够利用自己的资源和力量进入目标市场。因此，在确定细分标准和进行市场细分时，要注意结合企业的具体条件，保证企业能够顺利地进入目标市场进行有效的经营。

（4）稳定性。稳定性是指在一定时期内，细分市场的标志及细分市场保持相对不变。企业占领市场以后，能够制定较长期的营销策略，有效地开拓市场，获得预期经济效益。如果细分后的市场变动过快，目标市场稍纵即逝，则企业的营销风险会增加。

四、物流市场细分的标准

企业应该如何进行市场细分呢？根据物流市场特点，可以按以下几类标准进行细分。

（一）地理区域

不同地理区域的经济规模、地理环境、客户的需求程度和要求等差异很大，进行物流活动的物流成本、物流技术、物流管理、物流信息等也存在较大的差异，因此物流企业必须制定不同的营销方案。按此标准，一般可以将物流市场分为以下2种：

（1）区域物流，指在一定的时空内，具有某种相似需求的物流。通常是指省内或者省际物流。

（2）跨区域物流，指在不同的区域内进行物流活动。包括省际之间，行政区之间和国际物流；也有的企业将市场分为城区、郊区和乡村三种市场。

（二）客户行业

同一行业的客户，其产品的构成差异不大，对物流的需求也具有一定的相似性。不同行业的客户，其产品的构成存在很大的差异，对物流的需求各不相同。按客户行业，一般可以将市场细分为农业、工业、商业和服务业等细分市场。

（三）客户业务规模

按照客户对物流需求的规模细分市场，可以将客户分为以下3种：

（1）大客户，是对物流业务要求多的客户，它们是企业的主要服务对象。在充分竞争环境下，大客户往往是物流公司争相合作的对象。但服务大客户的管理和运作难度高、对资金的需求大，合作风险也大。

（2）中等客户，是对物流业务需求一般较小的客户，是物流企业的次要服务对象。中等规模的客户，一般操作起来比较容易，服务的利润空间比较大。

（3）小客户，是对物流业务需求较小的客户，是物流企业较小的服务对象。

（四）客户所有制性质

所有制性质对企业开发市场的成本、合作的难易程度、客户维护成本、合作层面的定位和利润空间等都有较直接的影响。根据客户所有制的性质，一般将客户分为以下4种：

（1）三资企业，指以合资、合作或独资的形式在境内开办的企业。

（2）国有企业，指生产资料归国家所有的企业。

（3）民营企业，指生产资料归公民私人所有、以雇佣劳动为基础的企业。

（4）其他企业或组织，即除以上三种形式以外的其他企业或组织。

（五）物品属性

在物流企业进行物流活动过程中，由于物品属性的差异，企业物流作业的差别也很大。按客户物品的属性，可将市场分为以下3种：

（1）生产资料市场，指用于生产的物资资料市场，其数量大，地点集中，对物流活动要求多且高。例如，上海莲雄物流在天津专门负责某化工集团的物流业务管理。

（2）生活资料市场，指用于生活需要的物资资料市场，其地点分散，及时性要求高。

（3）其他资料市场，指除以上两个细分市场以外的所有物资资料市场。

（六）服务方式

不同的客户所需的物流服务功能也不同。按服务方式，可将物流市场分为以下2种：

（1）综合方式服务，就是客户需要提供两种或两种以上的物流服务。例如，有实力的大企业在为其客户提供仓储、运输服务的同时，还为客户提供咨询服务。

（2）单一方式服务，就是客户只需要提供某一种方式的服务。

（七）外包动因

按客户选择第三方物流企业的动因，可将市场细分为以下4种：

（1）关注成本型，这类客户在选择物流服务商时，最关注的是物流成本。他们希望通过与第三方物流企业的合作，降低成本。

（2）关注能力型，这类客户希望通过第三方物流公司的能力，提高自己的客户服务水平。

（3）关注资金型，这类客户一般资金不足或比较关注资金的使用效率，他们不希望自己在物流方面投入过多的人力和物力。

（4）复合关注型，这类客户选择服务商的动因不止一个。严格来讲，大多数客户选择物流服务商的动因都是复合型的。

（八）客户盈利能力

所谓客户盈利能力，指企业客户在未来很长一段时间里（作为企业客户的时间长度内）为企业贡献利润的能力。根据客户盈利能力的不同进行市场细分，就是把每个客户都当作一个细分市场，分析企业服务每个客户的成本和利益，得到每个客户对企业的财务价值，然后与企业设定的客户盈利能力水平进行比较，如果客户的盈利能力达到或超过企业设定水平，那么它就是目标市场中的一员，所有满足这个条件的客户构成企业的目标市场，否则企业就不向它们提供服务。

当然，企业在进行市场细分的时候，既可以用一个变量标准，也可以用两个或者更多的变量标准。物流企业可根据自己的情况做出具体决定。

五、物流市场细分的步骤

美国市场学家麦卡锡提出了细分市场的七个步骤，这对服务市场的细分具有参考价值，具体如下：

（1）选定产品市场范围。企业首先要确定进入什么行业，生产什么产品，需求规模有多大，服务对象是谁。

（2）明确潜在顾客的基本需求。列出企业所选定产品市场范围内所有潜在顾客的各种需求，主要是心理的、行为的和地理的特征。

（3）了解不同顾客的需求。企业将列出的各种需求交给不同类型的顾客，由他们挑选出自己最迫切的需求，最后企业集中顾客的意见，选择几个作为市场细分的标准。

（4）选取重要的差异需求为细分标准。检验每一个细分市场的需求，抽掉它们的共性、共同需求，突出它们的特殊需求作为细分标准。

（5）根据所选标准细分市场。根据不同消费者的特征，划分相应的市场群，并赋予一定的名称，名称应该能反映这一消费者群的特质。

（6）分析各个细分市场的购买行为。进一步分析每一细分市场的不同需求与购买行为及其原因，并了解要进入细分市场的新变数，使企业不断适应市场的发展变化。

（7）评估各个细分市场的规模。决定市场细分的大小及市场群的潜力，从中选择使企业获得有利机会的目标市场。

➢ 任务实施

如果有同学大学毕业后计划创业做物流企业，请运用本节物流市场细分的相关知识，对未来创业中可细分的市场进行分类（表3–1）。

表3–1　物流细分市场分类

物流企业	市场分类							
	地理区域	客户行业	客户业务规模	客户所有制性质	物品属性	服务方式	外包动因	客户盈利能力
市场A								
市场B								
市场C								
市场D								

任务二　市场定位概述

➢ 任务描述

情侣专用的哈根达斯冰激凌

哈根达斯冰激凌是1989年从欧洲起步的高档冰激凌，它的价格是普通冰激凌的5~10倍比同类高档产品贵30%~40%。在美国本土，哈根达斯冰激凌是与和路雪冰激凌同档次的品牌；但在我国，迄今没有任何品牌可以和它相比。

在我国市场上，论价格，哈根达斯冰激凌毫无优势可言：一般的哈根达斯冰激凌球都在 30 元人民币左右，哈根达斯“冰火情缘”火锅一般在 120~160 元人民币，一种哈根达斯饮料在 60~70 元人民币。但它通过独特的营销策略，在我国做成了定制冰激凌品牌，做得深入人心，甚至成为某种生活标志，哪一个小资不知道它的大名呢？高端的消费阶层固然是它的忠实消费者；中、低端的消费者也被它所吸引，一旦有了闲钱，也会奢侈一把。在国外，哈根达斯冰激凌其实只是一个中档品牌，然而在我国，它却成了非常高端的品牌，为什么会这样呢？这主要是因为哈根达斯冰激凌进入我国以后，奉行了高价策略。为了实施高价策略，哈根达斯冰激凌最经典的行动之一就是给自己贴上“爱情”标签，由此吸引恋人们频繁光顾。在某年的情人节，哈根达斯冰激凌门店里外被布置得浓情蜜意，不但特别推出由情人分享的冰激凌产品，还给来此的情侣们免费拍照合影，让他们对哈根达斯冰激凌从此情有独钟。那么什么是市场定位呢？作为物流专业的学生，物流市场定位是什么呢？让我们进入本堂课的学习。

➢ 知识链接

市场定位是 20 世纪 70 年代由美国学者阿尔·赖斯提出的一个重要的营销学概念。物流市场定位是塑造一种产品在细分市场的位置。它的实质是使本企业与其他企业严格区分开来，从而在消费者心目中占有特殊的位置。

一、物流市场定位的概念

物流市场定位是指物流企业通过自身的物流服务创立鲜明个性，塑造出与众不同的市场形象，使之在顾客心目中占据一定的位置，从而更好地赢得客户。

二、物流市场定位的方法

物流企业推出的每种服务产品，都需要选定其特色和形象。现有产品在其原有定位已经不再具有生命力时，亦需要重新做出定位决定。对服务产品的市场定位，可以应用多种方法，主要有以下几种。

（一）根据具体的产品特色定位

产品特色定位是根据其本身特征，确定它在市场上的位置。这时广告宣传应侧重介绍产品的特色或优于其他产品的性能，使之与竞争产品区别开来。在具体定位时，可以把构成产品内在特色的许多因素作为定位的依据，如产品质量、档次、价格、特色等。

（二）根据所提供的利益和解决问题的方法定位

产品本身的属性及由此衍生的利益、解决问题的方法以及重点需要的满足程度也能使客户感受到它的定位。例如，物流行业中的人性化专业物流服务的定位，“满足客户需要、做到客户想要的、发现客户需要的”服务理念。

（三）根据产品的专门用途定位

为老产品找到一种新用途，是为该产品创造新的市场定位的好方法。例如，物流的概念未传入我国之前，类似物流的行业在我国已经存在，包括流通业、仓储业、交通运输和邮政业等。但是进一步完善市场经济之后，就需要我们重新对物流行业进行定位，完善现代物流产业，呼唤物流运作现代化的物流企业，以满足市场经济的发展。

（四）根据使用者的类型定位

这是指把产品指引给适当的潜在使用者，根据使用者的心理和行为特征及特定消费模式塑造出恰当的形象。例如，某物流公司把物流同农业生产联系到一起，为物流产业获得了适宜的形象。该公司以先进的现代物流理念，率先在国内物流界推出了“以现代化物流产业服务于现代农业”的经营方针。在海南和大连采用“公司＋农户”的方式建成投产了数万亩现代化水果蔬菜种植基地，并通过公司强大的海上实力开通了国内精品航线——海上绿色通道，反季节果菜汇集到两地物流配送基地，经加工后配送给超市，使物流产业更加贴近大众。

（五）根据竞争定位

这是指根据竞争者的特色与市场位置，结合企业自身发展需要，将本企业的产品，或定位于与其相似的另一类竞争产品的档次；或定位于与竞争直接有关的不同属性或利益。

以上定位方法往往是相互关联的，物流企业在进行市场定位时，可在综合考虑各方面因素的基础上将各种方法结合起来使用。

三、物流市场定位的步骤

（一）以产品的特征为变量勾画出目标市场的结构图

物流服务产品的特征有价格（高与低）、质量（优与劣）、能力（大与小）、功能（多与少）等。运用这些变量，两两不同的变量指标组合便可以画出多个平面图。假定有四个竞争者（A、B、C、D），按照价格与质量进行组合，就可形成一个结构图。

（二）明确潜在的竞争优势，并选择相对的竞争优势

在上述结构分析基础之上，物流企业要明确潜在的竞争优势。为此，要弄清楚以下3个问题：

（1）目标市场上竞争对手的产品定位如何？包括对竞争者成本和经营情况的分析。

（2）目标市场上足够数量的顾客确实需要什么，他们的欲望满足程度如何？必须认定目标顾客认为能够满足其需要的最重要的特征。

（3）本企业能为此做些什么？相对的竞争优势，是一个企业能够胜过竞争对手的能力。这种能力既可以是现有的，也可以是潜在的。准确地选择相对竞争优势是一个企业各方面实力与竞争对手实力相比较的过程，通常从经营管理、技术开发、设施、服务功能、人力资源以及财务指标等方面进行衡量比较。

（三）显示独特的竞争优势

选定的竞争优势不会自动地在市场上显示出来，物流企业要进行一系列的宣传促销活动，将其独特的竞争优势准确地传播给潜在客户，并在客户心目中留下深刻印象。

（1）建立与市场定位相一致的形象。

①让目标顾客知道、了解和熟悉本企业的市场定位。

②使目标顾客对本企业的市场定位产生认同、喜欢和偏爱。

（2）巩固与市场定位相一致的形象。

①强化目标顾客的印象。

②保持目标顾客的态度。

③稳定目标顾客的态度。

④加深目标顾客的感情。

（3）矫正与市场定位不一致的形象。许多时候，目标顾客对企业及其市场定位的理解会出现偏差，如定位过低或过高，定位模糊与混乱，从而造成误会。物流企业在形成其独特的竞争优势过程中，必须及时纠正与市场定位不一致的形象。

（四）进行市场定位

最终的市场定位是在前边的分析、比较后进行的工作，要经过初步定位和正式定位两个过程。初步定位是经过详细论证后，由最高领导层决定。而正式定位是经过调研、试销、校正偏差之后的最终工作。需要强调的是，随着目标市场供求状况的不断变化，企业在目标市场上的定位将不断得到修正。

➢ 任务实施

假设你是某物流产品的市场营销经理，针对你所经营的产品，分析研究“谁是你的客户”，找准你的目标市场，实施市场定位策略（表3–2）。

表3-2 物流市场定位

物流企业	市场定位				
	目标市场的结构图	相对竞争优势	独特竞争优势	选择市场定位策略	进行市场定位
市场A					
市场B					
市场C					
市场D					

任务三 寻找目标客户的方法

➢ 任务描述

抓住新一代——宝洁公司目标客户的选取

宝洁（P&G）公司产品的广告画面多选用青年男女的形象，展示年轻人追求浪漫的幻想、崇尚无拘无束和富有个性色彩的生活画面，并针对年轻人的心理配上如“滋润青春肌肤，蕴含青春美”等广告语。宝洁公司选择青年消费者群作为其目标客户，是看中了年轻人的先导消费作用。

在中国消费者中，消费心理和方式显而易见地发生了较大变化的首先是青年消费者。青年人带动了消费主义运动的兴起，改变了人们传统的生活态度和节俭观念，刺激着人们的消费欲望和财富欲望。青年人求新、好奇、透支消费、追求名牌、喜欢广告、注重自我等心理，正先导性地改变着中国人的消费习惯和行为。

宝洁公司选取青年人崇拜的青春偶像及具有青春活力的年轻女孩作为广告模特，举办“飘柔之星全国竞赛活动”展示年轻女性的真我风采，以及围绕青年人所做的一系列促销活动，如“海飞丝美发亲善大行动”等，充分表明了它抓住新一代的定位目标意图，而它卓著的市场业绩也充分证明了其目标客户定位的正确性。那么，怎么寻找目标客户呢？让我们进入本堂课的学习。

➢ 知识链接

目标客户的寻找有一定的方式与经验可做借鉴。一般来讲，寻找目标客户的方法主要有 9 种，分别是：网络寻找法、广告寻找法、介绍寻找法、资料查阅寻找法、委托他人寻找法、客户资料利用法、会展寻找法、协会咨询寻找法、企业各类活动寻找法。每一种方法都各具特征。

1. 网络寻找法

对于新业务员，网上找客户是开始的最好选择。先在网上通过一些商业网站去搜索一些客户的资料，或通过大型的搜索引擎用关键词搜索。不要固定用一个搜索引擎，同样的关键词，在不同的搜索引擎可以获得不同的结果。

2. 广告寻找法

这种方法的基本步骤是：一是向目标顾客群发送广告；二是吸引顾客上门开展业务活动或者接受反馈开展活动。

3. 介绍寻找法

业务员通过他人的直接介绍或者提供的信息进行顾客寻找。可以通过业务员的熟人、朋友等社会关系，也可以通过企业的合作伙伴、客户等。主要方式有电话介绍、口头介绍、信函介绍、名片介绍、口碑效应等。

4. 资料查阅寻找法

通过资料查阅寻找客户既能保证一定的可靠性，也能减小工作量、提高工作效率，同时还可以最大限度减少业务工作的盲目性和客户的抵触情绪等。

业务员经常利用的资料有：有关部门提供的资料，有关行业和协会的资料，国家和地区的统计资料，企业黄页，工商企业目录和产品目录，电视、报纸、杂志、互联网等大众媒体，客户发布的消息，产品介绍，企业内刊等。

5. 委托他人寻找法

业务员在自己的业务地区或者客户群中，通过有偿的方式委托特定的人为自己收集信息，了解有关客户和市场、地区的情报资料等。

6. 客户资料利用法

客户资料管理的重要性十分突出。现有的客户、与企业联系过的单位、企业举办活动（如公关、市场调查）的参与者等的信息资料都应该得到良好的处理和保存。这些资料积累到一定的程度，就是一笔财富。

7. 会展寻找法

国际国内每年都会举办很多交易会，如中国进出口商品交易会（简称“广交会”）、中国国际高新技术成果交易会（简称“高交会”）、中国国际中小企业博览会（简称“中博会”）等。企业可充分利用交易会寻找客户、联络感情、沟通了解。

8. 协会咨询寻找法

一些组织，特别是行业组织、技术服务组织、咨询单位等，往往掌握了大量的客户资料和资源以及相关行业和市场信息。企业可通过咨询的方式获得。

9. 企业各类活动寻找法

企业通过公共关系活动、市场调研活动、促销活动、技术支持和售后服务活动等，一般都会直接接触客户，这个过程中对客户的观察、了解、深入的沟通都是寻找客户的好方法。

任务实施

请总结以上9种寻找目标客户方法的特点及各种方式下的实施途径（表3–3）。

表3–3　目标客户的特点及实施途径

项目	方法分类								
	网络寻找法	广告寻找法	介绍寻找法	资料查阅寻找法	委托他人寻找法	客户资料利用法	会展寻找法	协会咨询寻找法	企业各类活动寻找法
特点									
实施途径									

任务四　目标客户的分类和档案管理

任务描述

“美国经济的主干架”联合包裹公司

1907年，美国人吉米·凯西创立了联合包裹公司。创业初期仅有一辆卡车及几部摩托车，主要为西雅图百货公司运送货物。通过发展，联合包裹公司已经成为拥有15.7万辆地面车辆、610家自有或包租飞机，全球员工33万多名，年营业额270亿美元的巨型公司。每个工作日处理包裹130万件，每年运送30亿件各种包裹和文件。联合包裹公司提供的服务已经成为美国人日常生活中必不可少的东西，成为美国经济运行中一只几乎无处不在的“手”，每年装载了美国国民生产总值的6%。1998年在华尔街上市，上市金额高达55亿美元，同时涉足电子商务领域，大踏步向以知识为基础的全球性物流公司迈进。

系统跟踪目标客户，一件一达。联合包裹公司为确保每一位目标客户取件的及时性，统一采用技术性卡车电子跟踪系统，跟踪每日130万件包裹向目标客户的运送情况。公司的卡车司机人手一台如手持电脑大小的信息获得器，内置无线装置，能同时接收和发送送货信息。还使用全球定位卫星，随时通知司机更新行车路线，实时准确监督目标客户的涉及范围。

进行目标客户需求精准画像，成立联合包裹金融公司。联合包裹金融公司通过对用户需求的精准分析，对目标客户进行分类及归档管理，并为用户扩展提供信用担保和库存融资服务，根据不同客户的消费偏好和能力，划分目标客群，提供分类的担保服务。其担保业务恰好解决了电子商务中的现金支付和信用问题，运到运输需求方后收取费用的服务也提高了运送货物的可靠性。

凭着高科技与高水平管理，联合包裹公司在20世纪80年代打进了国际市场。联合包裹公司清晰的目标客户画像使得它的赢利状况十分可观。

一、目标客户的分类

对于不同的客户，可有针对性地提供不同的产品以满足其需求。具体可以将目标客户按下列标准进行分类。

（一）按实际序列来划分

包括老客户、新客户和未来客户。以老客户和新客户为重点管理对象。

（二）按交易过程来划分

包括曾经有过交易业务的客户、正在进行交易的客户和即将进行交易的客户。对第一类客户，不能因为交易中断而放弃对其的档案管理；对第二类客户，需逐步充实和完善其档案管理内容；对第三类客户，档案管理的重点是全面收集和整理客户信息，为即将开展的交易业务准备资料。

（三）按客户性质来划分

包括政府机构（以国家采购为主）、特殊公司（如与本公司有特殊业务等）、普通公司、顾客（个人）和交易伙伴等。这类客户因其性质、需求特点、需求方式、需求量等不同，对其实施的档案管理的特点也不尽相同。

（四）按交易数量和市场地位来划分

包括主力客户（交易时间长、交易量大等）、一般客户和零散客户。不言而喻，客户档案管理的重点应放在主力客户上。

总之，每个企业都或多或少地拥有自己的客户群，不同的客户具有不同的特点，对其的档案管理也具有不同的做法，从而形成了各具特色的客户档案管理系统。

二、客户档案管理的内容和方法

（一）客户档案管理的内容

建立客户档案管理就要专门收集客户与公司联系的所有信息资料，以及客户本身的内外部环境信息资料。客户档案管理的内容主要包括以下几个方面：

（1）有关客户最基本的原始资料，包括客户的名称、地址、电话以及他们的个人性格、兴趣、爱好、家庭、学历、年龄、经历背景等。这些资料是客户管理的起点和基础，需要通过销售人员对客户的访问来收集、整理归档形成。

（2）关于客户特征方面的资料，主要包括所处地区的文化、习俗、发展潜力等。其中对外向型客户，还要特别关注和收集客户市场区域的政府政策动态及信息。

（3）关于客户周边竞争对手的资料，如对其他竞争者的关注程度，与竞争者的关系等各方面的比较，以至客户产品的市场流向，要准确到每一个“订单”。

（4）关于交易现状的资料，主要包括客户的销售活动现状、存在的问题、未来的发展潜力、财务状况、信用状况等。

（二）客户档案管理的方法

目前比较常见的客户档案管理模式主要有以下2种：

（1）简单的客户档案管理。大多数处于初级阶段的小规模企业，企业的营业额总体比较小，并且企业的客户量不是很大，因此就是将一些客户档案形成电子化文档资料，通过Word、Excel等办公自动化软件进行简单的编辑、统计等操作。这种管理模式的优点是成本比较低，对管理人员的技术水平要求不高；缺点是对于客户资料的分析效果不是很好，资料整合和再利用的可能性不是很大。

（2）客户档案数据库管理。企业发展到一定程度，客户的数量有一定的规模，必须建立客户档案数据库才能更好地对客户档案进行管理。在实际操作中，客户档案数据库的建设采用两种模式：一种是单独的客户信用档案数据库的建设；另一种是融合在企业的信息化管理系统中，其中的某一部分是客户信用档案数据库。在客户档案数据库的建设过程中，要充分应用数据挖掘技术，根据企业客户档案的特点建立合理的数据挖掘分析模型和挖掘方法，从大量客户档案原始资料中通过数据选择和检测，揭示出隐含的具有潜在价值的信息。

三、客户档案管理的原则

（一）集中管理

绝大多数企业选择对客户档案进行集中管理。这是因为集中管理客户档案具有诸多重要意义。它能提升信用管理的有效性，实现准确评估风险与合理授信，避免授信过度或不足等情况。在业务方面，可增强监控能力，便于全面跟踪业务流程、捕捉需求变化、解决订单混乱等问题。同时，能高效解决问题，通过协调资源快速定位根源，改善部门协调难的状况。此外，还能保障数据安全与合规，避免数据泄露等风险，满足法规要求，及时发现并解决可能出现的各种问题。

（二）动态管理

所谓动态管理，是指对于客户档案信息要不断进行更新。这是因为客户本身的情况是在不断变化的。就客户的资信报告来讲，它是一份即期的客户档案，有效期一般在三个月到一年。超出这个时间，就要对客户进行新的调查。

对客户档案实施动态管理的另一个目的是，随着客户财务、经营、人事等情况的变化，定期调整对客户的授信额度。信用管理部门的授信应该按客户协议进行，一般以年度为单位确定本期授信的有效期。当客户的基本情况发生变化时，信用额度也要随之进行调整。长期积累客户信息也非常关键，通过完整的历史记录可以看到客户发展趋势，更好地对客户的发展潜力进行分析。此外，历史积累数据可提供相对比较准确的预测基础。总之，客户档案不是静态的，而是一个动态变化的集成过程。

（三）分类管理

对客户档案进行恰当的分类，主要是基于客户对企业的重要性和客户档案管理费用进行考虑。一方面，企业客户规模大小不一，对企业收益的贡献程度也不同，理应区别对待；另一方面，进行客户档案管理也要考虑到成本效益原则，尽量使用有限的资源发挥最大的经济效用。考虑客户对企业的重要性因素，信用管理部门可以将客户分成普通客户和核心客户。划分的标准是企业与客户的年平均交易额，同时要考虑与客户交往时间的长短。

核心客户与企业的交易量大，是利润的主要来源，企业 80%以上的收益来自这类客户，如果该类客户出现风险，对企业造成的损失将是巨大的，对该类客户的管理尤为重要。一旦将某客户划入核心客户范围，对其档案进行管理的复杂程度就会提高，对应的档案管理费用也会有所提高。费用提高的主要原因在于，对核心客户要进行深层次的资信调查，同时要保证信息的及时更新。所以，对于经费预算相对困难的企业，应该在短期内控制企业核心客户的总数。对于核心客户的重点管理并不意味着对普通客户的管理可以放松。普通客户数量多、交易额小，应用群体分析和评分控制更为简便、有效。

◎ 综合实训

企业客户资料分散化通常有两种情况：一是分散在业务人员手中；二是分散在企业各个部门。

如果是第一种情况，就可能导致客户是业务人员的客户而不是企业的客户，因为企业的管理层并不熟悉每一个客户，所以业务人员离开企业后，客户及业务也随之离去，给公司造成重大的经济损失。更严重的还有，如果业务人员带走了销售合同和发货单据，就会使某些客户拖欠的账款变成坏账，无法追回。再加上企业长期支付业务人员的工资和维护客户的费用，损失不可低估。

如果是第二种情况，虽然可以杜绝个人掌握企业客户资源的问题，但也会引出部门之间、部门与整个企业之间平衡利益关系的问题。在实践中，具体表现在多个部门与同一客户交易，结果可能是不同的部门为了赢得订单而提供一个比一个更优惠的信用条件。虽然部门的利益保住了，但企业的整体利益遭受损害。同样的情况还可以发生在总公司和分公司之间。

◎ 实训思考

（1）每个小组为自己的模拟公司进行市场定位，说出这样定位的原因。

（2）设计客户资料表格，并对公司的目标客户档案进行分类管理。

（3）中邮物流充分发挥邮政特色和优势，立足城市、农村两个市场，以一体化物流业务为核心，积极发展区域配送、货运代理与零担货运、分销与邮购业务，满足不同类型的客户需求，并稳步开拓国际物流市场。

思考：中邮物流按什么标准将市场进行了细分？为什么将市场分为城市市场和农村市场？

◎ 学后测评

一、不定项选择题

1.以下不属于常见的物流市场细分的模式有（　　）。

A. 同质型偏好　　B. 分散型偏好　　C. 异质型偏好　　D. 一体型偏好

2.“顺丰物流，中国人自己的物流”，该定位方法属于（　　）。

A. 产品特色定位　　B. 专门用途定位　　C. 使用者定位　　D. 竞争定位

3. 把消费者市场分成儿童、青年、老年市场时使用的细分标准是（　　）。

A. 产品特色定位　　B. 专门用途定位　　C. 使用者定位　　D. 竞争定位

4. 通过行业组织、技术服务组织、咨询单位等途径，获取客户资料和资源的目标客户寻找方法属于（　　）。

A. 广告寻找法　　B. 介绍寻找法

C. 客户资料利用法　　D. 协会咨询寻找法

5. 客户档案管理的原则有（　　）。

A. 集中管理　　B. 动态管理　　C. 分类管理　　D. 分散管理

二、判断题

1. 市场细分的实质是细分产品，而不是细分消费者。（　　）

2. 市场定位是确定目标市场的地理位置。（　　）

3. 市场细分的最终目的是选择和确定目标市场。（　　）

4. 动态管理，是指对于客户档案信息要不断进行更新。（　　）

5. 勾画目标市场的结构图是物流市场定位的步骤之一。（　　）

三、简答题

1. 物流企业为什么要市场细分？市场细分的方法有哪些？

2. 市场细分的标准有哪些？

3. 物流市场定位的步骤有哪些

4. 寻找目标客户的方法有哪些？

5. 如何对目标客户进行分类？

◯ 项目四 物流服务营销组合策略分析

◎ 知识目标

1. 理解物流营销组合策略的概念及其特点
2. 掌握不同物流服务营销组合策略的适用范围与优缺点
3. 熟悉深化物流营销策略的理念

◎ 能力目标

1. 能够描述不同物流服务营销组合策略的概念及其特征
2. 能够理解不同物流服务营销组合策略的侧重点
3. 能够进行不同物流服务营销组合策略的辨析

◎ 素养目标

1. 能够遵循市场经济规律，合理选择物流服务营销组合策略
2. 树立吃苦耐劳、爱岗敬业、务实创新的职业理念
3. 具有辨析不同物流服务营销组合策略的能力
4. 用创新的思维思考如何深化物流营销策略

◎ 案例导入

中国远洋海运集团的营销之路

截至2023年12月31日，中国远洋海运集团经营船队综合运力1.16亿载重吨/1 417艘，排名世界第一。其中，集装箱船队规模305万TEU/504艘，居世界前列；干散货船队运力4 632万载重吨/436艘，油、气船队运力2 858万载重吨/229艘，杂货特种船队620万载重吨/180艘，均居世界第一。

中国远洋海运集团完善的全球化服务筑就了网络服务优势与品牌优势。航运、码头、物流、航运金融、修造船等上下游产业链形成了较为完整的产业结构体系。集团在全球投资码头57个，集装箱码头50个，集装箱码头年吞吐能力1.33亿TEU，居世界第一。全球船舶燃料销量超过2 999万吨，居世界第一。集装箱制造年产能超过140万

TEU，居世界第二。集装箱租赁业务保有量规模达380万TEU，居世界第三。海洋工程装备制造接单规模以及船舶代理业务也稳居世界前列。

在三大东西主干航线（即太平洋航线、欧洲航线、大西洋航线），中远集运显著地扩充了产品线深度。这三大东西主干航线集装箱运量增加较快，市场需求较大，有较好的发展前景。获取增量利润，更好地满足直接的大客户尤其是跨国公司全球运输的需要，争取成为领先的产品线全满的公司，设法填补市场空隙，防止竞争者的侵入。澳新线削减了产品项目。因为澳新线集装箱运量虽然有一定的增长，但运力的增长更快，竞争激烈，运价低迷，是使利润减少的产品线。中日线则进行了部分产品项目的改造。增加了绿色快航i、n线满足冷藏货货主的运输需求。随着中日航线上众多中小公司的加入，竞争日趋白热化。中远集运提供差异化服务即经营冷藏货运输。中远集运经营冷藏货运输建立起竞争者暂时难以进入的壁垒，获得较丰厚的利润。

影响定价的因素主要有3个，即成本、顾客对产品的认知质量、竞争对手的价格水平。中远集运在成本控制和提高顾客对产品的认知质量方面采取了一些措施。由于集装箱运输产品的需求是弹性的，即价格的变化会对需求产生较大的影响，加上集装箱运输市场供需失衡、竞争激烈，中远集运采取随行就市的定价法。不同的市场，市场目标不同，价格策略不同。通过运价定位，中远集运将航线分为三大类。东西航线：货运量大，效益贡献值大，属于利润区，运价以提高箱位利用率为目标。南北航线：市场运价远低于成本，属于亏损区，中远集运改善货源结构，以扭亏为目标。近洋航线：竞争对手众多，中远集运运价高于市场水平，属利润漂移区，在强势航线上主动出击，提高运价；在弱势航线上加强合作，稳定运价。

此外，中远集运积极响应航运公会、运价稳定组织的涨价计划，在不影响箱量和舱位利用率的情况下，适时跟进涨价，提高公司效益。客户不同，运价不同。中远集运与签约的直接大客户的合同运价是优惠运价。季节不同，运价不同。对未签约的客户，淡季低运价，旺季高运价。中远集运采用随行就市法，符合全球集装箱运输市场状况和自身的市场地位。

人员推销是中远集运的主要促销手段。集装箱运输的顾客是一些特定的消费者，如货运代理人、无船承运人和直接发货人，在电视等大众媒体上做广告促销，其效能不明显。中远集运凭借中国本土的300多个网点、海外的180多个网点，将中远集运的“产品”和服务推荐给这些顾客。中远集运的班轮船期表每季度一期，内容有区域航线的具体航线、船舶名称、吨位、到达港及日期等，介绍重点航线特点，货主可免费索取。由于集装箱运输面对的不是普通消费者，而是大的货主、货运代理，因此中远集运的广告宣传集中在*Containerisation International*、《集装箱化》《中国远洋》《世界海运》《水运管理》《航运公告》等港、航专业杂志上。公共关系是中远集运最为重视的促销方法之一。集装箱运输活动是整个贸易活动的重要一环，涉及发货人、收货人、中间商等方面。中远集运一直和这些相关方关系良好。此外，中远海运集团参展2022年中国国际服务贸易交易会，以“服务合作促发展　绿色创新迎未来”为主题，旨在积极展示、发布和推广在航运科技、物流以及港口等领域的前沿科技成果，利用多元化的航运数字化创新成果和应用场景实践，展现中远海运集团顺应航运业绿色、低碳、智能发展趋势。在2022国际绿色零碳节暨2022 ESG领袖峰会上，经提名推荐、评委会审议，中远海能获评“2022绿色可持续发展贡献奖”。中远海运荣登2022年《财富》中国ESG影响力榜。

问题：

1. 中国远洋海运集团运用了怎样的产品组合策略?
2. 中国远洋海运集团运用了怎样的定价方法?
3. 中国远洋海运集团是如何进行产品促销的?

任务一　物流服务产品策略分析

➢ 任务描述

乔明月同学是河南物流职业学院的一名大二学生，在课堂上观看了中国远洋海运集团的宣传片，为我国远洋运输事业的蓬勃发展感到十分自豪。同时，也在思考中国远洋海运集团可以实现对全球商户提供远洋运输服务，提供了有效的物流产品，中国远洋海运集团是如何有效服务全球范围内的商家呢？又如何针对不同商家提供有效的物流服务产品呢？那么，让我们带着这些问题进入这个任务的学习。

➢ 知识链接

一、物流产品概述

（一）物流产品的概念

1. 产品的概念

产品是人们有目的的生产劳动创造的能满足人们某种需要的物品，包括实物、服务、场所、思想、创意等。

2. 物流产品的概念

物流业隶属于第三产业范畴，物流企业的产品与其他类型企业的产品不同，其提供的产品就是一种服务，是对顾客、对有物流服务需求欲望的人提供的服务，在使顾客满意的前提下，在权衡服务成本的基础上，向顾客迅速、快捷地提供产品表现形式——服务。

物流企业的产品分为核心产品、有形产品和附加产品 3 个层次。其中，核心产品通常是指为货主提供符合其需要的位移效用和利益；有形产品一般是指为货主提供运输服务的车辆、船舶、飞机等工具的类型及型号、基础设施布局及环境、航班、车次、航次等状况；附加产品通常是指货物装卸、质询、报关、报价、储存以及其他各种服务（图4-1）。

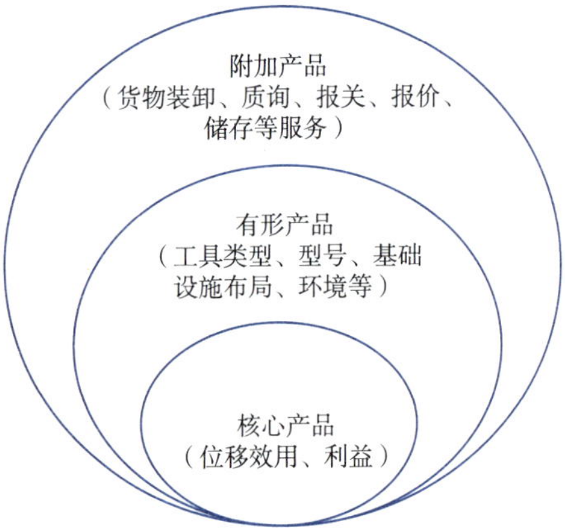

图4-1 物流产品层次

（二）物流产品的特性

（1）不可触知性。没有一个实在地让顾客触知的物体，这是物流服务的一大特点，也是最作用于顾客的购买决策和物流企业的管理因素。有专家对服务的不可触知性定义如下：摸不着而且不容易在头脑中成形。这个服务定义强调了销售者帮助购买者实现理解服务将带来的好处及其特点。有一个办法，就是用可触知的现象告诉顾客，通过使用引人注目的形象广告宣传，给人们头脑中输入记忆与期待。对一个产品，购买者可以在购买之前去触摸，去研究，而对服务却不能。确切地说，在销售之前是不存在服务的，所以购买者难以实现评估。于是，购买者就认为服务比有形产品的购买风险更大。在一家超市里，消费者可以对比两种不同品牌的酸奶，了解其成分，阅读其标签，评价其价格，在消费之前就能对广告中包含的信息加以对照验证。可是，服务就不能这么做，无法做出预期。

要使不可触知的东西变得可触知，问题在于如何去做。解决办法有两个：一是让顾客心中服务企业的形象具体化，可触知。麦当劳就成功地用分别代表企业及其质量的两个连环拱形图案树立了自己可触知的企业形象。二是增强顾客对物流企业在不断追求提高服务质量的形象感觉。为此，物流企业要为让购买者放心的形象、标识、象征而做出投资。例如，银行在促销中，特别是在过去，都是靠雄伟坚固的建筑物传达自信可靠的信息。促销中通常请出知名人士佐证其所言属实。销售者的能力非常重要，他（或她）的形象就是服务的先期形象。

（2）缺乏所有权。物流服务的生产者无法与其提供的服务性能分离造成了一些对营销方面的限制。一般来讲，在物流服务中，生产者和顾客都是同样在场的，是直接接触并互动的。顾客在决定是否购买一件有形产品时，只注重评价其性能特征，而不考虑其生产过程。生产者与顾客之间不对话，也不接触。购买立体音响组合的人不问生产厂家是怎么组织的，也不问工人的履历如何或者用什么生产方式。反之，物流服务的购买者则要试图了解作为服务生产的主角的个人或集体情况（态度、能力、专业化水平等）。因此，物流服务与顾客之间的关系具有以下特点：

①缺乏中介。相对于有形产品而言，物流服务大多是由生产者直接提供的，没有中介，即使有，也只是一种营销职能。比如，物流公司的货物代理可以提供运输工具的信息，要求购买者预付有关费用等，但这都只是服务的一部分而已。

②顾客的积极介入。物流服务的性能需要顾客的积极介入，在一个物流企业里顾客要和企业结成紧密的伙伴关系。总而言之，服务质量取决于顾客的态度、动机和以前的经验。

（3）不可储存性。物流服务是在生产中被消费的，其有用的时间往往很短。而其购买者从中得到的好处也不能为将来的消费“储存起来”。如果不在有效时间内消费掉，服务就会不可弥补地失去。在服务稳定或者需求走势可以预料的时候，服务的这种不可储存性并不很重要。但是，在需求上下浮动情况严重，难以预料的时候，这个问题就不好解决了。

（4）服务差异性。由于服务中的人的介入成分很大，很难保持服务质量的稳定不变。同时，服务过程的互动也影响了服务质量的稳定。另外，很多服务都是在生产的同时被消费的，所以无法予以纠正。在工厂里的生产和商店里的销售之间是可以加上一个产品质量检验程序的，但是服务无法照办。除了客观上的服务生产不能延误的原因之外，顾客也不肯费时间等待。除此之外，顾客也因心理与观念的不同而对服务的质量有不同的看法。

（三）物流产品的分类

(1) 依据物流的功能要素，可把物流服务分为：运输服务、配送服务、仓储服务、流通加工服务、装卸搬运服务、包装服务和信息服务。

运输服务是整个物流服务中表现形式最直观的服务之一，也是为了完成商品供给者与商品需求者之间的商品实体转移、克服两者间的空间距离、创造商品空间效用的服务表现形式。运输服务通常包括两项内容：一是实现商品的转移；二是实现商品的动态储存。可以说，运输服务是物流服务的核心内容。

配送服务是指在经济合理区域范围内，根据用户要求，对物品进行拣选、加工、包装、分割、组配等作业，并把货物送达指定地点的物流服务。配送服务与运输服务的区别在于：首先，配送服务集经营、服务、库存、分拣、配货于一体，并不是单一的送货；其次，配送服务处于物流服务过程的末端，是一种短距离、高频率的输送，更具有个性化。

商品的生产完成时间与消费时间总有一段时间间隔，特别是季节性生产和季节性消费的产品。此外，为了保证再生产过程的顺利进行，也需要在供、产、销各个环节中保持一定的储备。仓储服务就是将商品的使用价值和价值保存起来，克服商品生产与消费在时间上的差异，创造商品的时间效用。

流通加工服务是指物品从生产地到使用地的过程中，物流企业根据用户的需要，对物品进行包装、分割、计量、分拣、刷标志、组装等活动的服务。它实际上是物流服务中的辅助加工服务，可以满足顾客的差异化需求及提高物流作业的效率。

装卸搬运服务是指在物品的指定地点以人力或机械装入或卸下运输设备的装卸活动，以及在同一场所对物品进行水平移动为主的搬运活动。装卸搬运服务在整个物流服务中主要起到对物品的运输、储存、流通加工、包装等环节进行衔接的作用。

包装服务主要指对商品进行工业包装或商业包装的服务活动，也包括在物流过程中对商品进行的换装、分装以及再包装等活动。包装的选择不仅要考虑包装在运输、储存过程中对产品的保护，还要考虑拆包装的便利性以及废包装的回收及处理等因素。

信息服务主要指对上述物流服务功能要素的相关信息，包括服务功能的计划信息、预测信息及实时的动态信息以及相关的生产、市场、成本等方面的信息进行收集与处理，使物流活动能有效、顺利地进行。现在，信息服务水准的高低已经成了物流现代化水平的重要标志。

(2) 依据物流技术的形态，可把物流服务产品分为物流硬件产品和物流软件产品。

物流硬件产品是指物流过程中依托一些物流硬技术而提供的产品，这些物流硬技术包括提供物流服务过程中所使用的各种工具、设备、设施等，如运输车辆、装卸设备、搬运设备、各种仓库设备、自动识别和分拣设备等。

物流软件产品是指物流过程中依托一些物流软技术而提供的产品，这些物流软技术是指在物流活动中所使用的各种方法、技能和作业程序等，如物流规划、物流预测、物流设计、物流作业调度、物流信息处理中所使用的运筹学方法、系统工程方法和其他现代管理方法。

（四）物流产品组合策略

1. 物流产品组合的概念

一家物流企业往往提供多种服务，如采购服务、运输服务、仓储服务、包装服务、配送服务、流通加工服务、物流信息服务。如果将各种物流产品（服务）加以捆绑组合形成新的产品（服务），就会发现：你有多大的创造性，你就有多少种组合的可能性。例如，物流企业的上述服务就可以组合成为以下两种组合：

组合A：运输服务+仓储服务+配送服务

组合B：仓储服务+流通加工服务+配送服务

可见，产品组合是指一个物流企业经营（运营）的全部产品或服务的结构，即各种产品及产品项目的有机组合方式。产品组合一般包括若干产品线，每一条产品线内又包括若干产品项目。一个产品项目往往具有一个特定的名称、型号或编号。

产品线是功能相似、被销售给同样的顾客群、通过同类卖场销售、处于同一价格区间的一组密切相关的产品。由于相似或相近是一个较含糊的说法，所以企业内的产品线组成方式很多。可以把能满足同一种消费需求，或必须放在一起使用，或经由同一种销售渠道出售，或同时属于某价格范围的一组相关产品称为一条生产线。工业中多按产品的品种、类别、型号划分产品线；航运企业多按航线（或营运线路）来划分产品线。

产品组合有一定的宽度、长度、深度和关联性。宽度（或称为广度）是指一个物流企业经营的产品系列数目；长度是指一个物流企业的产品组合中包含的产品项目总数；深度是指每一个产品系列所拥有的产品项目的数目；关联性是指一个物流企业的各个产品大类在最终使用、生产条件、分销渠道等方面的密切相关程度。如产品组合为4个系列产品，系列1、2各有3个产品项目，系列3、4各有4个产品项目，共有产品项目14个。即产品组合宽度为4个，产品系列1的深度为3个，产品系列2的深度为3个，产品系列3的深度为4个，产品系列4的深度为4个，产品组合长度为14个，平均深度（产品组合长度/产品组合宽度）为3.5个。

2. 物流产品组合策略

物流产品组合策略就是根据物流企业的目标，对产品组合的宽度、深度及关联程度进行组合决策。企业在调整产品组合时，可以针对具体情况选用以下产品组合策略：

（1）扩大产品组合策略。扩大产品组合策略是开拓产品组合的广度和加强产品组合的深度的策略。开拓产品组合的广度是指增添一条或几条产品线，扩展产品经营范围；加强产品组合的深度是指在原有的产品线内增加新的产品项目。具体方式有以下几方面：

第一，在维持原产品品质和价格的前提下，增加同一产品的规格、型号或款式。

第二，增加不同品质和不同价格的同一种产品。

第三，增加与原产品相类似的产品。

第四，增加与原产品毫不相关的产品。

扩大产品组合的优点如下：

第一，满足不同偏好的顾客多方面需求，提高产品的市场占有率。

第二，充分利用企业信誉和商标知名度，完善产品系列，扩大经营规模。

第三，充分利用企业资源和剩余生产能力，提高经济效益。

第四，减小市场需求变动性的影响，分散市场风险，降低损失程度。

（2）缩减产品组合策略。缩减产品组合策略就是削减产品线或产品项目。缩减产品组合的方式如下：

第一，减少产品线数量，实现专业化经营。

第二，保留原产品线，削减产品项目。

第三，停止经营某类产品。

缩减产品组合有以下好处：

第一，集中资源和技术力量改进保留产品的品质，提高产品商标的知名度。

第二，生产经营专业化，提高生产效率，降低生产成本。

第三，减少资金占用，加速资金周转。

第四，有利于企业向市场的纵深发展，寻求合适的目标市场。

（五）产品生命周期概念

产品生命周期是产品从进入市场开始，直到最终退出市场为止所经历的市场生命循环过程。

推出一种新产品后，企业会希望其产品能经历一个长期而有利的生命过程。尽管不能指望产品长盛不衰，但管理人员还是希望从它身上赚得足够的利润，以便弥补各种投入和风险损失。为了使利润最大化，企业需要反复调整产品经营策略。策略变化的动因往往是产品在生命周期上所遇到的市场和环境条件的变化。

产品生命周期一般有4个不同的阶段，如图4-2所示。

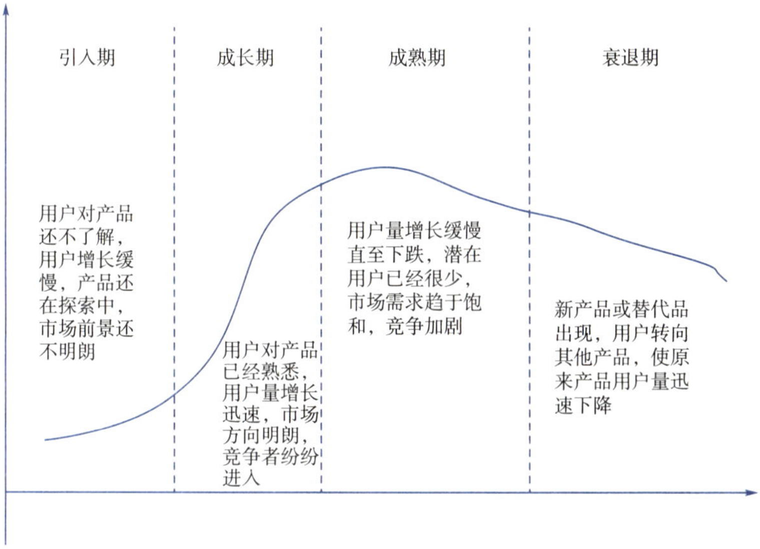

图4-2　产品生命周期

（1）导入期（引入期），是产品进入市场之后营业额缓慢增长的时期。由于产品导入费用高昂，此时还没有利润。

（2）成长期，是产品迅速为市场所接受并产生越来越多的利润的时期。

（3）成熟期，是营业增长趋于缓和的时期，因为这时产品已经被大多数潜在购买者所接受。为了在竞争中保护自己的产品，营销费用增加，因此利润增长停滞，甚至开始下降。

（4）衰退期，是营业额迅速减少、利润跌落的时期。

在市场上，并非所有的产品都依据这种“S”型的产品生命周期过程。有些产品一引入市场就很快消失。例如，流行的时装通常会有一条陡峭而短促的生命周期曲线。某种特殊物品的运输路线有时也会这样。有的产品在成熟期可能延续很长一段时间。

拓展阅读

特殊的产品生命周期包括风格型产品生命周期、时尚型产品生命周期、热潮型产品生命周期、扇贝型产品生命周期 4 种特殊的类型，它们的产品生命周期曲线并非通常的“S”型（见图 4–3）。

（1）风格型产品生命周期：是指那些主要基于设计、时尚或个人风格而受到消费者欢迎的产品的生命周期。这类产品的市场需求往往受到流行趋势和消费者品位变化的强烈影响。

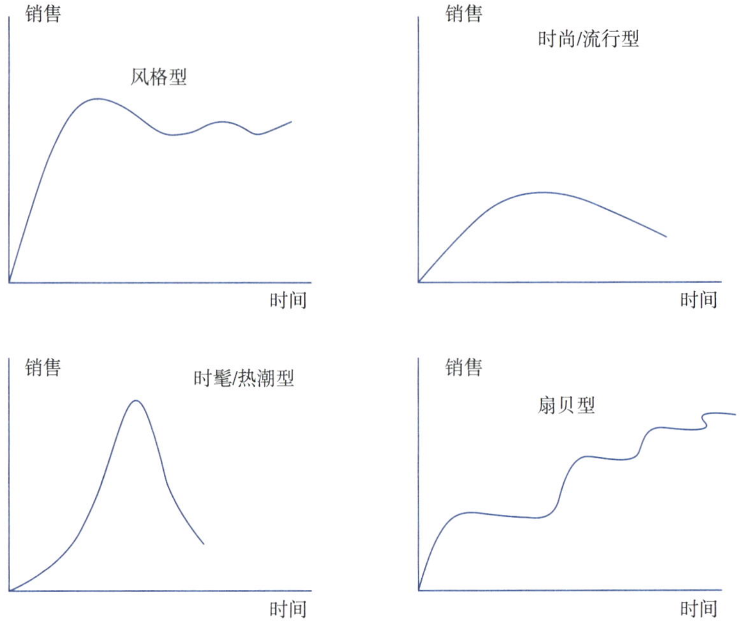

图4–3　特殊产品生命周期

(2) 时尚型产品生命周期：是指在某一领域里，目前为大家所接受且欢迎的风格。时尚型产品生命周期的特点是，刚上市时很少有人接纳（称之为独特阶段），但接纳人数随着时间的推移慢慢增长（模仿阶段），终于被广泛接受（大量流行阶段），最后缓慢衰退（衰退阶段），消费者开始将注意力转向另一种更吸引他们的时尚。

(3) 热潮型产品生命周期：是一种来势汹汹且很快就吸引大众注意的时尚，俗称时髦。热潮型产品的生命周期往往快速成长又快速衰退，主要是因为它只是满足人类一时的好奇心或需求，所吸引的只限于少数寻求刺激、标新立异的人，通常无法满足更强烈的需求。

(4) 扇贝型产品生命周期：主要指产品生命周期不断地延伸再延伸，这往往是因为产品创新或不时发现新的用途。

二、物流产品策划

(一) 产品策划的概念

产品策划是指设计企业的产品与产品构成方案，以顺应消费者与市场需求的市场开发活动。产品策划不仅包括新产品的开发工作，也包括从核心产品到有形产品，再到附加产品的策划，其内容着重于旧产品的改良、剔除旧产品、产品新用途的开拓、新产品的开发。

（二）物流新产品的含义

物流新产品是指物流企业根据用户需求的变化或是根据自己对未来用户需求的预测推出来的在服务形式、服务内容上不同于以往的物流服务。

物流企业既要根据用户的需求推出新产品，也要根据自己对未来用户需求的预测推出新产品。相比较而言，后者对于物流企业的发展更为重要。通过对物流需求者需求的预测，可以使物流企业走在同领域的前列，拉动物流服务的发展，这才有利于物流企业的生存和发展。相反，如果一个物流企业只是跟随其他企业推出新产品，则会永远走在其他企业的后面，免不了有朝一日被竞争淘汰。同时，对于需求者服务需求的预测一定要准确，要用敏锐的目光洞察市场上的一切，准确预测出用户需求的动态变化，并相应调整产品开发战略，适应市场需求。

（三）新产品开发的主要步骤

面对不断变化的市场、技术和竞争，物流企业必须善于开发新产品和管理新产品。每一种产品似乎都要经历一个生命周期——从诞生起，经历几个阶段，最终随着新的、更好地服务于顾客产品的出现而消亡。

所有的物流企业都必须始终保持对发展趋势变化的敏感，并随时尝试新产品的开发。每一个企业都需要有一个产品开发计划。一个企业可以通过两种方式得到新产品：一是通过收购，即购买整家公司、购买专利或获得试用他人产品的许可证。随着开发和介绍新产品的成本不断攀升，许多企业都宁愿购并现有品牌，而不愿去开发新的品牌。二是通过自己设立研发部门来开发新产品。这里所指的新产品，包括新发明的产品、改良的产品、调整的产品以及新的品牌等，均系企业通过自己的努力而获得的产品。

（1）创意形成。新产品开发始于创意形成，即系统地捕捉新的创意。在一个企业当中，好的创意往往要在很多普通想法当中去发掘。寻找创意的过程应当系统化，而不应该过于随便。否则，企业就要在寻找创意的过程中冒风险，因为有些想法可能与公司的业务类型不协调。

为了得到源源不断的新产品创意，企业必须选择好的创意来源。下面讨论几个主要的新产品创意来源：

①内部来源。相当多的新产品创意来自公司内部。企业可以通过正式的研究与开发过程来发现新的创意。企业的营销人员是另一个很好的创意来源，因为他们每天都与顾客接触。与顾客直接接触最多的雇员，由于处在一种能从顾客那里得到反馈信息的位置，也是一个很好的产品创意来源。

②顾客。新产品创意也可来自对顾客的观察和询问。通过顾客调查，可以了解顾

客的需要和欲望。企业通过分析顾客的问题和投诉，可以发现能更好地解决顾客问题的新产品。企业的管理人员和营销人员可以通过与顾客会面来听取他们的建议。顾客自己经常会有新产品的创意。一旦获得这些产品的创意，企业就可以把它们推向市场，并从中获利。例如，宝供物流因其客户宝洁公司的要求而开发新产品，从而跨入了现代物流行列。

③竞争者。新产品创意还可以来自对竞争对手的分析。许多企业都购买竞争对手的产品，借以了解其制造过程、销售状况，决定是否要开发自己的新产品。企业也可以通过观察竞争对手的广告和其他传播出来的信息来获得有关新产品的线索。当采用竞争对手的创意时，企业应该保证至少做得与竞争对手一样好。顾客会将仿制品与正品相比较，如果比较的结果不利，产品就可能难以畅销。将其他市场的创意移植过来，也能使人觉得比较有创意性。

④分销商。分销商也是新产品的创意来源。分销商与市场联系紧密，能接触有关顾客的问题和开发新产品的可能性等方面的最新信息。

⑤其他来源。其他创意来源包括行业杂志、展览和研究会、政府机构、新产品资询机构、广告代理机构、营销调研机构、大学和商业实验室，以及发明人等。

（2）创意筛选。创意形成阶段的目的在于促进各种创新想法的大量涌现。以下几个阶段的目的是尽可能减少各种想法的数量，其中第一阶段就是创意筛选。筛选的目的是尽可能快地抓住好的创意，摒弃没用的想法。如果不进行筛选，在以后几个阶段，产品开发成本会大幅度增加，因此企业只能留下那些可以给其带来盈利的产品创意。大多数企业都要求管理人员按照标准的格式书写各种新产品的创意，以便新产品委员会加以审阅。管理人员要对产品、目标市场和竞争状况分别加以阐述，并对市场规模、产品价格、开发时间和成本以及回报率做一些粗略的估计。此外，他们还要回答以下问题：这个创意对企业合适吗？它与企业的既定目标和战略吻合吗？企业有无人力、技术设备和资金来确保该创意的实现？

在创意或概念筛选阶段，企业应该仔细地审视一下产品线的兼容性问题。在新产品的开发过程中，一个经常出现的错误是引进了与企业不协调的产品。下面列举了一些有关产品兼容性的问题：

①产品能否使企业完成使命？

②产品是否符合企业的目标？

③产品能否保护和促进企业的核心业务？

④产品能否保护和取悦关键客户？

⑤产品能否更好地利用现有资源？

⑥产品能否支持和提高现有产品线？

（3）概念性开发与测试。现在要把留下来的创意发展为具体的产品概念。区分产品创意、产品概念和产品形象三个概念非常重要。产品创意是有关那些可以被企业管理人员提供给市场的产品的种种设想。产品概念是把这种想法具体化，并用顾客所理解的术语加以表述。产品形象是指顾客对某个现实或潜在产品所形成的特定形象。

①概念成型过程。客户购买的是产品而非产品创意。营销人员的任务就是将这种创意发展成为各种产品概念，判定每一种概念的吸引力，并从中选择最佳的一个。

②概念测试。概念测试用于对若干个目标顾客群进行测试。通常，新的产品概念可以通过口头或图画描述的形式加以体现。例如，可以把不同的服务配置呈现给目标顾客，并让他们对这些配置加以排列，从最喜欢到最不喜欢。然后，对排列结果进行统计分析，从而决定物流（产品）服务的最佳配置方案。不过，在大多数情况下，人们往往采用更简单的顾客态度调查的办法。假如10%的顾客说他们“肯定”买，另外5%的顾客说“可能”买，那么企业会按照这些数据结合目标顾客群体的总体规模来估计出营业总量。但由于人们并非总是履行其所表达的意图，这项估计存在某种不确定性。

（4）营销战略制定。营销战略的制定，就是为把产品引进市场而设计一个初步的营销战略。营销战略报告书包含三个部分。第一部分描述目标市场，既定产品的市场定位，以及几年内要达到的营业额、市场份额和利润目标。第二部分概述产品第一年的计划价格、分销渠道和营销预算。可以利用统计软件建立起十分复杂的模型，这些模型能提供定价信息，并依据这些价格计算出预期市场份额。第三部分描述长期的预算营业额、盈利目标和相应的营销组合战略。

（5）营业分析。营业分析是新产品开发中的一个更加详细和重要的评价阶段，它的基本任务是合理地估计新产品的收益性。具体内容包括：细化市场的研究、市场潜力的估计、营销预测、产品开发费用预算、价格水平的估计、整个产品生命周期内的盈利和投资报酬估计等。营业分析可以从未来销售量、首次购买量、重复购买、未来成本与利润等方面进行。

（6）产品开发。经历了以上各阶段，如果认为可行，就可转交研究开发部门，将抽象的产品转化为实际的产品，确定产品设想能否转化为技术上和商业上可行的产品。

（7）测试性营销。如果产品通过了性能和顾客测试，下一步就要进行市场测试了。在此阶段，产品与营销方案被置于更加真实的市场环境中加以测试。

市场测试能使营销人员在进行大笔投资全面推广之前，获得产品营销的实际经验，发现潜在的问题，了解对信息的需要。市场测试要在真实的市场环境中对产品和整个营销计划进行评估，包括产品、产品的定位策略、广告、分销、定价、品牌的确定、包装，以及预算水平等。

（8）正式上市。到底是否将该产品投入生产？市场测试为管理人员提供了在这方面做出最后决策所需的信息。在推出一种新产品的时候，企业必须做出四项决策：何时、在何地、向谁、以何种方式推出。

①何时推出。首先一个问题是引入新产品的时机是否合适。

②在何地推出。企业必须决定新产品的引入是局限在单一的地点，还是在一个地区、几个地区、全国市场。一般情况下，企业往往会逐渐地、有计划地扩展市场。特别是中小企业，通常会选择一个有吸引力的城市，并采用闪击战术，迅速进入市场。而一些大企业则可能决定将产品先引入某个地区，然后再扩展到另一个地区。

③向谁推出。在逐渐扩展的市场当中，企业必须将其分销和促销活动对准最有发展前途的群体。在此前的市场测试当中，管理人员应该已经对基本的前景有所把握。现在，他们必须重新识别市场，寻找早期使用者、经常使用者和观念领袖。

④以何种方式推出。企业必须制订一个把新产品引入所选定的市场的行动计划，并将营销预算投入营销组合中。

想一想

目前，我国物流企业能提供的增值服务主要有以下几种：

第一，承运人型增值服务。

第二，仓储型增值服务。

第三，货运代理型增值服务。

第四，信息型增值服务。

第五，第四方物流增值服务。

延伸阅读

UPS（美国联合包裹运送服务公司）如何变中求胜

自2020年初全球疫情暴发以来，全球贸易面临着不确定性和复杂性，由此为全球供应链带来持续的困难与挑战。面对这一新常态，UPS作为全球物流引导者，充分发挥强大的全球网络和运力优势，维护全球供应链稳定，支持和促进全球贸易。

UPS已经有100多年的历史，成立于美国华盛顿。最初的时候，UPS的情况与国内一些快递企业类似，规模并不大。1907年UPS的创始人在借到100美元后，在一个不大的城市里面，骑着自行车开始了自己的事业。但是在美国的快递业里，UPS是最早的一家。当时的交通工具主要是汽车，UPS最早也都是用汽车来进行递送。

疫情刺激了全球线上消费的需求急速增长，新常态在电子商务等关键领域为企业打开新的机遇。在疫情暴发之后，全球跨境电商延续了此前的良好发展态势。预计到2025年，全球电子商务销售额可能会增长50%，达到7.4万亿美元的规模。对此，UPS采取了以下3项应对策略。

1. 发力数字化，提高灵活性

电子商务的增长趋势，对物流供应商的灵活性提出更高要求，同时需要企业提升效率和数字化能力，尤其是时间和人力有限的中小企业。为此，UPS继续不断优化全球智慧物流网络，提供数字化解决方案，帮助企业以更高效、更灵活、更低成本的方式竞争和开展全球的业务。

（1）微信寄件服务。目前，最新更新的UPS微信寄件服务提供一站式的物流解决方案，支持下单寄件、微信支付和追踪包裹等功能，以提高中小企业的运营效率和灵活性。自2019年UPS官方微信服务号推出微信寄件服务以来，每年都在更新和功能升级，以优化用户在移动端的寄件体验。此次最新的微信功能升级包括清关异常的处理，客户可以将文件上传到UPS官方微信上，处理清关异常的问题；另外，客户还可以在UPS微信服务号直接完成实名认证。

（2）UPS My Choice。通过UPS My Choice的服务，用户对所有货物的状况可以有更清晰的掌握，不仅可以同时追踪多个货件的递送，获取递送状态的实时更新提醒，还可以更改递送地址或更改递送时间。

（3）亚太地区推出的DAP项目（Digital Access Program）。该项目与电子商务平台合作，将运输流程无缝融入客户的采购过程，因此中小型企业可以更专注于商品销售，而把送货工作留给UPS。

疫情期间，UPS被世界各国政府指定为关键基础设施企业，因此有权利也有责任在充满挑战的时期继续按照客户的需求维持安全运营。在疫情比较严峻的情况下，UPS和相关机构、企业不断合作，竭尽所能地保障防疫防护物资和疫苗的运输。而这无疑也体现出UPS全球物流网络的韧性和灵活性。UPS一直是新冠疫苗运输的合作伙伴，迄今已在全球100多个国家运输了6亿多剂疫苗，并在全球范围内坚持99.999%的准时交货率。疫苗作为关系到生命安危的紧急救助的药品，递送的准确性和时效性无疑至关重要。事实上，UPS“递送重要货品，推动世界进步”这一响亮新口号，本身就与疫情紧密相关。

2. 持续优化网络覆盖

UPS致力于创新和智能的物流解决方案，希望不遗余力支持中国企业，尤其是中小企业，希望能够支持它们更好地走向全球市场，帮助它们在复杂多变的贸易环境和数字化趋势下取得成功。自 1988 年在中国开展业务以来，UPS在中国市场已经深耕 30 多年了。

中国乃至亚太市场对于UPS的重要性，体现在其网络覆盖范围的进一步扩大上。2021 年，UPS强化了在中国大陆的服务网络覆盖范围，在 10 个主要地区（陕西、宁夏、甘肃、青海、内蒙古、新疆、河南、河北、山西和重庆）的 52 900 多个邮编提升服务，缩短转运时间最多达两天。

2021 年 7 月，UPS新增一周 5 个往返深圳与日本大阪的直达航班，进一步提升UPS在中国华南地区到日本关西和关中地区（大阪、兵库、京都、奈良、滋贺、广岛、冈山、爱知、岐阜、三重和静冈）的运能，助力亚洲区内的贸易蓬勃发展，为企业在亚太区域提供更多物流选择。

2020 年 9 月，UPS开通深圳至越南的直航服务，凭借从深圳至胡志明市的新直航服务，客户从中国华南地区出口至越南的货件可获享：转运时间缩短 1 个工作日，无论寄送高值还是低值货件，最快可在 1 天内送达在越南的收件人。

UPS一直致力利用全球智慧物流网络的灵活性、可配置的服务和解决方案，来满足客户不断变化的需求，帮助他们更好地连接全球市场。不断拓展服务网络，下沉并覆盖至二、三线城市。截至目前，UPS服务覆盖超过 220 个国家和地区，拥有超过 570 架自营飞机和包机机队。

3. 明确全球可持续发展目标

物流作为供应链中的关键一环，UPS始终将可持续发展理念贯穿在企业运营中，帮助客户长期成功的同时尽可能降低对环境的影响。为此，UPS确立了在ESG（环境、社会和治理）方面的全球可持续发展目标：

（1）环境可持续发展：目标是到 2050 年实现碳中和。继续发挥UPS在运输行业脱碳方面的领导作用，并为此规划了现有中短期目标。一是截至 2025 年，地面操作中的可替代燃料占 40%，设施中的可再生电力占 25%；二是截至 2035 年，可持续航空燃料占 30%，每个全球小包裹运输所产生的二氧化碳排放量减少 50%，并且设施中的可再生电力占 100%。

（2）社会可持续发展：目标是到 2040 年对 10 亿人的生活产生积极影响。具体而言，通过UPS对多元化、平等与包容性的承诺、志愿服务实现员工参与度以及UPS 基金会的慈善捐赠，致力于传递广泛的社会影响力。

（3）治理可持续发展：UPS 持续致力建立透明且包容的公司治理结构。

➢ 任务实施

行动目标：

在充分了解UPS快递（美国联合包裹运送服务公司）的情况下，解释企业运用了什么类型的物流产品组合策略，分析采取此种物流产品组合策略将获得什么优势。

行动准备：

角色安排：分组讨论。

任务主题：

通过UPS如何变中求胜案例，分析UPS的产品组合策略及新产品开发状况。

教具：

课件一个、张贴板一块、水笔若干支、板钉、书写卡片（不同形状若干）、电脑（连接互联网）多台、打印机一台、载有物流市场及企业信息的文献资料。

任务二　物流产品价格策略

➢ 任务描述

乔明月同学通过物流企业参观和物流服务方案知识的学习，加深了对物流专业的认知，认识到不同的物流服务产品的价位是不同的。那么，物流产品定价是由什么影响因素决定的呢？又采用了什么样的定价方法呢?让我们进入这个任务的学习。

➢ 知识链接

一、价格的概念

（一）价格的含义

价格是商品同货币交换比例的指数，或者说，价格是价值的货币表现。在现代社会的日常应用之中，价格一般指进行交易时，买方所需要付出的代价或付款。

价格是一种从属于价值并由价值决定的货币值形式。价值的变动是价格变动的内在的、支配性的因素，是价格形成的基础。但是，由于商品的价格既是由商品本身的价值决定的，也是由货币本身的价值决定的，因而商品价格的变动不一定反映商品价值的变动。

例如，在商品价值不变时，货币价值的变动就会引起商品价格的变动；同样，商品价值的变动也并不一定就会引起商品价格的变动。因此，虽然商品的价格是表现价值的，但是仍然存在着商品价格和商品价值不一致的情况。

（二）物流产品价格

物流产品价格是指物流企业根据为消费者提供物流服务所付出的劳动价值而制定的服务价格。它是直接成本或运营成本、间接成本与利润的总和。

（三）物流企业常见的定价目标

定价目标是企业在对其生产或经营的产品制定价格时，有意识地要求达到的目的和标准。它是指导企业进行价格策略的主要因素。定价目标取决于企业的总体目标。不同行业的企业，同一行业的不同企业，以及同一企业在不同的时期，不同的市场条件下，都可能有不同的定价目标。

延伸阅读

定价目标大致有以下几种：

第一，追求盈利最大化。

第二，维持或提高市场占有率。

第三，实现预期的投资回收率。

第四，实现销售增长率。

第五，适应价格竞争。

第六，保持营业。

第七，稳定价格、维护企业形象。

二、物流产品定价的影响因素

价格的形成与调整是商品经济中最复杂的现象之一，除了价值这个形成价格的基础因素外，现实中物流企业在给自己的产品定价时往往还会考虑到其他方面的因素。这些影响定价决策的因素包括企业目标、成本、顾客、竞争对手和其他外部因素。

（一）企业目标因素

要了解价格和制定价格，必须考虑许多方面的因素。首先要明确的是公司的目标是什么，是增加市场份额、改善企业收入、最大化利润，还是其他目标。如果营销部门对于公司目标已经有一个清晰的把握，那么确定价格在内的营销组合便是一件相对容易的事情。相反，如果定价与公司的目标相背离，可能花了很大精力，结果并不是公司想要的。因此，定价成功与否很大程度上取决于定价策略和公司目标是否契合。

延伸阅读

那么，怎么样才能了解公司的目标是什么呢？一般有以下2种办法：

第一，企业主管（亚太区总裁，中国区总经理等）介绍公司的愿景、每年的年度计划。

第二，从公司网站阅读公司CEO向投资人提供的报告。

（二）成本因素

成本是企业能够为产品设定的低价。企业在制定产品的价格时，如果不能覆盖生产、分销和管理等方面的成本，就有可能是亏本的，不能给投资人带来相应的回报。企业的成本分为两种，即固定成本和可变成本。固定成本是指不随产量变化的成本，如不管企业是否开工，都必须支付厂房每月的租金、设备维护费用、暖气费以及其他方面的开支。而可变成本直接随生产量发生变化。

生产一台电脑，会涉及CPU、主板、显示器和组装等成本。一般而言，这些成本是大体相同的，它们的总成本往往与数量成正比。与此同时，有一个成本在决策中至关重要，应该引起企业重视，那就是管理费用。一个工厂会有总经理、副总经理、总监等管理层的费用需要分摊，特别是当企业有很多个部门、很多条产品线时，管理层的工资有多少是分摊到某条生产线，或分摊到某个部门，会直接影响企业对产品定价的决策。

物流成本是指产品的空间移动或时间占有中所耗费的各种活劳动和物化劳动的货币表现。具体地说，它是产品在实物运动过程中，包装、搬运装卸、运输、储存、物流加工等各个活动所支出的人力、物力和财力的总和。

例如，制定货运运输价格的重要依据就是运输成本，一般指完成单位运输产品或旅客应分摊的输出支出。运输成本的特点是不包括原料费，而燃料、工资、折旧以及修理等支出的比重较大，在各种不同的运输工具或者运输方式之间，运输成本存在着一定的差别。

（三）顾客因素

在明确了解营销目标之后，我们有必要了解客户的要求，因为是他们决定了产品定价正确与否。尽管他们的要求并不是一成不变的，但是我们必须要了解他们现在需要的是什么。这是一个看上去很简单的问题，有的人会认为：我做这个市场营销工作都十多年了，还不知道谁是我的客户吗？但是，有时候我们确实不知道，或者说我们只知道我们的部分客户，也可能是只知道昨天的目标客户，但是这些人今天已经不是我们的目标客户。我们经常会得到销售的反馈，说价格不好，或者质量不好。

仔细分析就会发现，可能是我们把目标客户群搞错了。我们可能花了大量时间在与客户沟通，但是这部分人并不是我们的目标客户；也有可能是我们的客户，但是他们要的并不是这部分产品。因此，过一段时间，可以是半年或者一年，要问一下我们自己：谁是我们的客户？我们要找什么样的客户？很有可能我们想找的是高端客户，但是我们的产品是低端的，那就不匹配。这个问题看上去简单，甚至有点傻，但是如果不仔细分析，我们就可能把客户搞错。

（四）竞争对手

影响企业定价决策的另一个重要因素是竞争对手，因为在大多数情况下，市场上并非只有我们一家公司，可能会有同类同档次的公司，或是更高端的公司，也可能是比我们低一个档次的公司。我们必须了解谁是我们的竞争对手，他们的战略是什么，优势是什么，还应该了解他们的成本、价格以及可能对企业定价做出的反应。

以相机为例，一个正在考虑买相机的消费者在做出购买策略之前，会比较市场上各个品牌，如佳能、三星和索尼等产品的价格、质量和外观等各个方面，结合自己的预算，做出决定。如果索尼采取高价格、高利润战略，其他竞争对手也进入这个细分市场。而低价格、低利润的战略可能有效阻止竞争对手进入市场或者把他们淘汰出局。

因此，在制定价格之前，应该对市场上竞争对手的产品价格、质量和各个方面的性能有一个全面的了解，并以此为基础对自身的产品进行定位，才能使产品价格更有针对性和竞争力。

（五）其他外部因素

在企业定价的过程中，除了顾客和竞争对手，还必须考虑其他外部因素。一个国家或地区的经济条件，如经济周期、通货膨胀和利率等对企业的定价策略有重大的影响。如果经济处于衰退阶段，消费者的购买能力减弱，企业继续维持高价可能会使销售量下降。政府也是影响定价决策的重要因素，营销人员需要了解影响价格的法律。很多出口企业就因为对当地的环境不了解，结果受到反倾销调查。所以，进行产品定价先要收集各个方面的信息具体内容如下：

第一，了解公司的目标、公司大的战略、未来几个月公司要干什么。

第二，了解谁是我们的客户，客户的采购过程，以及在决策过程中他们最关心什么。

第三，了解谁是我们的竞争对手，他们的战略是什么，优势是什么。

第四，准确把握真实成本，特别是应该从作业成本的角度来分析产品的成本。

第五，考虑外部的经济条件和政府等外部因素。

延伸阅读

目前，我国企业进行产品定价时主要有以下3种方法：

第一，成本导向定价法。

第二，需求导向定价法。

第三，竞争导向定价法。

三、物流产品定价的基本方法

定价方法是企业为实现其定价目标所采取的具体方法，可以归纳为成本导向定价法、需求导向定价法和竞争导向定价法。

（一）成本导向定价法

成本导向定价是企业定价首先需要考虑的方法。成本是企业生产经营过程中所发生的实际耗费，客观上要求通过商品的销售得到补偿，并且要获得大于其支出的收入，超出的部分表现为企业利润。以产品单位成本为基本依据，再加上预期利润来确定价格的成本导向定价法，是中外企业最常用、最基本的，也是最简单、应用相当广泛的一种定价方法。

成本导向定价法衍生出了成本加成定价法、目标利润定价法、变动成本定价法等几种具体的定价方式。

1. 成本加成定价法

成本加成定价法，即按产品单位成本加上一定比例的利润率定出价格的方法。其计算公式为：

$$p=c\times(1+r)$$

以上公式中，p——产品的单价；c——产品的单位总成本；r——产品的加成率。

2. 目标利润定价法

目标利润定价法是根据企业总成本和预期销售量，确定一个目标利润率，并以此作为定价的标准。其计算公式为：

$$单位产品价格=总成本\times(1+目标利润率)/预计销量$$

与成本加成定价法类似，目标利润定价法也是一种生产者导向的产物，很少考虑到市场竞争和需求的实际情况，只是从保证生产者的利益出发制定价格。另外，先确定产品销量，再计算产品价格的做法完全颠倒了价格与销量的因果关系，把销量看成是价格的决定因素，在实际上很难通行。尤其是对于那些需求价格弹性较大的产品，用这种方法制定出来的价格无法保证销量的必然实现，那么预期的投资回收期、目标收益等也就只能成为一句空话。

不过，对于需求比较稳定的大型制造业、供不应求且价格弹性小的商品，市场占有率高、具有垄断性的商品，以及大型的公用事业、劳务工程和服务项目等，在科学预测价格、销量、成本和利润四要素的基础上，目标利润法仍不失为一种有效的定价方法。

3. 变动成本定价法

变动成本定价法即边际成本定价法。边际成本是指每增加或减少单位产品所引起的总成本的变化量。由于边际成本与变动成本比较接近，而变动成本的计算更容易一些，所以在定价实务中多用变动成本代替边际成本，而将边际成本定价法称为变动成本定价法。

采用变动成本定价法时是以单位变动成本作为定价依据和可接受价格的最低界限。在价格高于变动成本的情况下，企业出售产品的收入除完全补偿变动成本外，尚可用来补偿一部分固定成本，甚至可能创造利润。

其计算公式为：

$$P \geqslant V/Q$$

以上公式中，P——产品的单价；V——变动成本；Q——预计销售量。

变动成本定价法改变了售价低于总成本便拒绝交易的传统做法，在竞争激烈的市场条件下具有极大的定价灵活性，对于有效地对付竞争者、开拓新市场、调节需求的季节差异、形成最优产品组合可以发挥巨大的作用。

（二）需求导向定价法

需求导向定价法是指根据市场需求状况和消费者对产品的感觉差异来确定价格的定价方法，也叫市场导向定价法、顾客导向定价法。

常用的方法有理解价值定价法和需求差异定价法。

1. 理解价值定价法

消费者对商品往往有自身的价值观念，这种价值观念实际上是消费者对商品质量、用途以及服务质量的评估。当一个消费者看到某种商品时，他便根据对这个商品的印象，自我评估它的价格，只有商品的售价低于这个价格，消费者才愿意购买，市场营销学上把它称为消费者对价格的理解价值。理解价值定价法是一种先估计和测定商品在顾客心中的价值水平，再以此为依据制定出商品价格的方法。

这种方法的具体做法是：企业首先通过广告宣传或者其他传播途径，把商品介绍给消费者，使消费者对商品的质量、用途、款式、格调以及原材料等有一个初步的印象；其次通过市场调查，了解掌握消费者对商品价值的理解，以此作为定价标准。如果在这个定价水平下，企业所获的利润同其经营目标相符，就可以开发商品；如果在这个价格水平利润低下，甚至会亏损，企业就应该考虑放弃经营。这种方法的关键是如何分析和测定产品的理解价值水平。测定的方法有直接评议法、相对评议法、相对评分法、诊断评议法等。

2. 需求差异定价法

需求差异定价法又叫差别定价法，就是指某一种产品，在特定的条件下，可以按照不同的价格出售。其主要形式有：以顾客群的差异为基础的差别定价，以数量差异为基础的差别定价，以产品的外观、式样、花色等差异为基础的差别定价，以地域差异为基础的差别定价，以时间差异为基础的差别定价等。

需求差异定价法以不同时间、地点、商品及不同消费者的消费需求强度差异为定价的基本依据，针对每种差异决定其在基础价格上是加价还是减价。主要形式以下几种：

（1）因地点而异。如国内机场的商店、餐厅向乘客提供的商品价格普遍要远高于市内的商店和餐厅。

（2）因时间而异。现在五一、国庆、春节三个长假日，也是三个购物的黄金假期，商品价格较平时有一些增长。

（3）因商品而异。在2008年北京奥运会举行期间，标有奥运会会徽或吉祥物的T恤及一些商品的价格，比其他同类商品的价格要高。

（4）因顾客而异。考虑到职业、阶层、年龄、顾客有没有需求等因素，零售店在定价时给予相应的优惠或提高价格，可获得良好的促销效果。

实行差异定价要具备以下条件：一是市场能够根据需求强度的不同进行细分；二是细分后的市场在一定时期内相对独立，互不干扰；三是高价市场中不能有低价竞争者；四是价格差异适度，不会引起消费者的反感。

（三）竞争导向定价法

竞争导向定价法是企业通过研究竞争对手的生产条件、服务状况、价格水平等因素，依据自身的竞争实力，参照成本和供求状况来确定商品价格，或以市场上竞争者类似产品的价格作为本企业产品定价的参照系的一种定价方法。

1. 随行就市定价法

在垄断竞争和完全竞争的市场结构条件下，任何一家企业都无法凭借自己的实力在市场上取得绝对的优势。为了避免竞争特别是价格竞争带来的损失，大多数企业都采用随行就市定价法，即将本企业某产品价格保持在市场平均价格水平上，利用这样的价格来获得平均报酬。此外，采用随行就市定价法，企业就不必去全面了解消费者对不同差价的反应，也不会引起价格波动。

2. 产品差别定价法

产品差别定价法是指企业通过不同营销努力，使同种同质的产品在消费者心中树立起不同的产品形象，进而根据自身特点，选取低于或高于竞争者的价格作为本企业产品价格。因此，产品差别定价法是一种进攻性的定价方法。

3. 密封投标定价法

在国内外，许多大宗商品、原材料、成套设备和建筑工程项目的承包和买卖，以及出售小型企业等，往往采用发包人招标、承包人投标的方式选择承包商，确定最终承包价格。一般来说，招标方只有一个，处于相对垄断地位，而竞标方有多个，处于相互竞争地位。标的物的价格由参与投标的各个企业在相互独立的条件下来确定。在买方招标的所有投标者中，报价最低的投标者通常中标，它的报价就是承包价格。这样一种竞争性的定价方式就称密封投标定价法。

◎ 想一想

一个美国商人从外国购进了一批做工精细、质量上乘的礼帽，为了有个好的销路，商人把价格定在和其他一般礼帽一样的水准，可销路并没有比别人的更好。这让他很奇怪，因为这批礼帽真的是非常的精细、漂亮。一天这个商人生病了，他委托做小生意的邻居帮他代卖这些礼帽，这个邻居把那个商人写的价格12美元错看成了120美元，结果礼帽被一抢而空。

从这个故事中可以看出，商品定价不是越便宜越好，那样不但赚不到应得的利润，还可能费力不讨好。商品定价是很有学问的，合理的定价可以让你获得更高的利润与市场认同。下面总结了5点定价技巧，帮助你在定价时，定出更合适的价格。

四、物流产品定价技巧

（一）比价定价

参考替代商品价格来定价是最简便可行的定价方式。市场中90%的商品都存在替代品，这时就要参考替代品的价格，以其为基础，而后把自己的产品与替代商品进行综合比较，如品牌的知名度、服务、产品性能等。如果是新产品且市场中没有替代品，那么就要参照产品所在区域的经济水平和可以解决同样问题的其他不同类别替代品的价格，而后参考这个商品可以为顾客带来多大的价值进行定价。

比如，一个没有出租车的城市打算引进出租车，但不知道该怎么定价，那么就先参考这个城市其他代步工具（如公共汽车）的价格、性能、便利性等因素。公共汽车的主要特点是：乘坐费用1元，不分距离，只行驶固定路线，平均每15分钟一个车次，必须按站点上下车，卫生环境较差；而出租汽车可以随时上下，可以按照指定路线行驶……综合比较替代品后，出租车的优势较大，但当地经济并不十分发达，价格定太高可能会使民众无法承受，最终把价格定在起步价为5元，起步里程为2.5千米，之后1元/千米。这个价格可以让这个区域内30%左右的消费者接受，还可以让大部分偶尔需要赶时间的人接受。

（二）价值导向定价

要根据为顾客所能创造的价值或顾客认为这个商品值多少钱来定价，而不是采用传统的扣除成本后加上利润或完全参考竞争对手的定价方法。前者的定价方法不仅能赚到更多钱，顾客还更愿意接受。

（三）定价时要考虑对价格的各种影响因素

市场需求、竞争对手、季节、政策法规等都会影响商品的定价。如一家房地产销售公司，其他地产公司的楼盘对其的新盘价格将产生很大的影响，而政府对行业的监督与调控也影响着价格的制定，外来人口、当地房屋出租价格、当地经济潜力、收入水平等其他因素都会对定价产生间接影响。任何产品与行业都是如此，如平安夜销售的苹果，可以借助“苹果”的彩头来提高苹果的价值，自然可以相对提高销售价格，那天苹果的价格是平时的几倍，商家多赚了很多钱，消费者也乐于接受。

梨、橘子等类似的可替代水果如果价格低于苹果，那么将间接对苹果的销售产生影响，价格自然也随之变化。而苹果对健康有更多好处等的报道，也会对苹果价格产生影响。善于把握这些影响因素，将会使定价更合理，使企业赚得更多。

（四）差别定价

为了不流失顾客，可以采用差别化定价策略，如以高价著称的星巴克咖啡店，为了不流失在意价格的顾客，也推出了低价和特价的咖啡。家电行业多数厂家都是高、中、低端产品俱全。手机行业也是如此，如摩托罗拉手机，高端产品价格为7 000元左右，而低端产品价格仅200多元，这样就可以最大限度地满足各类顾客的需求，降低顾客流失比率，但前提是不可以对品牌产生负面影响。更通常的做法是采用推出副品牌的方法，如丰田汽车的丰田牌汽车定位就是中、低端汽车。但为了抢占高端汽车市场，还推出了凌志等高端车型。丰田各品牌独立经营运作，使彼此不产生冲突与品牌形象的混淆。

某家具厂，在大的品牌统领下，推出三个系列：以依云系列占据高端市场，以彩云系列占据中端市场，以青云系列占据低端市场。而不同档次的家具卖场其价格差异很大，于是将同类产品略微区分不同型号，以获得更多的利润，同时不流失顾客。

（五）模糊定价

将一些畅销产品与滞销商品或两种滞销商品进行组合定价销售，这样可以把高利润或附加利润隐藏在低价产品背后。变换产品包装也可以模糊定价，如推出小包装产品，价格较低，让顾客产生产品很便宜的错觉，其实这样的产品利润更高，而降低了购买门槛，很容易使顾客产生冲动购买的欲望。此外，还可以把产品与服务等增值品组合后定价，如电器类商品推出的加一点钱可以延长保修期或附赠其他商品等。

➢ 任务描述

顺丰速运的定价策略

定价策略是指企业根据市场中不同变化因素对商品（服务）价格的影响程度采用不同的定价方法，制定出适合市场变化的商品（服务）价格，进而实现定价目标的企业营销战术。快递市场各有各的特色，但是小的快递公司都变成了价格低廉、服务差劲的代名词。而客户对顺丰的评价主要有：速度快、价格低、递送员素质高。大家都认为顺丰的速度快是其最主要的特色。其实大家只是在关注和顺丰同等价位的快递品牌中顺丰的速度快，能做到和顺丰同样快的速递公司不少，但是像顺丰这样快价格又如此低的公司却不多。

1. 顺丰的定价策略

顺丰走的是一条价值营销抵抗价格战之路。何为价值营销？价值营销是相对于价格营销提出的，“价值营销”不同于“价格营销”，它是通过向顾客提供最有价值的产品与服务，创造出新的竞争优势取胜的。顺丰完善了自己的网络查询系统，同时采用包机的方式确保时限，推出新的服务产品，不断拓展自己的网络等。顺丰一直在不断地为客户拓展价值。

（1）真正低价的快递。顺丰快递区内快递价格是很有杀伤力的。珠三角内，顺丰的首重 1 千克是 12 元，虽然不是个很低的价格，但是相对于其直接竞争对手大田和EMS，顺丰的文件价格优势太明显了。同时，顺丰推出的区内当日达的业务更是一枚重磅炸弹，而且价格并没有上浮。这种高性价比的服务在长三角一推出，立刻支撑顺丰的票数上升了20%以上。

（2）当日达产品的定价攻守兼备。顺丰现在最有特色的产品是当日达，即今收今至（上午收件下午派送；中午收件当晚派送），晚上派送的快件需要客户配合收件，同时运单上需留有客户的手机号码。这种 10 元一票的业务的推出，极大地提高了顺丰在市场上文件份额的占有率。在华东地区，大量的文件流往上海，其中有相当一部分的报关件对时限的要求极高。顺丰敏锐地捕捉到这一部分的市场，并投以重兵，在当天件市场上独领风骚。想起当年联邦快递总裁斯伟德先生提出隔夜递送理念时候的艰难险阻，谁敢否认当日递送一定不会成为将来快递业最重要的分支呢？顺丰不断创造了新产品，并保持了较有竞争力的价格，这是顺丰快速发展的保证。

（3）目的地珠三角的高性价比路线价格。快递业的人大多数会知道，顺丰最强的兵力在珠三角，最强的路由是全国发往珠三角的货物。顺丰是珠三角起家的，在广州的每个县市都设有顺丰的网点。同时，顺丰的多驾包机也是往返于其他城市和广州之间。借助于广州密集的网点和包机的力量，国内主要城市到珠三角的大城市全部做到了次日达，而且广州等主要城市第二天上午一般都可以派送完成。同比于其他快递公司，顺丰的速度优势明显，而价格仍然保持在合理限度，可谓性价比极高的线路。这是顺丰的最优势线路。

顺丰速运国内标准价格见表4-1。

表4-1　顺丰速运国内标准价格　　单位：元

原寄地	目的地	重量				
		首重	续重			
		1千克	1.1~50千克	50.1~100千克	100.1~300千克	300.1千克以上
温州	浙江	10	2	2	2	2
	安徽、上海、江苏	12	2	2	2	2
	连云港、徐州、福建	15	6	6	6	6
	湖北、江西、海南	20	8	8	7	7
	北京、天津、辽宁、河北、山东、湖南、四川、陕西、昆明、山西、兰州	20	10	8	7	6
	黑龙江、吉林、呼和浩特、银川	20	12	10	10	9
	广东、广西	20	13	11	11	10
	乌鲁木齐	20	16	14	13	12
	香港、澳门	30	12	12	11	10
	台湾	35	26	26	26	26

2. 顺丰面临的市场竞争

顺丰速运国内快递竞争对手清单见表4-2。

表4-2 顺丰速运国内快递竞争对手清单

竞争分类	国内快递竞争对手清单
竞争死对头	EMS、大田快递
直接竞争者	宅急送、民航快递、中铁快运、中外运敦豪、天地快递、申通
间接竞争者	小红马、天天等小快递公司
潜在竞争者	UPS、FedEx等跨国快递巨头

3. 竞争对手的分析

EMS：中国邮政速递物流股份有限公司（简称“中国邮政速递物流”）是国内快递行业领袖，其网络发达、实力强大，是顺丰快递重点侵蚀的对象，但是目前EMS管理的灵活度比以前增加很多。因为业绩指标的压力，现在EMS的价格打折变得非常混乱，一些城市给客户的最低折扣竟然达到 6.5 折。另外从服务方面，EMS也做了较多改善，所以成为其他快递公司的最大对手。

大田：“大田”二字取“奋斗、田园”之意，寓意集团是个家，是个整体，需要“大田人”脚踏实地辛勤耕耘，共同营造出一个赖以休养生息的美好家园。“DTW”是大田集团英文名称“D. Tian W. Group”的首字母组合，“W”为英文win的第一个字母，win是赢得、获得的含义。大田文化是客户第一，要赢得客户信任，获得同业尊重。

大田与顺丰有许多相似之处，包括定位、价格、产品等，二者尽管仍有许多明显侧重和区别，但大田越发成为顺丰的竞争死对头。与顺丰在价格上比较，跨区价格两者比较接近，而区内价格顺丰全面低于大田，且幅度很大。跨区价格：江浙沪至华南区（广东），在 9 千克以下顺丰价格略低于大田。但 9 千克以上，顺丰价格高于大田，并且价格差距越来越大。上海至北京，在所有公斤段，顺丰价格都低于大田，但价格差距不大。基本可以说明顺丰在低公斤具有价格优势，也验证了顺丰定位于小件包裹和文件市场的事实。区内价格：顺丰要远低于大田。以0.5~20千克为例，大田在A区是15~112元，B区是20~143元，但顺丰是10~50元。

宅急送：价格低，在中端市场非常有竞争力；由于可选择的承诺时限多元化，所以相应价格也有多种选择；价格灵活，从主要城市间的定价来看，几乎每两地间单独采用一套价格，并且跟运输方式和成本有密切关系。

另外，天天快递等区间内的快递和顺丰竞争激烈，并抢夺顺丰这一部分市场份额。从 2006 年起，顺丰最大的竞争对手变成了Fedex、UPS等世界快递巨头，市场份额的争夺难度加大。

顺丰采用竞争定价法，在自己关注的包裹市场上，在跨区包裹市场与强有力的竞争对手EMS和大田一较高低；顺丰在三个主要集散中心之间，特别是从北京和上海到珠三角的往返件价格、速度优势明显，体现出顺丰争取跨区包裹的市场目标。

➢ 任务实施

调查背景及目的：

随着市场竞争的加剧，运输、仓储和配送一体化的趋势日益明显，如何在众多物流公司当中脱颖而出，提高配送及时率，满足客户愈加严格的服务要求，物流服务的价格优势将成为突破口，定价方式的选择就显得尤为重要，依据自身物流企业实际，选取恰当的定价策略，运用科学的定价技巧。

行动目标：

调查不同物流企业运用何种定价策略与定价技巧，从而保持企业需求恒定的市场竞争力，成为国内物流行业的佼佼者。

行动准备：

（1）角色安排：分组讨论。

（2）将相关理论知识阅读一遍。

（3）让同学们收集不同物流企业的相关资料；组长播放相关PPT。

（4）组长在课堂上以PPT形式汇报同学们讨论的成果，各小组之间进行打分排名。

任务三　物流产品分销渠道策略

➢ 任务描述

乔明月同学通过对物流产品策划和物流产品价格策略的刻苦学习，顺利掌握了相关知识，做好了物流产品的定价。而要将物流产品顺利让渡出去，实现企业和消费者的双赢，就要建立相应的分销渠道。那么，物流产品分销渠道是什么呢？如何设计物流产品分销渠道呢？让我们进入这个任务的学习。

➢ 知识链接

一、分销渠道概述

（一）分销渠道的含义

分销渠道是指在某种产品或服务从生产者向消费者转移的过程中，取得产品或服务的所有权或帮助所有权转移的所有企业和个人。

一条分销渠道是指某种货物或劳务从生产者向消费者移动时，取得这种货物或劳务的所有权或帮助转移其所有权的所有企业和个人。因此，一条分销渠道主要包括某种产品供产销过程中所有的企业和个人，如资源供应商、生产者、商人中间商、代理中间商、辅助商（如运输企业、公共货栈、广告代理商、市场研究机构等）以及消费者或用户等。

（二）物流服务分销渠道的特点

（1）层次少。物流服务作为物流业的产品，由于其与其他产业的产品不同，突出的特点是产品的生产与消费同时发生，所以在分销渠道的层次上，物流服务的分销渠道绝大多数为零层渠道，即直接分销渠道，产品从生产者流向最终消费者的过程中不经过任何中间商转手的分销渠道。

（2）可控性强。正由于物流服务分销渠道具有层次少的特点，因此在日常的运作过程中，物流企业可以对自身产品的营销进行直接的控制，不像其他产品的营销活动受其他因素影响过大，从而影响到销售行为使其不能达到最初的营销期望。

（三）物流企业分销渠道的类型

物流企业的分销渠道是指物流服务从物流企业向顾客转移的过程中，有助于物流服务有效转移的一整套相互依存的组织，即中间环节。

物流企业分销渠道的起点为物流企业，即能提供实质物流服务的生产者；终点是物流服务的需求者，即真正需要得到物流服务的消费者；从起点至终点的环节为中间商，一般是指物流代理商，包括各类车站、码头和机场等站场组织，各类物流企业设立的代理点、销售点、揽货点等。

（1）直接渠道和间接渠道。根据有无中间商参与交换活动，可以将物流企业分销渠道归纳为两种最基本的销售渠道类型：直接分销渠道和间接分销渠道。

①直接分销渠道是目前绝大多数物流企业均采用的渠道模式。直接分销渠道有以下几个优点：

第一，有利于产、需双方沟通信息，可以按需生产，更好地满足目标顾客的需要。

由于物流企业可以面对面地销售自己的服务，物流企业能直接了解用户的需求、需求特点及其变化趋势，进而了解竞争对手的优势和劣势及其营销环境的变化，为按需生产创造了条件；用户也可以更好地掌握服务的内容、范围和效果等。

第二，可以避免在转移过程中降低服务水平。由于去掉了服务流转的中间环节，减少了传递损失，有时也能加快服务的流转。

第三，可以使供需双方在营销上相对稳定。一般来说，直接渠道进行交换，都签订合同，数量、时间、价格、质量、服务等都按合同规定履行，购销双方的关系以法律的形式在一定时期内固定下来，使双方把精力用于其他方面的战略性谋划。

第四，可以在销售过程中直接进行促销。企业直接分销，实际上又往往是直接促销的活动。例如，物流企业派员工进行推销，不仅促进了用户购买企业的服务，同时也扩大了企业在市场中的影响，又促进了新用户的消费。

②间接分销渠道是指物流企业利用中间商将物流服务供应给需求者或用户，中间商介入服务交换活动。随着我国物流市场的开放和第三方物流市场的不断发展，我国物流企业以间接分销的物流服务的比重日益增大。物流企业在市场中通过中间商销售的方式很多，如特约经销、货运代理、联运公司等。间接分销渠道有以下几个优点：

第一，有助于服务产品的广泛分销。中间商在服务业务流转的始点同物流企业相连，在其终点与需求者相连，从而有利于调解物流企业与需求者在服务品种、时间、空间与质量等方面的矛盾。既有利于满足物流企业目标顾客的需求，也有利于物流企业服务业务价值的实现，更能使物流服务广泛的分销，巩固已有的目标市场，扩大新的市场。

第二，缓解生产者人、财、物等力量的不足。中间商购走了生产者的产品并交付了款项，就使生产者提前实现了产品的价值，开始新的资金循环和生产过程。此外，中间商还承担销售过程中的仓储、运输等费用，以及其他方面的人力和物力，这就弥补了生产者营销中的力量不足。

第三，间接促销。消费者往往是货比数家后才购买产品，而一位中间商通常经销众多厂家的同类产品，中间商对同类产品的不同介绍和宣传，对产品的销售影响甚大。此外，实力较强的中间商还能支付一定的宣传广告费用，具有一定的售后服务能力，所以生产者若能取得与中间商的良好协作，就可以促进产品的销售，并从中间商那里及时获取市场信息。

第四，有利于企业之间的专业化协作。现代机器大工业生产的日益社会化和科学技术的突飞猛进，使专业化分工日益精细，企业只有广泛地开展专业化协作，才能更好地迎接新技术、新材料的挑战，才能经受住市场的严峻考验，才能大批量、高效率地进行生产。中间商是专业化协作发展的产物。生产者产销合一，既难以有效地组织商品的流通，又使生产精力分散。有了中间商的协作，生产者可以从烦琐的销售业务中解脱出来，集中力量进行生产，专心致志地从事技术研究和技术革新，促进生产企业之间的专业化协作，以提高生产经营的效率。

（2）长渠道和短渠道。根据中间环节的多少和长短，可以将物流企业分销渠道分为长渠道和短渠道。分销渠道的长短一般是按流通环节的多少来划分的，具体包括零层渠道、一层渠道、二层渠道和三层渠道。

①零层渠道：没有中间环节、中间机构，即由物流企业直接到物流服务需求者（顾客），也就是直接分销渠道。

②一层渠道：含有一个中间机构，即由物流企业到中间商再到物流服务需求者（顾客）。

③二层渠道：含有两个中间机构，即由物流企业到中间商 1，再到中间商 2，最后到达物流服务需求者（顾客）。

④三层渠道：含有三个中间机构，即由物流企业到中间商 1，到中间商 2，再到中间商3，最后到达物流服务需求者（顾客）。

可见，零层渠道最短，三层渠道最长。

延伸阅读

渠道长度确定的常规法则如下：

第一,一般来说，产品越重、不便运输，渠道越短，反之则长。

第二，产品越易腐，价值越高，生命周期越短，技术性越强，顾客购买量越大，渠道越短，反之则长。

第三，产品越耐用，市场规模越大，顾客购买季节性越强，渠道越长，反之则短。

（3）宽渠道与窄渠道。分销渠道的“宽度”取决于渠道的每一个层次中使用同种类型中间商数目的多少。物流企业的服务业务在市场上的分销面广，称为宽渠道。如航空快件业务，有多家中间商经销，又转卖给更多的代理商，能大量接触消费者，大批量地提供航空服务。

物流企业使用的同类中间商少，分销渠道窄，称为窄渠道。它一般适用于专业性强的物流服务业务，或特殊的物流服务需求，由一家中间商统包，几家经销。它使物流企业容易控制其分销，但市场分销面受到限制。

（4）单渠道和多渠道。当物流企业全部的服务业务都由自己直接所设的门市部销售，或全部交给批发商经销时，称之为单渠道。多渠道则可能是在本地区采用直接渠道，在外地则采用间接渠道，或在有些地区独家经销，在另一些地区多家分销等。

二、物流企业分销渠道管理

（一）分销渠道设计

分销渠道设计是指建立以前从未存在过的分销渠道或对已经存在的渠道进行变更的营销活动。设计渠道一般包括分析服务产出水平、确定渠道目标、确定渠道结构方案和评估主要渠道方案4个方面。

1. 分析服务产出水平

渠道服务产出水平是指渠道策略对顾客购买商品和服务问题的解决程度。影响渠道服务产出水平的因素有5个：

（1）购买批量，是指顾客每次购买商品的数量。

（2）等候时间，是指顾客在订货或现场决定购买后，一直到拿到货物的平均等待时间。

（3）便利程度，是指分销渠道为顾客购买商品提供的方便程度。

（4）选择范围，是指分销渠道提供给顾客的商品花色品种数量。

（5）售后服务，是指分销渠道为顾客提供的各种附加服务，包括信贷、送货、安装、维修等内容。

2. 确定渠道目标

渠道目标应表述为目标服务产出水平。无论是创建渠道，还是对原有渠道进行变更，设计者都必须将企业的渠道设计目标明确地列示出来。

3. 确定渠道结构方案

有效的渠道设计应该以确定企业所要达到的市场为起点。没有任何一种渠道可以适应所有的企业、所有的产品。尽管性质相近，甚至是同一种产品，有时也不得不采用迥然不同的分销渠道。

（1）影响渠道结构的因素。基本因素有市场因素、产品因素、企业因素3个。

①市场因素：渠道设计深受市场特性的影响。

②产品因素：产品因素是影响渠道结构的十分重要的因素。

③企业因素：企业在选择分销渠道时，还要考虑企业自身的状况。

（2）设计渠道结构方案。明确了企业的渠道目标和影响后，企业就可以设计几种渠道方案以备选择。一个渠道选择方案包括3个方面的要素，即渠道的长度策略、渠道的宽度策略和商业中介机构。

4. 评估主要渠道方案

评估主要渠道方案的任务，是在那些各方面看起来都可行的渠道结构方案中，选择出最能满足企业长期的营销目标的渠道结构方案。因此，必须运用一定的标准对渠道进行全面评价。常用的标准有以下3个：

（1）经济性标准。企业的最终目的在于获取最佳经济效益，因此经济效益方面主要考虑的是每一条渠道的销售与成本的关系。

（2）控制程度。在企业对渠道的控制力方面，自销当然比利用销售代理更有利。

（3）适应性。市场需求和由此产生的各个方面的变化，要求企业有一定的适应能力。

（二）影响渠道选择的主要因素

1. 顾客特性

渠道设计深受顾客人数、地理分布、购买频率、平均购买数量以及对不同促销方式的敏感性等因素的影响。当顾客人数多时，生产者倾向于利用每一层次都有许多中间商的长渠道。但购买者人数的重要性又受到地理分布的修正。

例如，生产者直接销售给集中于同一地区的500个顾客所花的费用，远比销售给分散在500个地区的500个顾客少。而购买者的购买方式又修正购买人数及其地理分布的因素。如果顾客经常小批量购买，则须采用较长的分销渠道为其供货。因此，少量而频繁的订货，常使得五金器具、烟草、药品等产品的制造商依赖批发商为其销货。同时，这些相同的制造商也可能越过批发商而直接向那些订货量大且订货次数少的大顾客订货。此外，购买者对不同促销方式的敏感性也会影响渠道选择。例如，越来越多的家具零售商喜欢在产品展览会上选购，从而使得这种渠道迅速发展。

2. 产品特性

易腐烂的产品为了避免拖延时间及重复处理增加腐烂的风险，通常需要直接营销。那些与其价值相比体积较大的产品（如建筑材料，软性材料等），需要通过生产者到最终用户搬运距离最短、搬运次数最少的渠道来分销。非标准化产品（如顾客定制的机器和专业化商业表格）通常由企业推销员直接销售，这主要是由于不易找到具有该知识的中间商。需要安装、维修的产品经常由企业自己或授权独家专售特许商来负责销售和保养。单位价值高的产品则应由企业推销人员而不通过中间商销售。

3. 中间商特性

选择渠道时，还必须考虑执行不同任务的市场营销中介机构的优缺点。例如，由制造商代表与顾客接触，花在每一位顾客身上的成本比较低，因为总成本由若干个顾客共同分摊。但制造商代表对顾客所付出的努力则不如中间商的推销员。一般来讲，中间商在执行运输、广告、储存及接待顾客等职能方面，以及在信用条件、退货特权、人员训练和送货频率方面，都有不同的特点和要求。

4. 竞争特性

生产者的渠道选择，还受到竞争者所使用的渠道影响，因为某些行业的生产者希望在与竞争者相同或相近的经销处与竞争者的产品抗衡。例如，食品生产者就希望其品牌和竞争品牌摆在一起销售，有时，竞争者所使用的分销渠道反倒成为生产者所避免使用的渠道。

5. 企业特性

企业特性在渠道选择中扮演着十分重要的角色，主要体现在以下几个方面：

（1）总体规模。企业的总体规模决定了其市场范围、客户的规模以及强制中间商合作的能力。

（2）财务能力。企业的财务能力决定了哪些市场营销只能由自己执行，哪些应交给中间商执行。财务薄弱的企业，一般都采用“佣金制”的分销方法，尽量利用愿意并且能够吸引部分储存、运输以及融资等成本费用的中间商。

（3）产品组合。企业的产品组合也会影响其渠道类型。企业产品组合的宽度越大，则与顾客直接交易的能力越大；产品组合的深度越大，则使用独家专售或选择性代理商就越有利；产品组合的关联性越强，则越应使用性质相同或相似的市场营销渠道。

（4）渠道经验。企业过去的渠道经验也会影响渠道的设计。曾通过某种特定类型的中间商销售产品的企业，会逐渐形成渠道偏好。例如，许多直接销售给零售食品店的老式厨房用具制造商，就曾拒绝将控制权交给批发商。

（5）营销政策。现行的市场营销政策也会影响渠道设计。例如，对最后购买者提供快速交货服务政策，会影响到生产者对中间商所执行的职能、最终经销商的数目与存货水平以及所采用的运输系统的要求。

6. 环境特性

当经济萧条时，生产者都希望采取最后能使顾客以廉价购买的方式将其产品送到市场。这也意味着使用较短的渠道，并免除那些会提高产品最终售价但并不必要的服务。

（三）分销渠道管理

分销渠道管理是指制造商为了实现公司的分销目标而对现有的渠道进行管理，以保证渠道成员之间、公司和渠道成员之间相互协调和通力合作的一切活动。

1. 分销渠道管理的内容

（1）对经销商的销售管理。选择合适的经销商、制定明确的合同、提供必要的技术支持，并在必要时实施风险管理和退出策略，以确保销售渠道的有效运作和市场竞争力。

（2）对经销商的供货管理。保证供货及时，在此基础上帮助经销商建立并理顺销售子网，分散销售及库存压力，加快商品的流通速度。

（3）对经销商的广告、促销的支持。减少商品流通的阻力；提高商品的销售力，促进销售，提高资金利用率，使之成为经销商的重要利润来源。

（4）对经销商的负责。在保证供应的基础上，对经销商提供产品服务支持，妥善处理销售中出现的产品损坏变质、顾客投诉、顾客退货等问题，确保经销商的利益不受无谓的损害。

（5）对经销商的订货处理和订货结算管理。强化建设渠道的信息管理系统，减少因订货处理环节中出现失误而引起发货不畅；规避结算风险，保证制造商的利益。同时避免经销商利用结算便利制造市场混乱。

（6）其他管理工作。对经销商进行培训，增强经销商对公司理念、价值观的认同以及对产品知识的认识。还要负责协调制造商与经销商之间、经销商与经销商之间的关系，尤其对于一些突发事件，如价格涨落、产品竞争、产品滞销以及周边市场冲击或低价倾销等扰乱市场的问题，要以协作、协商的方式为主，以理服人，及时帮助经销商消除顾虑，平衡心态，引导和支持经销商向有利于产品营销的方向转变。

2. 分销渠道成员的管理

（1）选择渠道成员。选择渠道成员应该做好三个方面的管理工作：明确渠道系统中各种角色的地位和要求；渠道成员的选择；渠道成员的角色定位。成员的角色定位一般可以采用正式合约方式和非正式合约方式。

（2）激励渠道成员。

①间接激励法。间接激励法是通过帮助中间商进行销售管理，以提高销售的效率和效果来激发中间商的积极性，从而提高销售绩效。常见的有：帮助中间商建立进销存报表，做安全库存数和先进先出库，帮助中间商进行零销终端管理，帮助中间商管理其客户往来，加强中间商的销售管理工作，合理安排企业与批发商、企业与零售商之间的合作。

②直接激励法。直接激励法指的是通过给予物质或金钱奖励来肯定中间商在销售和市场规范操作方面的成绩，如返利、价格折扣、开展促销活动。

（3）评估渠道成员。大多数企业所采用的评估标准组合如下：销售绩效、库存水平、分销能力。评估方法包括：独立的绩效评估、非正式的多重标准组合评估、正式的多重标准组合评估。最后根据评估结果，提出建议。

3. 分销渠道控制

（1）高度控制。高度控制也称绝对控制，它是指制造商能够选择负责其产品销售的中间商类型、数目和地理分布，并且能够控制这些中间商的销售和价格政策。

（2）低度控制。低度控制是指如果制造商无力或不需要对整个渠道进行绝对控制，企业往往可以通过对中间商提供具体支持服务来影响整个分销渠道流程。大多数企业的控制都属于这种方式。低度控制的表现如下：向中间商派驻代表，与中间商多方合作。

4. 分销渠道冲突处理

分销渠道冲突是指渠道成员意识到另外一个成员正在从事会损害、威胁其利益，或者以牺牲其利益为代价获取稀缺资源的活动，从而引发他们之间的争执、敌对和报复的行为。渠道冲突包括水平渠道冲突、垂直渠道冲突和不同渠道间的冲突。水平渠道冲突，指在同一渠道模式中，同一层次中间商之间的冲突；垂直渠道冲突，指在同一渠道中不同层次企业之间的冲突，这种冲突较之水平渠道冲突更常见；不同渠道间的冲突，指的是制造商建立多渠道营销系统后，不同渠道服务于同一目标市场时所产生的冲突。

常见的渠道冲突解决办法有目标管理、沟通、协商谈判、诉讼、退出等。

延伸阅读

德邦物流的“一直到底”渠道策略

德邦快递以大件快递为核心业务，主要业务涉及快运、整车、仓储与供应链，是中国企业500强之一。多年来，公司坚持“以客户为中心，以进取者为本，以团队创高效，坚持自我反思”的核心价值观，致力为用户提供高效、快捷的货运解决方案。德邦快递始终紧随客户需求而持续创新，坚持自营门店与事业合伙人相结合的网络拓展模式，搭建优选线路，以优化运力成本，为客户提供快速高效、便捷及时、安全可靠的服务。截至2018年3月，公司网点近10 000家，服务网络覆盖全国34个省级行政区，全国转运中心总面积超过124万平方米。德邦快递正从国际快递、跨境电商、国际货代三大方向切入跨境市场，已开通韩国、日本、泰国等多条国际线路，全球员工人数超过12万名。2021年9月，入选“2021年中国民营企业500强榜单”，位列第399位。2022年3月11日，德邦物流股份有限公司（以下简称“德邦股份”）发布关于控股股东筹划控制权变更的提示及复牌公告，正式官宣与京东物流战略合作。公告显示，京东物流将收购德邦股份66.49%的股份。

过去十几年一直“狂奔前进”的公路运输中，不买地囤地、不加盟只直销、不搞多元化的德邦物流是个异类。继“北上运动”之后，德邦物流开始在国内 6 大核心区战略重置，这被称为“扎营计划”。

这 6 大核心区域分布在广州、深圳、上海、华北、中部和西南，这些地方的运营中心将重新选址和规模扩建。

以广州运营中心为例，经过重新定位，德邦物流将原位于广州白云区约 5 万平方米的中心移至佛山陈村，新场地为原来面积的 2.5 倍左右，达到 13 万平方米。2009 年 2 月，发家于珠三角的德邦物流将总部从广州移至上海之后，覆盖长三角的上海运营中心“扎营”也在当时完成。对于物流企业来讲，网店处于终端，主要功能是方便周边区域取货、送货和销售，而运营中心则承担仓储、分转货物等职能，链接终端业务和长途运输。

1. 重资产好上市

除了网点是完全自建之外，德邦所有 1 600 多辆卡车也完全自有，这在“一个老板两台车”就能加盟揽活的国内公路运输业也很少见。在公路运输业，对客户承诺“3～5 天到”和“3 天到”绝对是不同的两种产品，德邦提供的就是后面这种相对高端些的“精准物流”。

怎样才能做到精准？就是对运输环节有足够的把握。网点取货、送货必须能控制，中间的长途运输能控制。按营业额来算，国际快递巨头TNT在华全资子公司在国内公路运输业里当坐头把交椅，接下来就是德邦物流，另一家民营企业佳吉物流位居第三。目前，排名靠前的几家企业都在紧锣密鼓地准备上市，车辆、网点部分加盟的佳吉物流在上市过程中遇到了一些困难：车辆、网络产权等物流企业最核心的资产不属于公司，资产核算就很难得出一个令市场投资者满意的数字。

2. 联手阿里巴巴

2009 年 4 月，已经成为淘宝“推荐物流供应商”的德邦物流正式和阿里巴巴签订协议，服务于阿里巴巴卖家。

阿里巴巴之前只是信息交流的平台，之后国内交易可能会按照淘宝的模式打造成“信息流、资金流、物流”一体式的模式。阿里巴巴和德邦物流的客户定位几乎重合：中小企业。目前，德邦物流 60%左右的货量来自中小型厂家，其次是个体和商贸物流，再加上小部分零星托运，包括行李、展会用品等。大企业不是德邦近期的目标客户，因为大客户回款慢，这会对资金造成压力。与生产性企业不同，物流企业的所有支出几乎不可能拖欠，如场地租金、燃油、过路费，甚至航空包舱位还有预付款。德邦物流要求客户最好现付，部分非现付资金的回款周期也在 45 天左右。

随着消费者习惯的改变，德邦物流将拓展网上、电话等非门店下单的比例，将这个比例从20%提高到25%。阿里巴巴是帮助其提高网上下单份额的重要一步。

1996年开始和南航合作，从航空货运起家的德邦物流，一路走来也做过物流行业里不少细分领域，包括小件快递，但最终选择了零担公路运输。在可预见的未来三年，德邦物流不会涉足快递等其他领域，因为公路运输市场的空间还很大。全国公路运输年营业额5 000亿元，除去不做的非零担运输，德邦13亿元的营业额也不到1%。

德邦物流集团董事长兼总裁崔维星曾表示，德邦从1996年创业一开始就采取直营模式，这一模式从长远来看更容易把握质量。德邦寻求的发展道路是稳定中提升，不求快速但运营质量不好控制的加盟模式。

直营需要大量的资金投入，会计出身、从国企下海创业的崔维星在资金方面采取的也是“稳中求胜”的战略。德邦物流运营资金还是靠公司效益支持，并采取办法加快客户回款流程。崔维星介绍说，德邦的价格高于国际物流巨头，甚至国内同行，公司一开始就定位于“精准物流”的高端服务，在竞争异常激烈的物流业中，靠低价短期取胜对于长期发展十分不利。

思考题：

1. 德邦物流采用的是哪种分渠道模式？

2. 德邦物流选择这种渠道模式的原因是什么？效果如何？

➢ 任务实施

社会生产分工的不断细化，造成了生产者与消费者在时间与空间上更大的距离。特别是现代物流行业中，绝大多数的物流资源被少数的物流企业占有着，而这些物流企业并不能将服务直接送达所有的最终消费者，这就需要其他企业的配合，借助一定的渠道实现服务的有效无缝转移，因此分销渠道的选择就成为各个物流企业的必要方面。

行动准备：

（1）角色分配（分组）。

（2）教具。多媒体、投影仪、多媒体课件及音像资料、张贴板一块、水笔若干支、板钉一批、白纸卡若干。

（3）学生分组讨论并展示。

①将相关理论知识阅读一遍。

②上网或利用其他工具调查一家知名物流企业的分销渠道与布局情况，并完成相关任务。

③介绍该物流企业的基本情况及主要服务产品。

④分析该企业采用了怎样的分销渠道策略。

⑤分析该企业的分销渠道管理有何特点或不足，并提出改进意见。

具体要求：

①分析要有自己的观点。

②在讲述新产品的渠道策略时，要阐述理由。

③制作说明卡片，不少于10张。

④讲解流利，重点突出。

任务四　物流促销策略

任务描述

乔明月同学通过前三节的学习，虽然顺利掌握了相关知识，但却产生了困惑：为什么有的物流企业经营得风生水起，有的物流企业却濒临倒闭呢？如何才能使物流企业的服务引起消费者的注意和兴趣呢?如何激发他们的购买欲望和购买行为？让我们进入这个任务的学习。

一、物流促销策略概述

（一）物流促销的概念

物流促销是指物流企业如何通过人员推销、广告、公共关系和营业推广等各种促销方式，向消费者或用户传递产品或者服务信息，引起他们的注意和兴趣，激发他们的购买欲望和购买行为，以达到扩大销售的目的。

（二）物流促销的种类

物流促销策略主要有推式策略和拉式策略。具体包括营业推广、人员促销、公共关系和广告宣传等方式。

（三）影响物流促销策略的因素

1. 物流产品的特点

不同的物流服务促销策略适用于不同的和处于不同发展阶段的物流企业。一般来说，对于比较基本的物流服务形式，如传统的运输服务、配送服务、仓储服务等，由于存在的时间较长，而且运作起来有一定的基础，因此可以采用推式促销策略。而对于一些可以突出自己企业运营特色的服务形式，如一些个性化的创新式服务，通过数据库和咨询服务提供的以管理为基础的物流服务、物流战略计划的服务等，物流企业则要更多地使用拉式促销策略，以使物流服务更能满足客户的需求。

2. 物流产品的生命周期

在物流服务产品生命周期的不同阶段，促销目标不同，促销策略也有差异。

（1）投入期。企业的促销目标是提高客户和潜在客户对产品的知晓程度。因此，这一阶段应以广告宣传和人员推销为主要策略方式。

（2）成长期。产品畅销，但竞争者开始出现，物流企业的促销目标是如何进一步吸引潜在客户，力求与老客户建立稳定的业务关系。因而此阶段的促销策略应以拉式为主，即要把工作的重点转移到个性化服务的推广上，一方面使老客户形成对产品和企业的进一步信赖，另一方面也可以通过增加新的服务方式来吸引更多的新客户。

（3）成熟期。需求趋向饱和，竞争日益激烈，物流企业的目标是尽量维持现有客户的业务联系，保持企业的市场份额。因此，在成熟期企业可采用推拉结合的策略进行物流服务的促销活动，以提高企业和产品的声誉。同时，也要注意应该更加侧重于拉式的促销策略。

（4）衰退期。企业的目标主要是使一些老客户仍然信任本企业及其产品，坚持购买。因此，企业仍可采用推拉结合的促销策略。

3. 市场状况

由于各物流企业目标市场的规模和类型不同，因而采取不同的促销策略。对于规模比较大的目标市场，物流企业可以采取推拉结合的促销策略，以满足具有不同需求的客户。而对于一些较容易接受新鲜事物的目标市场，物流企业可以侧重于采用拉式促销策略，从而推动企业个性化服务的发展。

4. 促销费用

任何一种促销方式或促销组合都要支付一定的费用，促销费用常常制约着促销策略的制定。同时，各种促销策略所需费用也不尽相同，不同促销策略所需费用往往相差很大。物流企业在选择促销方式和制定促销策略时，应全面衡量、综合比较各种促销方式的费用与效益，以尽可能低的促销费用取得尽可能高的促销效益。

二、营业推广

（一）营业推广的概念

营业推广是指物流企业在特定的目标市场中，为迅速刺激需求和鼓励购买而采取的各种促销形式。营销推广在引起客户尝试反应、改变购买习惯、刺激购买数量、刺激潜在购买者、提高经销商接受程度、引入新产品、宣传附送品、防范竞争者、提高广告效果、巩固品牌形象等方面作用显著。

（二）营业推广的方式

物流企业的营业推广方式一般有以下几种：

（1）向消费者推广，是为了鼓励老顾客继续购买、使用本企业产品，激发新顾客试用本企业产品。其方式主要有赠送折扣券、现场展览、折扣卡、消费信贷等。

（2）向中间商推广，是为了促使中间商积极经销本企业产品。其推广方式主要有提供津贴、业务会和贸易展览、特许经营等。

（3）向推销员推广，主要方式有利润提成、推销竞赛、职位提拔等。

（三）营业推广的基本步骤

1. 建立营业推广的目标

企业营业推广的目标有 4 类，就是向目标客户传递物流服务信息，以提升形象，促进销售，提高业绩。

（1）扩大市场份额。市场份额的高低是确定物流服务市场占有率的关键性数据。物流企业大多数的促销活动是围绕提高市场份额进行的，特别是多家物流企业展开激烈的市场竞争时，会千方百计地保住份额和市场占有率，巩固自己的市场地位。

（2）提高利润额。物流企业与其他企业一样，终极目标不是占领市场，而是获取利润。利润是企业生存和发展的基础。因此，一家成熟的物流企业，常常把提高利润额作为促销目标。

（3）增加客户数。从某种意义上说，增加客户数就是提升人气，扩大市场份额。按照“企业 80%的利润来源于 20%的客户”法则，物流企业应充分关注少数重要客户（关键客户），把增加客户数，特别是重要客户数作为重点促销目标。

（4）提升认知度。有人说，现代经济就是注意力经济。可见，增进对现有物流产品和新的物流产品乃至企业整体形象的认知十分重要，它是目标客户认购物流服务的前提条件。因此，物流企业应在客户心目中树立良好的形象，培养良好的信誉，这样才能实现企业的长期发展目标。

2. 确定营业推广方案

企业在制定推广方案时，不仅要确定营业推广的目标，还要选择适当的推广形式。具体内容包括：奖励规模、奖励对象、发奖途径、奖励期限以及营业推广的总预算。

（1）奖励规模。营业推广的实质就是对消费者、中间商和推销员予以奖励，所以企业在制定具体推广方案时应首先决定奖励的规模。在确定奖励时，最重要的是进行成本效益分析。假定奖励规模为 1 万元，如果因销售额扩大而带来的利润大大超过 1 万元，那么奖励规模还可扩大：如果利润增加额少于 1 万元，则这种奖励是得不偿失的。

营业推广的这种成本效益分析，可为制定有关奖励规模的决策提供必要的数据。

（2）奖励对象。企业应决定奖励哪些客户才能最有效地扩大销售。一般来讲，应奖励那些现实的或可能长期的客户。

（3）发奖途径。企业还应决定通过哪些途径来发奖。例如，代价券可放在商品包装里分发，或通过广告媒介和直接邮寄分发，也可以通过网络途径分发。在选择分发途径时，既要考虑各种途径的传播范围，又要考虑成本。

（4）奖励期限。如果奖励的期限太短，许多消费者可能由于恰好在这一期限内没有购买而得不到奖励，从而影响营业推广的效果；反之，如果奖励的期限太长，又不利于促使消费者立即做出决策。

（5）营业推广的总预算。确定营业推广总预算的方法有两种：一是先确定营业推广的方式，然后再预计其总费用；二是在一定时期的促销总预算中拨出一定比例用于营业推广。后者较常用。

3. 试验、实施、控制营业推广方案

（1）企业营业推广的试验与实施。

①针对消费者的营业推广，其目标包括：鼓励老顾客更多地购买这种产品，吸引新顾客使用这种产品，争夺其他品牌的客户。

②针对中间商的营业推广，其目标包括：鼓励中间商持续经营本企业产品，建立固定的产销关系。

③针对推销人员的营业推广，其目标包括：鼓励推销人员大力推销新产品，开拓新市场，寻找更多潜在客户。

（2）营业推广的控制包括以下几个方面内容：

①选择适当的方式。

②确定合理的期限。

③禁止弄虚作假。

④注重后期宣传。

4. 评估营业推广效果

在具体运用各种营业推广方式之前，如果有条件，应对各种方式事先进行测试，以确定所选择的推广方式是否合适，并及时决定取舍。

最常见的一种评估方法是将营业推广前、后和进行中三个时期的销售额进行比较。

例如，一种产品在营业推广前的市场份额为6%，营业推广期间为10%，营业推广一结束马上降为5%，过了一段时间又回升到7%。这些数据表明，企业的营业推广方案在实施期间吸引了一批新的客户，并促使原有的客户增加了购买量。营业推广结束

后马上降为5%，说明客户尚未完成前一段时间购买的产品。回升到7%，说明这项营业推广方案终于使一批新客户成为老客户。如果过一段时间市场份额不是7%而仍是6%，那就说明这项营业推广方案只是改变了需求的时间，并未增加该产品的需求量。

营业推广通常可收到立竿见影的效益，但是，如果运用不当，会损害企业或产品的长期利益。因此，要十分注意防止有损企业形象或品牌形象的措施，还要注意守法。

三、人员推销

（一）物流人员推销概述

物流人员推销是指物流企业派出物流推销人员或委托专职的物流推销机构，直接向客户介绍商品或者服务，以促成购买行为的活动。

人员推销的基本形式有以下3种：

（1）建立自己的销售队伍，使用本企业的推销人员来推销产品。在西方国家，企业自己推销队伍的成员叫推销员、销售代表、业务经理、销售工程师。

（2）使用专业合同推销员。例如，制造商、销售代理商、经纪人等，按照期待销售额付给佣金。

（3）雇用兼职的销售推销员。在各种零售营业场所，用产品操作演示、现场模特、咨询介绍等各种方式促销，按销售额比例提取佣金。

（二）物流企业人员推销的任务

人员推销的主体是物流企业的推销人员。虽然各个企业推销人员因企业经营范围和经营规模不同而有所不同，但推销人员的主要任务是基本相同的。

1. 寻找客户

推销人员不仅要维持与已有客户的业务联系，更重要的是在市场中寻找机会，挖掘和发现潜在需求，创造新的需求，寻找新的客户，开拓市场。

2. 传递信息

物流企业的推销人员应及时将本企业提供的服务信息传递给客户，为客户提供相关资料，帮助客户做出购买决策。

3. 推销物流服务产品

推销人员在与客户接触过程中，要分析客户现实和潜在的需求，并通过运用各种推销策略和技巧，促使客户做出购买决策，实现购买行为。

4. 收集信息

物流企业经营所需的信息有很大一部分来源于其客户。推销人员是联系企业与客户的桥梁和纽带，是企业收集信息的重要渠道之一。推销人员在推销过程中，要及时了解客户需求的变化情况，收集市场信息并及时反馈，为企业的经营决策提供第一手资料。

5. 提供服务

推销人员在推销过程中要向客户提供各种服务，如咨询服务、解决技术问题、向客户提供相关信息等。

推销人员应具备以下基本素质：

（1）推销人员必须对所代表的公司有一个全面了解。

（2）推销人员应该是产品专家，应全面了解从产品设计到生产的全过程，熟悉产品性能、特点、使用、维修，熟知产品成本、费用、出厂价格。

（3）推销人员不仅需要了解顾客购买的可能性及希望从中得到的利益，也需要了解顾客购买决策依据，顾客购买决策权在谁手中，谁是购买者，谁是使用者和消费者。

（4）推销人员还要掌握营销策略、市场供求情况、潜在顾客数量、分布、购买动机、购买能力、有关法规等相关信息。

（5）优秀的推销人员还应具备良好的文化素质。

（6）推销人员也应具备相应的法律素质，工作中要有强烈的法律意识和丰富的法律知识。

（7）推销人员要掌握基本的商务礼仪。推销人员实际上是一种交际活动。推销人员是公司的“外交官”，因此要具备必要的推销礼仪。

（三）物流企业人员推销的步骤

1. 寻找并识别目标客户

推销过程的第一步是找出潜在的、有购买力的客户，即由市场人员首先进行市场调查，寻找和识别目标客户。寻找客户的方法有很多，既可以向现有客户了解，也可以通过诸如参加社交活动、查阅工商名录和电话号码簿等发掘潜在客户，还可以利用朋友介绍或通过社会团体与推销人员之间协作等方式间接寻找。推销人员寻找到潜在客户以后，再通过查看他们的经济实力、交易额、特殊需求、地理位置及发展前景等找出适合发展业务的潜在客户。

2. 推销前的准备

在接洽一个潜在客户前，推销团队必须做好推销前的准备工作。首先应收集该客户的有关资料，包括客户的经营范围、经济实力、可能对物流服务产生需求的业务项目、拥有购买服务决策权的人员等，在此基础上，制定出相应的推销方案等，以便使推销活动更积极主动，效率更高。

3. 约见客户

在做好充分的准备以后，推销人员就要按计划约见客户。与客户进行初步意向性洽谈，向客户介绍自己公司，并了解对方的物流运作模式与双方合作的可能性。在接触客户时，推销人员应注意礼节、保持自信，争取给对方一个良好的第一印象。初步洽谈以后，由物流策划专家来分析客户企业目前的物流状况，并与团队其他人员一起为客户制定出优化的解决方案。

4. 推销洽谈

推销团队拿着初步的解决方案与客户进行正式的推销洽谈，这一步要运用各种推销技巧说服客户购买。但关键是针对客户企业所需服务的特点，耐心地介绍本企业富有特色的服务方案及其能够为客户带来的好处。在介绍时，如果能借助有关服务的宣传册、配套图片、幻灯片等，效果会更好。

5. 应付异议

在进行推销洽谈的过程中，客户几乎总会对企业提供服务的某些方面产生疑虑，甚至异议。推销人员应及时发现客户的疑问，采取主动的方式向客户提供更多的信息，根据客户的具体情况对物流解决方案进行调整，并向客户解释，为客户排除疑虑。

6. 缔结合约

推销人员成功地消除了客户的疑虑后，应抓住时机，促成客户达成购买行为。对于物流服务的推销而言，都是涉及金额比较大的项目，所以推销人员在与客户达成口头协议后，为防止发生变故，应尽快与客户签订服务合同，以合同确立彼此的权利义务。合同也成为日后物流企业提供服务及获取费用的依据。

7. 售后服务

双方达成交易，并不意味着推销过程的终止。跟踪售后服务能加深顾客对企业和服务的依赖，促成客户重复购买。同时，也可获得各种反馈信息，为企业决策提供依据。

四、公共关系

（一）物流公共关系的概念

物流公共关系是指一个物流公司为了谋求社会各方面的信任和支持、树立企业信誉、创造良好的社会环境而采取的一系列措施和行动。

（二）物流公共关系的工作程序

1. 公共关系调查

公共关系调查是公共关系过程的首要步骤，是公共关系工作的基础工作，是公关活动的重要方式。公共关系调查的内容包括组织自身状况的调查，相关公众状况调查，传播媒介状况调查，社会环境状况调查及社会组织与公众关系现状调查。

公共关系调查的一般程序可分为以下5个基本阶段：

第一阶段，调查准备阶段，包括：确立调查任务、开展调查设计、准备调查条件。

第二阶段，资料收集阶段，包括：实际收集资料、争取多方支持。

第三阶段，整理分析阶段，包括：整理调查资料和分析调查资料。

第四阶段，报告写作阶段，具体包括：综合分析经过审核和加工处理的信息资料，确定调查报告的主题；全面汇集有关信息资料，概括出相应事物存在与变化的一般情况；综合研究相关信息资料，提炼出有关观点；选择运用有关信息资料，具体说明社会组织公共关系工作中应当注意的有关问题等。

第五阶段，总结评估阶段，主要评估调查结果和总结调查工作。

公共关系调查的具体方法包括：普通调查法、抽样调查法、典型调查法、重点调查法和个案调查法。资料收集的方法包括：科学观察法、询访调查法、问卷调查法、量表测量法及文献信息法。

2. 公共关系计划

公共关系计划方案没有一定的形式，计划者一般根据实际需要和自己的文笔风采来撰写。但无论方案形式、内容有着如何的差别，理应包括的基本要素都不可或缺。

延伸阅读

一份完整的策划方案应当具备5W、2H、1E。

（1）5W：

what（什么）——策划的目的、内容。

who（谁）——策划组织者、策划者、策划所涉及的公众。

where（何处）——策划实施地点。

when（何处）——策划实施时机。

why（为什么）——策划的缘由。

（2）2H：

how（如何）——策划的方法和实施形式。

how much（多少）——策划的预算。

（3）1E：

effect（效果）——策划的结果。

上述8个要素组合就是一份完整的公共关系策划文案应当具备的基本骨架。针对不同组织、不同内容与形式的公共关系计划方案，应当围绕这8个要素，根据自己的需要去进行丰富完善和组合搭配。公共关系策划文案的创意与个性风格，就存在于要素的丰富完善和组合搭配的差异之中。

3. 公共关系实施

公共关系实施有以下几个步骤：

第一，确定实施工作项目与内容。

第二，熟悉实施工作的要求和方法。

第三，掌握工作时间和流程。

第四，进行实施工作预算分配。

第五，建立实施工作机构及人员组织。

第六，遵守实施工作规章制度。

在实施之前，要做好公共管理实施的准备，要实施人员的培训，并实施调查与实验。

4. 公共关系监测评估

可以利用以下方法进行评估：

（1）民意测验法。选择一定数量的目标观众，通过问卷等形式，征求他们对公共活动的意见，并加以分析、统计，说明公关工作的效果。

（2）专家评估法。请有关专家对公关工作提出观点和意见，从不同角度来分析公关工作的效果。

（3）访问面谈法。由公关人员通过个别交谈或集体访谈的方式，了解公众对公关工作的意见和看法，借以评估公关工作的效果。

（4）观察法。公关人员通过观察目标对象对公关工作的反应来评估公关工作的效果。

（5）资料分析法。通过对企业生产经营资料、销售数据的变化来验证公关工作的效果。

延伸阅读

头脑风暴法由美国BBDO广告公司的奥斯本首创。该方法主要由价值工程工作小组人员在正常融洽和不受任何限制的气氛中以会议形式进行讨论、座谈，打破常规，积极思考，畅所欲言，充分发表看法。

德尔菲法，也称专家调查法，1946 年由美国兰德公司创始实行，其本质上是一种反馈匿名函询法。其大致流程是在对所要预测的问题征得专家的意见之后，进行整理、归纳、统计，再匿名反馈给各专家，再次征求意见，再集中，再反馈，直至得到一致的意见。

➢ 任务实施

物流作为一种服务，其销售的促进形式不同于产品促销，其具有自身的特殊性，有诸多原因影响物流企业的策略。分析不同物流公司针对双十一购物节运输开展一次促销活动的流程及实现促销的方法。

行动准备：

（1）分组：将学生以模拟公司为单位分组。

（2）教学环境和教具：多媒体教室。

每一组在现场向大家汇报展示小组讨论的结果，展示内容包括：

（1）讨论的成果（角色扮演或者PPT）——物流公司促销的方式。

（2）对内容进行讲解和分析。

教师总结：

（1）教师对学生的行为进行点评。

（2）对知识内容进行总结。

◎ 应用训练

物流营销策略制定实训

一、背景

在明确了目标客户，开发了自己的创新服务项目并已经开发了自己的客户后，物流企业需要准备一套富有吸引力的物流营销策略组合，把自己的创新服务项目销售给客户，使潜在客户变成能够带来收入和利润的现实客户。在形成物流营销策略组合策划报告的基础上，物流企业需要制作PPT并演示。

二、实训目标

通过实训，学生能运用调研的方法和手段，了解现有物流服务项目的营销策略组合，在比较分析的基础上为一个新的物流服务项目设计新的物流营销策略组合，并制作PPT进行演示。

三、课堂环境要求

网络畅通，学生能够上网查阅资料，有能够演示播放的多媒体和投影系统。

四、情境描述

经过详细的市场调研和对比分析，明确了细分市场和目标客户群，开发了自己的创新服务项目和部分客户。但公司还缺乏物流营销策略组合，已经接触的客户难以成为现实客户。4人自愿组成一个项目团队，竞争性完成物流营销组合设计任务，撰写物流营销组合策划书，并制作PPT进行演示。

五、工作流程

比较分析同类物流服务营销策略组合的异同—分析自己销售的物流服务项目的特点—设计产品策略—设计定价策略—设计分销策略—设计促销策略—合成物流营销策略组合策划报告—制作PPT—演示PPT。

六、操作步骤

（1）通过多种渠道（包括专业报刊，专业网站和企业网站）收集调查同类物流服务项目的营销策略组合资料。

（2）整理成若干个完整的营销策略组合案例，并比较分析同类物流服务营销策略组合的共性和差异。

（3）分析自己销售的物流服务项目的特点。

（4）设计自己销售的物流产品服务项目的产品策略。

（5）设计自己销售的物流产品服务项目的定价策略。

（6）设计自己销售的物流产品服务项目的渠道策略。

（7）设计自己销售的物流产品服务项目的促销策略。

（8）合成物流营销策略组合策划报告，并按照规范的格式排版。

（9）制作PPT。

（10）上台汇报。

（11）交流收获与心得，同学互评，教师点评（再修改）。

七、注意事项

（1）收集后比较研究。

（2）综合考虑拟销售的物流服务项目的特点、市场环境、竞争对手的相关策略等因素。

（3）物流营销策略组合策划方案的结构合理，语言流畅，排版规范，内容完整。

◎ 学后测评

一、单选题

1.（　　）是指在某一领域里，目前为大家所接受且欢迎的风格。

A. 风格型产品生命周期　　B. 时尚型产品生命周期

C. 热潮型产品生命周期　　D. 扇贝型产品生命周期

2.（　　）是为了完成商品供给者与商品需求者之间的商品实体转移、克服两者之间的空间距离、创造商品空间效用的服务表现形式。

A. 流通加工　　B. 仓储　　C. 运输　　D. 配送

3.（　　）是指一个物流企业经营（运营）的全部产品或服务的结构，即各种产品及产品项目的有机组合方式。

A. 产品组合　　B. 产品线　　C. 产品个体　　D. 产品集合

4. 新产品开发始于（　　）。

A. 概念性开发与测试　　B. 创意筛选

C. 营销战略制定　　D. 创意形成

5.（　　）是新产品开发中的一个更加详细和重要的评价阶段，它的基本任务是合理地估计新产品的收益性。

A. 正式上市　　B. 营业分析

C. 营销策略拟定　　D. 召开产品介绍会

6. 以高价著称的星巴克咖啡店，为了不流失在意价格的顾客，也推出了低价和特价的咖啡。这一定价技巧属于（　　）。

A. 差别定价　　B. 模糊定价　　C. 价值导向定价　　D. 比价定价

7.（　　）是指每增加或减少单位产品所引起的总成本的变化量。

A. 固定成本　　B. 边际成本　　C. 可变成本　　D. 总成本

8.（　　）是指根据市场需求状况和消费者对产品的感觉差异来确定价格的定价方法。

A. 成本导向定价法　　B. 劳动力导向定价法

C. 竞争导向定价法　　D. 需求导向定价法

9. 随行就市定价法指本企业某产品价格（　　）市场平均价格水平，利用这样的价格来获得平均报酬。

A. 高于　　B. 低于　　C. 等于　　D. 小于

10. 参考（　　）价格来定价是最简便可行的定价方式。

A. 半成品　　B. 替代商品　　C. 原材料　　D. 在研产品

11.（　　）指物流企业直接到物流服务需求者（顾客）。

A. 长渠道　　B. 一层渠道　　C. 零层渠道　　D. 间接渠道

12.（　　）通过帮助中间商进行销售管理，以提高销售的效率和效果来激发中间商的积极性，从而提高销售绩效。

A. 直接激励　　B. 间接激励　　C. 人员激励　　D. 需求激励

13. 一般市场规模越大，顾客购买季节性越强，渠道越（　　）。

A. 窄　　B. 短　　C. 宽　　D. 长

14. 返利、价格折扣、开展促销活动等属于（　　）激励。

A. 直接　　B. 行为　　C. 间接　　D. 预期

15. 易腐烂的产品为了避免拖延时间及重复处理增加腐烂的风险，通常需要（　　）营销。

A. 直接　　B. 广告　　C. 延期　　D. 组合

16. 对于传统的运输服务、配送服务、仓储服务等，由于存在的时间较长，而且运作起来有一定的基础，因此可以采用（　　）的促销策略。

A. 推式　　B. 普通　　C. 拉式　　D. 间接式

17. 物流服务产品在生命周期的不同阶段，其促销目标也有差异。在（　　），企业的促销目标是提高客户和潜在客户对产品的知晓程度。

A. 成长期　　B. 投入期　　C. 成熟期　　D. 衰退期

18.（　　）是公共关系过程的首要步骤。

A. 公共关系调查　　B. 公共关系计划

C. 公共关系实施　　D. 公共关系监测评估

19.（　　）指选择一定数量的目标观众，通过问卷等形式，征求他们对公共活动的意见，并加以分析、统计，说明公关工作的效果激励。

A. 访问面谈法　　B. 专家评估法　　C. 民意测验法　　D. 观察法

20. 在（　　），需求趋向饱和，竞争日益激烈，物流企业的目标是尽量维持现有客户的业务联系，保持企业的市场份额。

A. 成长期　　B. 投入期　　C. 成熟期　　D. 衰退期

二、多选题

1. 物流产品的层次分为（　　）。

A. 无形产品　　B. 有形产品　　C. 附加产品　　D. 核心产品

E. 重要产品

2. 物流产品的特性包括（　　）。

A. 不可触知性　　B. 缺乏所有权　　C. 不可储存性　　D. 服务差异性

E. 周期性

3. 扩大产品组合策略包括（　　）。

A. 在维持原产品品质和价格的前提下，增加同一产品的规格、型号或款式

B. 增加不同品质和不同价格的同一种产品

C. 增加与原产品相类似的产品

D. 增加与原产品毫不相关的产品

E. 减少产品线数量，实现专业化经营

4. 缩减产品组合的优势有（　　）。

A. 集中资源和技术力量改进保留产品的品质，提高产品商标的知名度

B. 生产经营专业化，提高生产效率，降低生产成本

C. 减少资金占用，加速资金周转

D. 充分利用企业信誉和商标知名度，完善产品系列，扩大经营规模

E. 有利于企业向市场的纵深发展，寻求合适的目标市场

5. 产品生命周期一般有4个不同的阶段（　　）。

A. 成长期　　B. 投入期（导入期）　　C. 弱小期　　D. 成熟期

E. 衰退期

6. 物流产品定价的影响因素有（　　）。

A. 企业目标　　B. 成本　　C. 顾客　　D. 竞争对手

E. 其他因素

7. 物流产品定价的基本方法有（　　）。

A. 成本导向定价法　　B. 劳动力导向定价法

C. 需求导向定价法　　D. 供应商导向定价法

E. 竞争导向定价法

8. 竞争导向定价法包括（　　）。

A. 在维持原产品品质和价格的前提下，增加同一产品的规格、型号或款式

B. 增加不同品质和不同价格的同一种产品

C. 随行就市定价法

D. 产品差别定价法

E. 减少产品线数量，实现专业化经营

9. 成本导向定价法具体的定价方式有（　　）。

A. 成本加成定价法　　B. 固定成本定价法

C. 可变成本定价法　　D. 目标利润定价法

E. 变动成本定价法

10. 需求差异定价法的主要形式有（　　）。

A. 因地点而异　　B. 因时间而异　　C. 因商品而异　　D. 因顾客而异

E. 因类型而异

11. 直接分销渠道的优点有（　　）。

A. 有利于产、需双方沟通信息，可以按需生产，更好地满足目标顾客的需要

B. 可以避免在转移过程中降低服务水平

C. 可以使供需双方在营销上相对稳定

D. 可以在销售过程中间接进行促销

E. 可以在销售过程中直接进行促销

12. 分销渠道设计一般包括（　　）。

A. 分析服务产出水平　　B. 预测渠道架构

C. 确定渠道目标　　D. 评估主要渠道方案

E. 确定渠道结构方案

13. 影响渠道结构的因素很多，基本因素有（　　）。

A. 市场因素　　B. 行为因素　　C. 企业因素　　D. 预测因素

E. 产品因素

14. 影响渠道选择的主要因素有（　　）。

A. 顾客特性　　B. 产品特性　　C. 中间商特性　　D. 竞争特性

E. 企业特性

15. 常见的渠道冲突解决办法有（　　）。

A. 目标管理　　B. 沟通　　C. 协商谈判　　D. 诉讼

E. 退出

16. 物流企业的营业推广方式一般有（　　）。

A. 向消费者推广　　B. 向中间商推广　　C. 向推销员推广　　D. 向制造商推广

E. 向市场推广

17. 营业推广的目标一般包括（　　）。

A. 扩大市场份额　　B. 增加供应商　　C. 提高利润额　　D. 增加客户数

E. 提升认知度

18. 企业在制定推广方案时，不仅要确定营业推广的目标，还要选择适当的推广形式，具体内容包括（　　）。

A. 奖励规模　　B. 奖励范围　　C. 发奖途径　　D. 奖励期限

E. 营业推广的总预算

19. 人员推销的基本形式包括（　　）。

A. 建立自己的销售队伍　　B. 进行业务外包

C. 使用专业合同推销员　　D. 雇用兼职的销售推销员

E. 进行电话营销

20. 物流企业人员推销的任务有（　　）。

A. 寻找客户　　B. 传递信息　　C. 推销物流服务产品　　D. 收集信息

E. 提供服务

三、简答题

1. 概述产品生命周期的4个阶段。

2. 简述新产品开发的主要步骤。

3. 概述物流产品定价的影响因素。

4. 需求差异定价法的基本形式有哪些？

5. 渠道服务产出水平是指渠道策略对顾客购买商品和服务问题的解决程度，然而影响渠道服务产出水平的因素有哪些？

6.企业特性在渠道选择中扮演着十分重要的角色，主要体现在哪几个方面？

四、案例分析

闻名遐迩的汽车推销员乔·吉拉德，以15年共推销13 000辆小汽车的惊人业绩，被《吉尼斯世界纪录大全》收录，并荣获“世界最伟大的推销员”称号。乔·吉拉德成功的秘诀何在？

1. 生意遍布于每一个细节

乔·吉拉德有一个习惯性细节：只要碰到人，左手马上就会到口袋里去拿名片。去餐厅吃饭，他给的小费每次都比别人多一点点，同时放上两张名片。因为小费比别人多，所以人家肯定要看看这个人是做什么的。他甚至不放过看体育比赛的机会来推销自己，在人们欢呼的时候，他把名片抛洒出去，就如同天女散花。

2. 面部表情的魅力

乔·吉拉德特别强调面部表情的重要性，他认为：要把自己推销出去，面部表情也很重要——它可以拒人千里，也可以使陌生人立即成为朋友。笑容可以增加人的面值，他说：“当你微笑时，整个世界都在微笑，要是一脸苦相的话，没有人愿意理睬你。”

3. 热爱自己的职业

乔·吉拉德认为，成功的起点是热爱自己的职业。他说：“我打赌，如果你从我手中买车，到死也忘不了我，因为你是我的。”许多人宁可排长队也要见到乔·吉拉德，买他的车。吉尼斯世界大全核查其销售纪录时说：最好别让我们发现你的车是卖给出租汽车公司，而确实是一辆一辆卖出去的。他们试着随便打电话给人，问他们是谁把车卖给他们，几乎所有人的答案都是“乔”。令人惊奇的是，他们脱口而出，就像乔・吉拉德是他们的好友。

4. 猎犬计划

乔・吉拉德有一句名言："我相信推销活动真正的开始在成交之后，而不是之前。"他制订并实施了"猎犬计划"：借顾客之力，寻找新的顾客。成交后，他会把一叠名片和猎犬计划说明书交给顾客，并告诉顾客，如果您介绍别人来买车，每卖一辆您会得到25美元的酬劳。这还不算，以后您每年都会收到乔的一封附有猎犬计划的信件，提醒您乔的承诺仍然有效。

5. 体验式销售

乔・吉拉德的诀窍还在于想方设法让顾客体验新车的感觉。他会让顾客坐进驾驶室触摸、操作一番，如果顾客住在附近，还会建议其将车开回家，让他在家人和邻居面前炫耀一番。这样，凡是试过车的，几乎没有不买的。即使当时不买，以后也会买。他认为，人都喜欢自己尝试、接触、操作，人都有好奇心，让顾客参与其中能更好地吸引他们的感官和兴趣。

问题：想要成为一个成功的推销人员，究竟应该具备哪些素质?

◯ 项目五 物流企业服务方案的制定

◎ 知识目标

1. 了解物流服务方案的基本内容
2. 区别不同企业的物流需求
3. 掌握简单的物流方案建议的制作
4. 掌握物流服务评价的方法

◎ 能力目标

1. 能够制作简单的物流服务方案
2. 能分析不同物流企业的需求
3. 能对物流服务的方案进行评价

◎ 素养目标

1. 通过本节的自主性学习，让学生感受和体会物流需求的内涵和物流服务方案在解决具体问题中的应用，增强学生的创新能力和应用所学知识的意识

2. 提高主动学习和主动为物流企业服务的意识，增强对物流需求的分析能力，用创新的思维思考如何为客户提供优质的服务

◎ 案例导入

做好加法、持续创新，普洛斯不惧拥抱变化

普洛斯是全球领先的专注于供应链、大数据及新能源领域新型基础设施的产业服务与投资管理公司，业务遍及巴西、中国、欧洲、印度、日本、美国及越南，其中，供应链基础设施是普洛斯长期深耕的一大领域。在中国，普洛斯投资、开发和管理的高端物流基础设施规模达到了 4 700 万平方米，同时企业进行多元化投资，打造了一个供应链生态网络，并展开了许多创新实践。

2021 年，面对充满不确定性的市场，普洛斯拥抱变化、持续创新、锐意突围，并继续引领行业发展。在新的国际形势下，许多行业发生了一些较明显的变化：疫情刺

激线上零售进一步增长，消费者线上购物习惯加深，新零售模式改变了鞋服、时尚、美妆等行业的零售渠道；以新材料、新能源、生物医药等为代表的高端制造行业迎来高速蓬勃发展；食品安全监管力度加大及生鲜电商爆发等因素催生了大量的冷链需求；在中国，跨境电商得到大力发展，中国制造及供应链体系多年来沉淀的优势尽显，品牌出海成为潮流。不管是线上零售、食品冷链、高端制造还是跨境电商的变化，都代表了对运营效率、库内运作效率提升的需求，都需要高端物流基础设施来做支撑。这些对行业来讲都是机会，尤其是对冷链仓储、集货仓、备货仓等，释放了大量的新需求。同时，这些变化中的行业背后的供应链都随之发生了变化，如鞋服、时尚、美妆等行业对其仓网布局、库内运作效率、园区选址的要求等各方面出现了变化，从而驱动整个供应链朝着更为“柔性、快捷”变革。如何更快速、更精准地匹配这些行业客户的新需求，无疑成为一大挑战。同时，整个行业处在数字化浪潮下，普洛斯结合新技术、新模式展开创新实践，率先落地了一些新的服务。例如，不仅提供单一的仓储租赁服务，而且结合内外部生态能力，打造了包括项目规划、供应链金融、自动化设备等在内的一站式仓储解决方案，为客户全方位赋能，实现“拎包入住”；创新自动化资产商业模式，推出仓储+RasS（Robotics as a Service，机器人即服务）一体化解决方案，为企业降低自动化资产的投入门槛。

任务一　物流服务方案概述

➢ 任务描述

乔明月同学是河南物流职业学院的一名大二学生，通过大一一年的认真刻苦学习，掌握了物流管理的相关专业知识。2023 年，专业课陈教授受京东人力资源张主管的邀请，带同学们去京东郑州亚洲一号智能物流园参观。乔明月观看了“地狼”替人搬货架，包裹传送带上自己“认路”等黑科技。在看到该物流园为 3 万家商家提供供应链管理服务，助力本地加快现代物流体系建设，助力郑州国际物流城市建设的场景后，乔明月非常震撼，决心学好物流服务与管理专业。

“不想当将军的士兵不是好士兵。”乔明月心想，假如自己将来通过努力当上京东物流的主管时，怎么样才能更好地为物流企业服务呢？首先就是要写好物流服务方案。那么，物流方案是什么呢？具体包括哪些内容呢？让我们进入这个任务的学习。

➢ 知识链接

一、物流方案

物流是包括运输、仓储、配送等功能环节的复杂系统，在具体物流活动的运作管理中，需要按照系统化的要求和目标，遵循系统内各个功能要素相互联系、相互作用、相互影响的特点和规律来具体实施。

物流活动包含在企业的供应物流、生产物流、销售物流、逆向物流几个环节之中。物流管理就是本着系统化的思想和原则，整合物流实体资源和业务资源，使得物流活动更有效率，实现对物流活动有效的管理。为达成这一目标，需要认真研究物流需求和供给现状，发现物流管理过程中影响效率和效益的问题，对现实物流系统进行理论分析，运用理论方法对物流系统进行优化和规划，并对结果进行分析和调整，创造性地提出解决问题的方式方法，使之形成可操作的物流运作流程。

物流方案是为解决现实中物流系统和物流管理活动中存在的问题，实现物流管理系统化和合理化的一系列技术、方法、手段、措施等的集成，是一系列可操作的标准化业务流程。

在经济社会中，人们开展与经济有关的各种活动可以分为两类：一类是周而复始、持续不断的活动，我们称之为“运作”(operation)，如制造企业日常产品的生产活动；另一类是一次性的、临时的活动，我们称之为“项目”(project)，如企业的新产品开发、研制计算机软件、建筑工程、物流服务的招投标等。

物流方案是指从事物流活动的物流项目和物流运作的总称。

物流方案有两层意思：一是指某个具体物流活动的总概念形成，如受物流客户委托，从事某产品具体物流活动而做出的规划和实施计划，或针对物流市场中的目标市场做出的面向社会的物流运作模式；二是指解决物流活动问题的方法和具体运作的描述，如在某物流活动规划和实施计划指标下做出的业务流程和具体规划制度等。

在从事物流运作之前，要针对对象的物流状况进行全面的分析和研究，确定物流系统所要完成的目标，按照资源配置合理化和优化的要求对物流系统进行理论上的分析和规划，提出满足系统要求的物流运作模式，确定物流系统的功能环节，对理论研究的结果进行修正，使其成为操作性强的业务流程，并制定实施执行的标准，我们把这个过程叫作物流方案的策划和设计。在形成物流方案之后，还要对方案进行详细论证，考虑在推进实施过程中需要的条件和资源、可能会遇到的问题及受到现实条件的限制程度，在此基础上与客户进行充分的交流和沟通，取得客户的认可，达成共同的认识，制定物流方案实施的计划，并在实施过程中根据实际情况和环境的变化对方案的目标、功能和运作模式进行修订，这样才能达到方案设计预期的目的和效果。

二、物流方案的种类、内容及特点

（一）物流方案的种类

1. 企业物流方案

生产制造企业和商业企业是物流服务最终的需求者，是物流需求的主体。对于工业企业来说，物流一般不是它的核心竞争能力，但物流系统运作成本和效率的高低会极大地影响到企业产品战略和营销战略的实施。生产制造企业的物流方案就是针对企业的原材料采购、进货运输与厂内配送、制造资源在生产节点之间的流动、产成品的存储与分销等业务活动和所涉及的仓库、车辆等物流基础设施和设备资源进行整合，对供应物流、生产物流、销售物流及逆向物流进行系统规划和合理化改造，对一体化物流系统进行计划、执行和控制等管理活动有效的方法、措施和技术等的集成，是生产制造企业物流运作的操作流程，使之更有效地支撑制造企业的生产和销售活动，实现产品的市场价值。

生产制造企业的物流方案相对比较复杂，其目标往往不是单一的，包含的环节也较多，涉及的部门和主体众多，其活动都是产品供应链的一部分，其物流运作方案一方面侧重物流系统的协调和合理化，另一方面更加侧重操作层面不同环节之间的顺畅衔接，因此在标准化业务流程设计中更加精细化。

对于商业企业来说，其经营效果很大程度上取决于它的商业运作模式，而不同的商业运作模式又要求不同的物流系统和运作模式，因此物流系统运作的合理性和效率对实现商业企业的经营目标显得更为重要。商业企业物流方案就是符合商业企业商业运作模式的要求，针对商业企业的进货运输、仓储管理与库存控制、商业网点（店铺）与客户末端配送等活动，为合理满足客户需求，降低物流成本和提高物流效率，对物流活动进行计划、执行和控制等管理活动采取的方法、技术、措施手段等的集成，是满足商业物流配送体系合理化和优化的操作流程。商业企业物流方案更加侧重物流渠道与商业渠道的相适应，更多地涉及末端的配送活动，其配送的目标、范围、对象和方法手段等都和工业企业的配送有所差异。

拓展阅读

汽车制造业物流服务代表——上汽安吉物流

上汽安吉物流股份有限公司成立于2000年8月，是上汽集团所属专业从事物流业务的全资子公司，注册资金6亿元，为国内外主要主机厂和零部件厂家提供物流服务。2020年实现销售收入230亿元左右。上汽安吉物流配送网络覆盖全国562个城市，为国内外主要主机厂和零部件厂家及6 000多家4S经销店、6 000多家维修站提供智能化、一体化、网络化的汽车物流供应链服务，并为约5 000家4S经销店提供质押监管服务。2020年，上汽安吉物流运输商品车占有率超过30%。公司入选国务院国资委国企改革“双百行动”企业名单，获批国家多式联运示范工程，连续三年荣获中国杰出雇主认证、宝马金奖、上汽大众优秀服务表现奖金奖、上汽通用年度全球特别贡献奖、上汽乘用车年度最佳供应商、柳工集团合作共赢优秀供应商等奖项。作为智能物流技术应用的先行者、互联网+汽车物流模式的推动者、汽车供应链生态圈的规划和组织者，上汽安吉物流致力智能物流供应链的建设，打造高科技物流企业新标杆。企业秉承“以诚行道，以信载物”的企业文化，以诚实守信行道载物，以卓越服务为客户创造价值、成就未来，致力成为科技引领、数字驱动的全供应链服务商。

2. 项目物流方案

项目物流是一种基于解决工程及建设项目、大件运输及大型展会等的物流组织与运作过程，通过计划及合理的资源配置，达到特定目的的复杂的具有工程特性的综合性物流活动。项目物流最大的特点就是只做一次，一般不重复，因此其风险较高，时效性较强，需要在限定的时间内完成。随着对这一领域实践的不断深入，搬迁项目物流、应急物流和战时物流等也可以归结为项目物流。

项目物流运作的目标更为确定，操作对象较为复杂，包含的物流环节较多，操作的难度更大，很多情况下需要采取特殊的物流运作技术和操作方法，运输、仓储、包装等物流环节的内容与普通物流有很大的不同，甚至还包括项目的设备采购、拆卸安装、移动、调试等内容。项目物流各环节、各个部分之间互相影响、互相作用，具有较强的次序性，一个环节的失误会对后续所有环节造成影响，每一步对整体都具有决定性的意义。另外，项目物流的不确定性很强，不可预见的情况始终存在，风险性较大。项目物流作业非标准化，需要动用各种专用的特殊设备，对物流运作的技术有很高的要求。

项目物流方案是根据特定项目的具体目标，按照系统化的思想，采用系统工程的理论方法，充分考虑与产品物流的差异，有效整合各种社会资源，依据项目物流经营和运作的特殊性，创造性地进行项目物流所涉及的所有环节精细化运作的技术、方法、措施等的集成，使之成为满足项目要求的物流运作流程。

不同的项目物流在运作技术、方式和组织等方面各不相同，实践中少有重复性，因此其物流方案一般仅使用一次，可借鉴的经验较少且只具有参考意义，其方案具有较强的创造性。另外，项目物流各环节环环相扣，每一个细节都有可能导致整个方案的失效，项目物流的风险性较强，不确定因素较多，因此项目物流方案往往包括多种应急性方案，并包括对各种风险的评估和管理方法。项目物流的特殊性决定了其物流运作模式的特殊性，这种特殊性在作业的非标准化方面的表现，导致其使用的设备往往具有大型化和专用化的特点，而项目物流运作又是一次性的，因此要求项目物流方案形成过程中要充分整合社会物流资源，采取灵活的策略占有资源满足项目物流运作的要求。

3. 区域物流方案

每一个经济区域会由于自身发展历程和资源分布状况形成不同的产业聚集，其中包含大量的企业从事各种生产经营活动，为了满足区域内企业的生产与再生产、产品分销以及区域内人们的日常生活品的需求，需要组织生产所需资源及生活资料运入运出本区域。不同企业的物流活动会带有一定程度的共性，尤其在区域产业特色鲜明的地方，这种共性会更明显。区域物流系统对区域内非特定企业物流需求的满足程度，一方面取决于物流基础设施、设备等资源所形成的物流供给能力，另一方面还取决于运作这些物流资源的企业和组织对资源的运用水平。

区域物流方案就是为促进区域经济的发展，提高区域物流运作水平，满足区域内非特定企业共性化的物流需求，按照区域产业结构特点和物流需求规律，选择合理的物流模式，构筑物流通道，为非特定企业提供定制化的运输、仓储、配送等物流服务的技术、方法、手段和措施的集成，并形成标准化的可操作的业务流程。

区域物流方案的核心是根据需求规律确定物流模式以及物流服务内容，其目的主要是为区域内以及与区域外进行资源和物品交流，一般需要利用社会物流资源和自身物流资源构筑物流服务网络和物流通道，经营物流线路上的货物运输服务，通过区域物流中心进行运输方式和货运批量的转换，为客户提供运输、仓储与配送一体化的物流服务。一般来说，这种服务总体上是为非特定客户服务的，在末端上形成小范围的共同配送体系。但在特定情况下，也有物流企业在多式联运的基础上，为特定的生产经营规模较大的集团客户企业提供门到门的运输服务和针对企业业务需求的精细化仓储与配送服务。

4. 物流园区规划与运营方案

物流园区是为满足区域物流需求、促进区域经济发展而建的大型综合性的物流节点设施，是物流网络中相对集中的物流功能集结区，同时又是其所服务的区域内产业整合、资源整合以及原材料采购和供应配送的经济功能协调区。物流园区对于整合产业及物流资源，促进区域产业发展，完善物流网络，优化产业结构和提升物流服务功能具有举足轻重的作用。

在物流网络的结构体系中，物流园区是一个节点设施，但它不同于一般的物流中心和配送中心，也不同于为集疏运服务的货场货站，而是集产业服务功能和物流服务功能于一体的大型综合物流节点设施，其功能结构、设施组成、资源配置及运营管理等更为复杂。认真研究区域及物流网络对物流园区这种综合物流节点设施的功能需求，经科学规划及论证而建设的物流园区对促进区域经济及产业的发展和完善物流网络结构会起到积极的作用，反之则会造成资源的严重浪费。

物流园区规划与运营方案就是在详细分析区域经济特点和发展水平的基础上，研究区域物流网络的结构特点及物流需求与供给的状况，选择合理的物流园区建设地点，科学地确定物流园区的产业功能与物流功能，设计相应的业务操作流程，构筑满足物流园区及物流网络需求的信息平台，合理地进行物流园区空间布局和内外交通衔接，完善为园区顺利运营配套的辅助功能，并对物流园区规划建设与运营的可行性进行分析评价，形成的物流园区具体的规划建设与管理运营方案。

5. 单环节物流方案

企业在产品分销和物流运作过程中，总会由于外部环境因素的影响和企业发展过程中的各种内部因素的变化需要对物流服务与运作体系进行适当的调整和改变，这种情况会经常性地发生。在一个特定的时期或特定的情况下，这些方面的问题往往会集中体现在物流系统中的某些局部功能环节上。比如，企业新客户群体的开发导致配送服务范围的扩大，企业产量及销售量的增加导致对运输模式需求的改变，企业仓库的增加导致库存与配送模式需求的改变，甚至企业投产新车间、新工厂导致物流网络的变化需求等，都需要对现有物流服务模式和物流服务体系进行适度的调整。这些变化虽然不需要从根本上对企业物流服务模式和结构进行改变，但也不能通过简单的对现有物流模式进行调整和修补来实现，需要对集中体现问题的物流环节和功能进行局部的方案设计。

单环节物流方案是在特定的时期或特定的情况下，为解决企业由于内部因素和外部环境的变化而在某物流功能环节集中表现出来的问题而提出的新的物流模式，并进行相应的业务流程的设计，来满足企业的物流服务需求。

单环节物流方案是一种局部的物流运作模式和方法，其所涉及的内容相对简单，解决的问题非常明确具体，从本质上来说，是对现有物流运作体系局部的调整和改变，但也不是简单调整和补充。单环节物流方案的核心是集中体现问题的物流功能环节的模式选择和业务设计，但必须认识到，物流是一个大系统，这样的功能环节也存在于这个物流大系统中，在设计的过程中，一方面要满足企业内外因素变化所带来的物流服务需求，另一方面也要满足整体物流服务体系和结构的需求，并实现与现有其他物流服务功能环节的顺畅衔接。

（二）物流方案的内容

一个具体的物流方案应该达到这样的要求：对客户服务质量做出明确的承诺；对项目操作的技术经济可行性进行详细的分析论证；设定各业务环节的质量标准，形成标准化的业务流程，成为对具体业务环节操作的指导书。物流方案是从整体上解决企业或区域物流系统结构和服务体系中的问题的方法、手段、措施等的集成。每一个物流方案在设计时所针对的对象不同，物流服务需求也千差万别。物流方案具有很强的个性化，是为了满足客户的个性化要求或特定的物流服务需要而形成的，这样的物流方案必然会有鲜明的自身特点。但一般来说，物流方案都是为提升物流运作水平，实现物流系统的高效率、低成本的合理化物流服务而制定的，因此尽管物流服务需求各不相同，不同情况下表现的物流方案种类也不同，但其所包含的内容也有一定的共性，也就是共同的基本内容。一般来说，物流方案的基本内容包括物流方案的宗旨与目标，物流服务现状分析，物流运作模式与业务流程，物流信息服务模式，物流经营组织模式，方案实施措施及建议。

1. 物流方案的宗旨与目标

从本质上来说，物流方案设计的宗旨是提高物流服务的效果。所谓效果，是指在特定的条件下设定的合理的物流服务水平和效率。物流方案的目标，就是针对要解决的问题，明确说明解决问题到什么程度。物流方案中应该把解决问题的整体目标和具体目标阐述清楚。对于服务于特定客户的物流方案，还需要指明物流服务范围。如果方案设计主体是第三方物流供应商，不但要指明物流服务范围，做出物流服务承诺以及达到承诺采取的措施，还必须给出明确的服务报价以及报价的原则，使得客户对物流方案全貌有一个大致的了解。

2. 物流服务现状分析

这一部分是对现有物流系统及其运作状况的描述和问题分析，同时也是对物流服务需求与供给状况的描述与分析。物流服务现状分析是物流方案设计的基础，是后续进行物流模式选择与论证的依据。

总体来说，物流方案在设计之初需要对目前的服务状况做详细的描述和分析，依据物流服务体系所要达到的目标，主要分析目前物流运作体系中存在的问题，这一过程也可以叫作企业物流诊断。要详细描述物流服务需求与供给的状况，分析与物流服务系统目标的一致性，从物流服务现状所表现的问题入手，剖析物流系统和服务体系中不协调、不合理、不符合方案目标的问题及本质原因，提出解决问题的总体思路和总体方式。这是在对目标对象做详尽调研的基础上做出的，可以看作是为完成物流方案设计所做的有针对性、有明确目标的物流调研的报告。

3. 物流运作模式与业务流程

在物流方案中，最核心的部分就是物流作业系统。物流作业系统就是运输、仓储、配送等各功能环节的有效组织。

在这一部分中，首先需要对作业系统包含的各功能环节做总体描述，并阐明各功能环节之间的关系和影响；其次要对物流空间网络结构做出详细的描述，并说明选择这种空间网络结构的依据；再次对分环节物流运作模式进行说明，如运输方案包括干线运输方式（铁路、水路等单一方式或组合运输模式）及具体操作方法，仓库管理模式，配送作业模式以及物流系统其他辅助功能如流通加工、包装等环节的具体作业方式，并对物流运作系统各功能环节的作业模式形成具体化的可操作的作业流程，以流程图的形式表现出来。除了核心业务环节如运输、仓储、配送等传统的物流环节及功能之外，在公共性较强的物流系统规划设计中，这部分内容还应包括商务管理、物流金融及汽车集散分拨等新型物流服务功能以及与核心业务相关的辅助功能等。

总体来说，这一部分内容是对物流业务系统及各功能环节的操作方法、控制手段、管理方式和论证过程等的详细描述，要求明确、细致和具体，具有可操作性。在决策过程中可以列举多种优化方法，给予具体计算说明，由于优化的目标不同，可提出多种方式供客户进行选择。在制定方案的同时，还需要对所设计的物流总体模式及各部分功能环节所涉及的各成本项目做详尽的测算，让客户能清楚地看到效率与服务水平，尤其是要与现有物流运作模式作对比分析，让客户权衡服务成本与服务水平，做出符合客户企业价值观念的决策。

4. 物流信息服务模式

从某种意义上来说，物流系统就是通过物流信息系统将各个功能环节连接起来形成有机整体。物流信息系统被看作是物流系统的神经中枢，对物流系统的各个功能环节起到指挥、协调和调度的功能，是各类物流活动高效、可靠开展的技术保障。企业可以在其现有信息系统基础上开发物流信息系统，也可以单独开发物流信息系统并预留与企业信息系统对接的接口，还可以在提供物流服务的第三方物流企业的物流信息服务平台基础上开发物流信息系统。

企业要根据自己的实际情况和客户的物流需求采取合适的物流信息服务模式。如果客户不要求高水平的仓库实时动态监控、运输和配送的不定期监控，就没有必要设计GPS、MIL等高水平的物流信息技术系统，这会造成巨大投资，从而增加物流服务成本。物流信息系统设计，根据物流服务模式，以实用、节约为原则。在物流方案中，这部分内容主要展示物流信息系统的流程图、功能模块以及系统所能产生的作用。说明简要，以应用为主，使客户对此物流信息系统感到满意即可。

5. 物流运营组织模式

物流方案最终需要由人（组织）去完成实施，因此在物流方案中还需要体现完成设计方案所需的管理体制和组织结构，以及人员配置、工作职责等内容。这部分内容的主体是组织体系结构，要依据企业自身的管理体制和组织结构，根据物流方案所设计的作业系统功能及物流业务、物流活动的功能划分，选择合理的物流运营组织体系结构，明晰物流管理各部门在工作中的职责及协调机制。

这部分内容要清晰地表明企业物流管理的组织体系结构，并详细说明组织体系结构设计的原则和方法。同时，要紧密结合物流业务系统的标准化业务流程，根据流程的需要设计必要的部门，详细制定各部门的工作职责，做到“事事有人做，人人有事做”。一般组织结构以扁平化管理为原则，以高效运转为目标，以标准化业务流程为指导。另外，还需要根据企业完成物流作业的规模及业务流程的特点，说明各部门需要的人员类型、人员素质，以及所需各类人员的数量及测算依据等。

6. 方案实施措施及建议

物流方案的产生，往往是由于物流管理运营中存在一定的问题，企业或其他主体为解决这些问题需要对现有的物流运营管理系统做根本性的改造，或拓展物流管理功能。这样的需求对物流方案的设计提出了相对具体的要求，要求有针对性地设计物流方案来解决这些问题，而物流系统规划和方案设计一般也是在这样的背景下进行的。但这种为解决特定问题而提出的物流方案设计要求，往往具有一定的局限性。一个好的物流方案，不但能满足客户提出的物流服务需求，还能根据现有物流系统的实际运作状况和物流系统基本运作规律，提出许多有益的建议，进一步降低物流服务成本，提高服务效率和物流管理运营系统的运作水平。

物流管理是一个计划、执行和控制的过程，方案设计的内容需要在现实中加以实施并根据运行情况进行适当的调整使之真正成为高效运营的物流管理系统，方案的顺利实施需要一定的条件和资源来保障。因此，在方案中应明确提出为保证方案顺利实施应具备哪些条件，分析判断实施过程中会遇到哪些问题，遇到问题采取何种方式去解决和调整，并对企业的管理方式、规章制度建立、物流管理部门与销售和生产等部门之间的协调等提出有益的建议。

（三）物流方案的特点

物流方案是针对企业物流和社会物流需求而做出的物流服务的承诺、方法、措施以及建议。它既是计划书，又是可行性报告，更是作业指导书。物流方案的特点包括目的性、系统性、客观性、专业性、适用性、科学性、操作性。

1. 目的性

物流方案是根据企业或社会的具体的物流服务需求而做出的，或是为解决物流管理中特定的问题而产生的，具有很强的目的性，方案设计的要求也非常明确。

2. 系统性

物流方案贯穿系统工程的思想，把方案看作是一个完整的系统，依照系统论的“整体—分解—综合”的原理，把方案分解为许多组成部分，确定各部分达到的目标和要求。方案各部分功能环节的优化要符合整体优化的要求，注重各环节之间的协调配合和衔接，使得方案各部分所采用的方法、措施及技术等既满足物流系统的整体要求，又能实现环节之间的顺畅衔接。

3. 客观性

物流方案要实现特定的物流服务需求，其所选择的解决问题的方法措施应符合对象所处的客观环境的要求，与物流系统的现实状态相吻合。因此，物流方案在设计之初要根据物流服务要求和客观实际条件设定合适的总体目标和具体目标，对现实状况进行认真的调查研究，一切从实际出发，客观地对所提出的服务模式及技术方法进行谨慎的论证，才能更好地满足对象的服务需求，达到要完成的方案目标。

4. 专业性

物流方案涉及的专业领域十分宽广，一般项目的推进是基于个人负责的团队作业过程，项目负责人不可能成为每一个专业领域的专家，团队是由方案所涉及的各个领域的专家组成，所以项目负责人以综合协调者身份，向被授权完成某部分工作的专家讲明应承担工作的意义，确定工作目标、时间和工作标准以及限定条件，并给予信息交流，检查督促和工作支持。物流方案的专业性特点既体现在所选择的技术方法、措施等的专业化与规范化，方案内容表现形式（图表、数据处理及流程等）的专业化与规范化，还体现在项目推进过程的专业化与规范化。

5. 适用性

物流方案的策划与设计一般需要选择先进的方法、工具和手段，如采用图表编制方案各部分的逻辑关系，采用目标管理、全面质量管理、技术经济分析等理论和方法保障方案总目标的达成，采用电子计算机等进行方案的信息处理等。但更应注意到，技术方法的选择应满足实际的服务需求，不能盲目追求先进，物流方案归根结底要解决实际问题，并考虑到物流运营的效率和服务成本之间的平衡。因此，优化方法及工程技术选择都要以适用为原则。

6. 科学性

管理是科学，强调的就是要运用科学的方法和手段进行决策和组织。物流方案是系统化进行物流管理活动的方式方法，必须体现管理活动的科学性。具体来说，在对物流服务需求进行分析和调查研究的基础上，运用统计学、运筹学等科学的理论方法进行整体和局部问题的分析与决策，需要对物流方案的运作模式进行科学合理严谨的论证，保证物流方案的正确性，这也是体现物流方案“技术含量”的重要方面。

7. 操作性

一个好的物流方案必须在实践中得以实施才具有现实意义。理论上进行优化与设计的结果往往与现实有一定的差距，而且完全按照理论上论证的结果在实施中往往存在着很多的不便之处。因此，为了使得决策与优化结果在现实中能够得以顺利实施，首先需要本着理论与实践相结合的原则，根据实际业务开展的简单化、便利化的要求，对理论上的决策与优化结果进行调整，使之在现实中能够方便操作，容易掌握，最终根据调整的结果设计规范的可操作性强的标准化业务流程。

知识窗

京东郑州亚洲一号智能物流园启用，河南16地物流大提速

机器人“背着”货架跑，传送带上包裹自己“认路”——2020年10月28日，京东物流郑州亚洲一号智能物流园区（以下简称“郑州亚一”）正式启用。

作为京东物流在中原地区最大的物流枢纽中心，郑州亚一投运后，河南将有更多消费者能够体验到“上午下单，下午收货”的极速购物体验。

许多用过京东购物的消费者都会发现，下单后在订单详情里会迅速出现出库信息、打包信息、拣货信息……这几行简单的文字背后，其实是如科幻电影般的“黑科技”在为消费者寄递包裹。

在京东物流郑州亚一地狼仓里，108台红色的搬运型AGV机器人载着货架，快速行驶，往来穿梭，它们收到订单信息后，“搬着”有相应商品的货架到拣选工作人员面前，让他按照订单需求将货架上的货物取出。

这些奔跑的“地狼”机器人，可承重500千克，能依靠遍布地上的二维码规划、执行路径，依靠自带的传感器自动避障，保证“地狼”在搬运货架时互不干扰，运行平稳，提高了分拣效率和准确度。

郑州亚一地狼仓主要用于存储美妆、3C电子设备等商品，存储能力达150万件。以往，仓储工作人员需到货架内人工找货，有了“地狼”的帮助，“人找货”变成了“货找人”，不仅看起来炫酷，最重要的是大大降低了仓库拣选人员的劳动强度，拣货

出库效率是传统仓库的两倍以上。

通过“地狼”拣选出来的货品经过包装后，将会通过传送带，进入郑州亚一的分拣系统，这些宛如游乐场中过山车轨道的传送带，就是目前物流行业内最领先、自动化程度最高的分拣中心。

包裹在数百条分拣线上高速穿梭，如何找到自己应该去的地方？京东物流郑州亚一相关负责人介绍，整个智能分拣中心由高速自动矩阵、支线自动分拣机、传站自动分拣机等部分组成，这些设备能够实现包裹的自动分拣。而包裹“认路”，主要靠分拣过程中的智能扫描设备。

包裹每通过一个区段，闪光的扫描设备可以在包裹运行过程中识别面单，并给包裹规划路线。扫描设备可同时六面扫描，无论面单贴在包裹的哪一面都能被正确识读。

系统性的智能设备对包裹集中式、规模化处理，让郑州亚一智能分拣中心的分拣效率比传统人工作业方式提升5倍，日均可处理100万单。

郑州亚一是继东莞亚一、武汉亚一之后，京东物流全力打造的第三个建筑面积超过600亩的智能物流园区。从2017年京东集团与河南省签约到落地亚一，用了不到3年时间。

“郑州地处中国地理中心，是全国重要的交通枢纽城市，在全国的经济布局和物流业发展中具有极为重要的战略意义，也是京东物流新一轮物流大提速计划的重要组成部分。”京东物流河南省区分公司负责人李海峰说。

郑州亚一目前可存储中小件近2 000万件，大件30万件，包含手机、笔记本电脑、休闲食品、美妆个护等100多个品类，拥有百万级的SKU。未来还将计划投入立体库、生鲜仓等设备。

郑州亚一投运后，将与京东物流在驻马店、洛阳、鹤壁、南阳等地设立的多个中心仓和卫星仓，构成一体多面的大件物流网络，不仅服务河南的核心城市，也将为低线市场和快递进村等提供保障。

对河南城市群消费者来说，半日达消费场景将增加；同时，河南更多的乡镇市场也可以实现24小时达的时效。

2020年“双十一”期间，河南省内全境可实现今天下单，次日送到。郑州、开封、焦作等16个核心城市可享受“上午11点前下单，当天收货；晚上11点前下单，次日15点前收货”的极速网购体验。

郑州亚一启动仪式现场，京东物流还与奇瑞、亚都集团签订合作协议，京东物流将为两家企业提供智能仓储、融合B端和C端、线上线下的全渠道供应链服务，携手打造更智能、更高效的供应链体系。

这是京东物流科技开发的一个缩影，郑州亚一规划设计了南区和北区两个园区。两个园区均拥有业内最领先的智能管理系统，全自动化的订单分拣设备，百万级超大规模的集中化处理能力。这些京东物流科技十余年打造的系统，将全部向社会化商家开放。

目前，郑州亚一北区已存储着上千万件社会化商家的货物，正为3万余商家提供智能供应链服务。

值得注意的是，在其他省份亚洲一号旁边，几乎都形成了一个“亚一生态圈”。京东物流以北京、上海、广州、成都、武汉、沈阳、西安和杭州为中心形成的八大物流枢纽，促进了长三角、珠三角、京津冀等全国八大经济圈的供应链升级，“商品生产基地+物流集散枢纽”为10余个城市创造了新的经济业态。

郑州亚一投运后，京东物流也将助力本地加快建设现代流通体系，推动河南省物流行业转型发展，畅通经济循环系统，助力郑州国际物流中心城市建设。

➢ 任务实施

行动目标：

在充分了解市场宏观与微观环境的情况下，企业面临着如何为目标市场提供优质服务的问题。不同的细分市场有着不一样的物流服务需求。企业需要根据自己的市场定位来制定一个物流服务方案，以不断地满足市场的具体需求，从而保持企业良好的市场竞争力。

行动方案：

（1）角色安排：分组讨论。

（2）任务主题：京东电子商务物流企业方案分析。

（3）任务资源：课件一个、张贴板一块、水笔若干支、板钉、书写卡片（不同形状若干）、电脑（连接互联网）多台、打印机一台、载有物流市场及企业信息的文献资料、载有京东物流公司运营资源状况的文献资料。

（4）实施过程：

①将相关理论知识阅读一遍。

②组长播放PPT，介绍京东的物流配送体系、自营物流的特点、电商与物流的紧密结合以及启示。

③分组讨论：京东电商物流服务有哪些优点？有没有改进的地方？

④以小组为单位，编写京东物流对某一个企业或产品的服务方案，并以PPT的形式在课堂展示。

任务二　物流需求分析

➢ 任务描述

乔明月同学通过物流企业的参观和物流服务方案知识的学习，认识到要想写一份优秀的物流服务方案，首先得对物流的需求进行调研并分析总结，这样才能做到胸有成竹。物流企业要想在激烈的市场竞争中取得优势地位，必须做好物流需求分析工作。那么，物流需求是什么呢？具体包括哪些内容呢？让我们进入这个任务的学习。

➢ 知识链接

一、物流需求及其特征

（一）物流需求的概念

物流需求是指一定时期内社会经济活动对原材料、半成品和产成品在空间、时间、效率和效益方面提出的可支付能力范围内的需要，内容涉及运输、库存、包装、装卸搬运、流通加工、配送以及相关信息等活动的诸多方面。

物流需求可分为有形需求和无形需求。

有形需求：对物流服务内容的需求。

无形需求：对物流服务质量的需求（如时间、效率、成本等）。

（二）物流需求特征

1. 广泛性

物流需求产生于人类生活和社会生产的各个角落，任何社会活动都不可能脱离它而独立存在。

2. 多样性

多样性主要是指由于物流对象（原材料、零部件、产成品）在重量、容积、形状、性质、包装上各有不同，对运输条件和物流技术有不同的要求。

3. 派生性

物流需求者提出的，对物流对象在空间位移和时间变化上的要求，其目的不是位移和时间本身，而是为了实现生产、生活中的其他需求。

4. 不平衡性

不平衡性主要是指物流活动在时间或空间上的不平衡性。

5. 部分可替代性

不同的物流需求之间一般是不能互相替代的。例如，水泥物流需求不能替代水果物流需求，因为这明显是两种不同的物流需求。但是在另一些情况下，人们却可以对某些不同的物流活动做出替代性的安排。例如，煤炭的运输可以被长距离高压输电线路替代；在工业生产方面，当原料产地和产品市场分离时，人们可以通过生产位置的确定在运送原料还是运送产成品或半成品之间做出选择。

6. 差异性

由于不同企业的性质、规模、产品特征和结构、销售市场等不同，所以其对物流的需求有各自个性化的特点，物流服务上应该为企业提供个性化的解决方案。

二、物流需求分析

物流需求分析是指将物流需求与生产需求的社会经济活动进行相关分析的过程。由于物流活动日益渗透到生产、流通、消费等整个社会经济活动过程之中，与社会经济的发展存在着密切的联系，是社会经济活动的重要组成部分，故物流需求与社会经济发展有密切的相关性，社会经济发展是影响物流需求的主要因素。

物流需求分析是借助于定性和定量的分析手段，了解社会经济活动对于物流能力供给的需求强度，进行有效的需求管理，引导社会投资有目的地进入物流服务领域，将有利于合理规划、建设物流基础设施，改进物流的供给系统。

物流需求分析的目的在于为社会活动物流能力供给提供物流需求依据，以保证物流服务的供给与需求之间的相对平衡，使社会物流活动保持较高的效率与效益。在一定时期内，当物流能力供给不能满足这种需求时，将对需求产生抑制作用；当物流能力供给超过这种需求时，不可避免地造成供给的浪费。因此，物流需求是物流能力供给的基础，物流需求分析的社会经济意义亦在于此。

延伸阅读

中国农产品物流需求分析

中国是农产品生产大国，更是农产品消费大国。尽管中国人口仅占世界总人口的18.7%，但猪肉消费量占据世界猪肉消费量的一半，蔬菜消费量占世界的49.7%，鱼类及海鲜消费量占世界的34.4%。

目前，中国农产品物流市场虽已达几万亿规模，但与发达国家相比仍远远落后。目前中国农产品流通只有15%的蔬果、30%的鲜肉有专业的物流运输，其他绝大部分还处于土法、原始的物流状态。随着生活水平的提高，人们对于农产品的质量要求也越来越高。

从近几年国内农产品物流行业的发展来看，整个行业处于成熟阶段，行业的需求相对较稳定，市场竞争较激烈。由于农产品物流行业受地域的限制较大，行业中没有具有绝对优势的龙头企业，且大多数企业不仅仅从事物流业务，还附带农产品加工、仓储等配套业务。预计未来，农产品物流行业的销售收入将保持较稳定的增长态势。

在发达国家，果蔬损失率一般控制在5%以下，美国由于农产品全产业链以冷链物流为支撑，果蔬从田间到餐桌过程中的损耗率仅有1%~2%。可见，易腐农产品冷链应用率的差距，决定了农产品最终效益的差异。保障农产品安全、提升农产品品质是我国冷链物流的主要方式，且在农产品物流中占据很高的位置。随着人们生活水平的提高以及农产品电商的快速发展，我国对于生鲜农产品的需求也逐渐提高，加上国家对农产品冷链物流的政策支持，我国农产品冷链物流将成为农产品物流发展的主力。

（一）物流服务的发展趋势分析

1. 物流对货主企业竞争力影响增加

随着消费者对快速配送和个性化服务的需求增加，物流服务成为企业差异化竞争的关键因素：一是物流服务的效率和效果直接影响货主企业的市场响应速度和客户满意度。二是高效的物流管理可以降低库存成本，提高资金周转率，从而增强企业的市场竞争力。

2. 运输功能转变

运输不再仅仅是货物的物理移动，而是成为整个供应链中增值服务的关键环节：一是新技术的引入，如自动驾驶、物联网跟踪等，提高了运输过程的透明度和效率。二是规模经济和运输网络优化使得运输成本在整体物流费用中占比下降，同时提升了运输服务的附加值。

3. 自建物流内部水平低

许多企业选择将物流外包给第三方物流服务公司，以减少自身的固定资产投资和运营成本。第三方物流服务提供商能够提供专业的物流解决方案，帮助企业实现物流活动的专业化和最优化。

4. 物流服务产业化

（1）物流服务正逐渐从辅助性活动转变为独立的产业，提供标准化和自动化的服务。

（2）物流设备和信息的标准化有助于提高整个行业的运营效率和服务质量。

（3）物流服务企业通过资源共享和网络化运营，实现规模效应，降低成本，提高服务能力。

（4）完善的质量管理体系确保物流服务的可靠性和一致性，增强客户信任。

（二）物流需求分析

1. 物流需求分析的主要内容

（1）物流需求现状分析。一是清晰了解企业物流环境状况，包括企业生产经营发展，企业的市场与行业竞争环境，企业的人、财、物、信息以及管理状况，企业的政策环境影响等。二是清楚描述企业现在的物流运作状况，包括企业物流运作的历史绩效，可用的数据、战略、运作和策略性的政策和实践。三是全面准确描述企业物流技术的应用能力状况，包括运输、存储、加工、包装和信息处理等物流技术的能力状况。

（2）物流需求趋势分析。确认企业物流需求发展的可能性和改进机会，分析企业物流需求的变化方向，清晰描述企业物流需求发展的改进方案。

（3）物流成本效益分析。将物流需求评估、物流改进设计、方案实施、方案中人员和其他资源的投入与该物流系统运作的产出相比较，衡量直接的物流价值和间接的物流价值。在总量分析基础上，还应包括结构上的变化分析，物流成本的构成及其变化分析，物流效益的构成及其变化分析。

2. 注意事项

在当前物流业发展条件下，重视物流需求分析的关键工作：

（1）物流企业应自觉加强市场调查研究工作，重视市场需求预测。

（2）重视发挥物流咨询研究机构的作用，注重科学预测技术并结合专家分析。

（3）提高信息管理和利用能力，加强物流信息管理，完善物流信息系统建设，重视物流需求信息的综合分析、评估。

（4）重视对中外成功物流企业经验的学习和借鉴，减少物流需求分析中的盲目和武断行为。

（5）加强对国际国内经济形势的分析，明确物流企业服务对象需求在质和量方面的特点，提高物流需求分析的准确度，找准物流企业的市场切入点。

延伸阅读

大和运输公司的市场创新和物流革新

大和运输公司（Yamato Transport Co.，LTD.）是日本最大的从事商品运输、配送的专业公司，创建于1919年11月29日，公司总部位于日本东京银座。

1.“宅急便”市场的确立和大和运输公司的转型

大和运输公司早期是从事陆地运输的专业运输公司。1973年日本陷入第一次石油危机，企业委托的货物非常少，这对完全依赖承运大宗货物的大和运输来说无疑是一大打击。对此，大和运输提出了“小宗化”的经营方向，1976年开通了“宅急便”业务，即户到户特快递送服务。经过20年的发展，1995年大和运输公司成为占有日本快递业最大市场份额的企业。

自大和运输公司开辟了“宅急便”这一市场后，“宅急便”或“宅配便”得到了快速发展，迅速在日本成为庞大的专业物流服务市场。“宅急便”是在对应新型社会和经济环境下的一种新型的专业物流服务，它与原来的陆地运输最大的不同在于它构造了新物流服务的核心要素和本质内容。这种要素主要体现在面向家庭的营销单位个别配送、混合装载和大范围的运输网络。面向家庭的营销单位个别配送意味着这种专业物流服务不是固定线路的货车运输，而是具有针对性、营销意味的配送服务，可以说这是专业运输公司对时代变化和顾客需求做出的一种积极反应。混合装载和大范围的运输网络是专业物流公司强化和推动物流管理的必然结果，所以“宅急便”市场的形成也表明专业物流企业管理层面的提高。正是这些因素决定了大和运输公司不再是一个运输企业，而是一个真正意义上的专业物流服务提供商或物流管理中的第三方。

2.“宅急便”市场的竞争和高度化发展

大和运输公司开发“宅急便”市场后，立即引起了“宅急便”市场的竞争，当时日本运通、西浓运输等大型运输公司都相继推出“宅急便”服务，而西浓运输由于在运营能力、经营规模和运输网络上都要强于大和运输公司，所以对大和运输公司的发展形成了强有力的挑战。

面对这些挑战，大和运输公司在经过对企业内外环境的分析后，决定全面转入“宅急便”的配送服务市场，转型为专业的“宅急便”服务公司。大和运输公司对威胁和机会进行分析后，认为要在“宅急便”市场立足，并真正成为日本最大的专业“宅急便”公司，就必须在服务的内容上下功夫，塑造自身的核心竞争力，以创造出更新、更大的市场需求和发展空间。具体讲，就是要在原来单纯强调小批量配送方式的基础上，增加各种服务，以扩大“宅急便”利用的范围，拓展新的需求，这种新的服务内容包括运输方式、装卸方式、信息技术等技术革新的各个方面。

基于上述考虑，大和运输公司在开展“宅急便”业务的初期就着力新技术和服务的开发，他们称之为“市场的自我增值”。这种增值系统的运作原理是：开始顾客只是将“宅急便”看作是一种简单的配送服务，但是，对其便利性的服务特点得到认识之后，顾客的需求就会转化为主动的行为，并进一步享受“宅急便”服务的便利性，而且越来越多的人和企业开始成为“宅急便”市场的顾客群体。作为从事“宅急便”业务的企业，也进一步扩大服务领域和内容，从而又产生更好、更高的服务，反过来又强化了顾客关系的维系，如此反复，形成一种良性循环。例如，大和运输公司的滑雪板“宅急便”、高尔夫“宅急便”等都是因顾客的需求而产生的，特别是产地直送业务，即直接从产地采购商品配送到顾客指定的地方，这些都是大和运输公司差别化服务的表现，而且得到了顾客的认同和欢迎，成为大和运输公司在竞争中立于不败之地的原因和新利益的增长点，这是其他任何从事“宅急便”业务的公司所不能比拟的。

3. 拓展服务领域，完善服务系统

虽然大和运输公司开创了“宅急便”这种小单位物流配送服务及品牌，但是，由于其他企业的跟进，“宅急便”已经成为一种配送服务的统称。大和运输公司在激烈的竞争中仍然位居首位，与其独创性的配送服务是分不开的。通常理解的“宅急便”主要是针对从家庭到家庭的小件货物配送，但是大和运输公司有效地拓展了这一服务领域，使其服务范围包含企业之间、企业对家庭等小宗货物配送。现在，企业用户的小型货物配送已占绝大部分，从而使“宅急便”成为多样化、小批量时代企业和家庭用户都不可或缺的物流服务。

大和运输公司为了使委托企业能有效地从事经营活动，提高他们的经营管理业绩，服务的范围不局限于货物的运输和配送，还建立了支持多样化配送服务体系的物流信息系统（LIMP—COP），这是针对B to B、B to C而开展从订货、发货、查询到出库作业、商品保管、配送、运输等全过程的物流服务体系。大和各分公司和事业部之间通过构筑局域网，不同企业之间通过WEB-EDI等标准化的联网实现所有参与者之间的信息共享，从而最大限度地降低物流费用，提高经营业绩。除了对委托企业给予大量的信息支持服务，对有关数据进行分析和处理以外，大和运输公司还开发其他各种服务活动，以充分对应客户企业的需求，如营业员的经营支持、人力资源服务和计算机辅助设计（CAD）服务等。

4. 创造新的需求

大和运输公司作为第三方物流企业，其业绩和经营战略都是令人瞩目的。该公司之所以能将原来普通的小件货物运输培育成巨大的“宅急便”市场，并在这个市场中独占鳌头，其原因在于它没有将自己局限于一个从事单纯运输的企业，而是不断地赋予物流服务以新的含义和内容，从而大大激发了整个社会对新型物流服务的需求。从大和运输公司的经营来看，该公司所提供的数据分析与处理、营业支持、人力资源服务、CAD服务等形式的物流服务已经超越了通常所理解的商品保管、配送等的含义，而是如何通过自身的集中物流、集中信息的优势，为客户企业的经营服务，推动客户企业产销物之间的有效结合。从这个意义上讲，专业物流提供商在这个过程中起到了构建虚拟供应链的主导作用。

思考题：

1.“宅急便”与原来的陆地运输有哪些不同？

2. 大和运输公司认为如何才能在“宅急便”市场竞争中取胜？

3. 该公司的市场自我增值系统的原理是怎样的？

4. 大和运输公司进行了哪些物流服务革新？

5. 该案例带给我们什么启示？

➢ 任务实施

调查背景及目的：

随着经济的发展和社会的进步，快节奏、高品质的生活理念已成为一种潮流。网络购物、礼物收发、文件传送等各种快递服务已成为生活中不可缺少的一部分，并在日常的生产生活中占据了不可被忽视的位置。

通过对大学生快递使用情况的调查，可以了解到校园快递的需求情况，发现校园快递存在的问题并进行剖析，从而提高快递服务质量。

行动目标：

在充分了解物流需求的情况下，快递企业面临着如何为目标市场提供优质物流服务的问题。不同的细分市场有着不一样的物流服务需求。企业需根据自己的市场定位来制定物流服务方案，以不断地满足市场的具体需求，从而保持企业的市场竞争力。对于大学生群体的物流服务需求，也需要仔细地研究。

行动准备：

（1）角色安排：分组讨论。

（2）任务主题：大学生群体对快递需求的分析。

（3）调查方法：问卷调查法。

（4）调查对象：你所在高校的全体学生。

（5）数据收集的渠道：问卷星。

（6）调查项目：了解校园快递在哪些方面还需要改进，从而提高服务质量。

（7）分析方法：使用条形统计图和统计表共同分析数据。

调查过程和成效：

（2）学习掌握相关理论知识。

（2）对校园大学生的快递行为进行梳理、分析、讨论。

（3）以小组为单位写出高校校园快递发展的需求分析报告，并且以PPT形式在课堂汇报。

任务三 物流服务方案的设计与评价

➢ 任务描述

乔明月同学通过刻苦学习，掌握了物流需求分析和物流方案的相关知识，自信心也得到了加强，在此基础上，她想要独立进行物流服务方案设计。那么，物流服务方案设计是什么呢？物流服务方案设计的效果如何评价呢？让我们进入这个任务的学习。

➢ 知识链接

一、物流服务方案设计的概念

物流服务方案设计是指在认真分析物流服务需求的基础上，明确物流运作方案所要解决的问题，确定项目的研究范围，全面提出物流方案的总体目标和具体目标，对物流运作体系进行总体规划，提出物流服务的总体模式，构思物流服务体系的总体框架，并进行初步的技术经济论证。

（1）物流需求分析。对物流服务需求和供给进行初步调研和分析，明确解决的问题和范围。

（2）方案目标分析。研究物流运作存在的问题，提出物流方案的总体目标和具体目标。

（3）规划总体方案。提出物流服务模式和解决问题的总体思路。

（4）规划物流服务体系。根据物流方案目标和各物流功能环节的联系对物流服务体系进行功能划分。

（5）方案初步可行性分析。对物流方案进行初步的技术经济论证，并对多方案进行优选。

物流服务方案初步研究要解决如下问题：物流方案的必要性；方案实施后能否满足目标要求；方案需要动用多少物流资源，包括人力资源；方案需要投入多少资金；方案在经济上是否合理、在财务上是否有利；方案能给物流客户带来多大利益；方案能否提高物流效率。

初步研究要达到的目的是：分析物流方案是否能够实现物流客户提出的物流要求，从而决定是否应该继续进行深入调查研究；物流方案中有哪些关键性的技术问题可以得到解决，以完成对客户的基本承诺。

二、物流方案设计原则、内容、流程

（1）物流方案设计原则：目的性原则、系统性原则、精炼化原则、创新型原则。

（2）物流方案设计的主要内容：概念设计、总体物流模式设计、功能与流程设计、信息系统设计、组织结构设计。

（3）物流方案设计流程：准备阶段、调研策划阶段、论证阶段、实施调整阶段。

三、物流方案设计成果

（一）方案策划阶段成果

1. 调研报告

调研报告是物流供给需求调研的成果，是对调研内容和相关资料及数据进行综合整理分析所形成的书面文件。

2. 方案建议书

方案建议书是物流方案策划和初步研究的结果，也是物流企业对物流客户提供的物流服务的总体规划的说明。物流方案建议书要求主题明确，结构清楚，逻辑性强，有一定的说服力。

3. 物流方案协议书

物流方案协议书是方案设计主体与对象企业之间就方案研究所涉及的研究范围、任务、目标及主要方案设计思路与方法达成一致的描述文件。尽管物流方案协议书带有合同的性质，是为明确双方所承担的责任、权利和义务所拟定的书面文件，但其中所涉及的主体内容体现了方案设计的主要思路和框架，这方面的内容与方案建议书具有相同的性质。

（二）方案设计论证阶段成果

（1）物流方案报告是方案设计项目的标志性成果，其主体是物流方案所涉及的总体物流模式、物流服务体系、功能环节运作方案等的具体操作规范和流程，以及与之相应的信息系统架构、组织结构等的具体设计内容和运作说明。

（2）物流园区规划报告（可行性研究）也是物流方案报告的一种，报告的内容一般包括项目背景、区域产业结构特点分析、规划环境分析、物流供给需求分析、功能规划、物流园区平面布局、经济效益分析。

四、企业物流方案设计的步骤

（一）环境分析

1. 宏观环境分析

主要考虑政治因素、法律因素、经济因素、技术因素及社会文化因素。

2. 行业环境分析

主要考虑现有竞争者之间的竞争程度、潜在的竞争者、替代产品、购买者、供应商等。

3. 企业内部环境分析

企业内部环境分析包括：

①管理状况分析：管理制度；管理组织架构；管理人员构成。

②财务状况分析：财务管理制度；财务优势和劣势；财务指标变化趋势；利润结构；财务运行状况；成本控制状况；筹资方式；筹资能力。

③产品线及竞争能力分析：本企业产品和服务的优势与劣势；本企业产品的市场占有率；本企业产品的稳定程度；客户对本企业产品和服务的评价。

④市场营销能力分析：市场调研水平；营销人员素质；开拓新市场的能力；定价策略；促销策略。

（二）物流战略类型选择

1. 成本最低战略

旨在全力降低物流各项成本，通过优化采购、仓储管理及运输等环节实现，适用于价格敏感市场及产品差异化小的场景。

2. 服务最优战略

聚焦提供卓越物流服务，以满足客户在及时性、准确性等方面需求为目标，通过完善信息系统、培养员工及增加服务灵活性等落实，适用于高端产品及对服务质量要求高的客户群体。

3. 利润最高战略

以实现物流业务最大利润为导向，综合考虑成本与收益，进行成本分析、市场细分及优化定价策略，适用于有市场垄断地位或差异化优势的企业。

4. 竞争力最强战略

着眼提升整体竞争力，综合多因素，通过持续成本优化、服务创新、技术应用及供应链整合等举措，适用于竞争激烈的市场环境中的企业。

5. 资产占用最少战略

力求减少资产占用，提高周转率，采用轻资产模式、优化库存管理及租赁设备等方式，适用于资金紧张、规模较小或快速发展期的企业。

（三）SWOT分析

（1）S-O战略：发挥优势，利用机会。

（2）W-O战略：利用机会，克服弱点。

（3）S-T战略：利用优势，回避威胁。

（4）W-T战略：减小弱点，回避威胁。

五、物流方案评价

（一）物流方案评价指标

物流方案评价选用的指标要具有评价标准和控制标准的双重功能。在制定评价指标时，必须具备下面两个必要条件：

（1）可查性。任何指标都应该是相对稳定的，客观存在的，可以通过一定的途径、方法观察得到的。

（2）可比性。每一条指标都应该是可以比较的，可以在不同的方案间、不同的范围内、不同的时间点（或等长的时间间隔）上进行比较。

（二）物流方案预期服务质量评价指标

1. 服务水平指标

服务水平指标指满足用户装运次数或缺货次数与总服务次数的比率（%），用准时装运率表示。准时装运率是指装载的货物按要求的、指定的或协议的发运日期离开指定地点的百分率。

2. 满足程度指标

满足程度指标指满足要求数量与总服务数量的比率（%），用拣选准确率、存货准确率、品类完成率表示。

3. 交货水平指标

交货水平指标指按期交货次数与总交货次数的比率（%），用准时交货率表示。

◎ 应用训练

请同学们收集有关天地华宇物流服务方案的资料，进行总结并将总结内容填写到表5-1中。

表5-1 天地华宇物流服务分析

项目	内容
天地华宇简介	
企业文化	
主营业务	
SWOT分析	
现有物流服务方案竞争优势	
感想	

天地华宇1995年创建于广州，总部设在上海，2018年加入上汽物流板块，是国家第一批“AAAAA”级资质的物流企业。截至目前，天地华宇在全国拥有74个转运中心、2 500多家营业网点、近2 500台自有运营车辆、310多条运营线路、超过55万平方米的仓库。

天地华宇致力打造成为上汽旗下具有全国网络的综合物流服务商，业务范围覆盖公路快运服务、仓储、供应链服务、信息技术解决方案等。作为中国公路快运行业的领先企业，其运营网络是中国最大的公路快运网络之一。

公司服务产品包括“定日达”“经济快运”“易到家”和“专车达”等，并提供代收货款等多种增值服务。“定日达”是天地华宇面向企业客户推出的高端公路快运服务产品，以“准时、安全、优质服务”的特性，成为包括全球财富500强在内的众多企业级客户首选的公路快运产品之一。不仅如此，天地华宇在公路快运、仓储、供应链等IT系统的开发和管理能力方面模式成熟，可为企业客户提供全套IT解决方案。

公司成立至今获得多项行业认证和奖项，近年来积极参与各项慈善和扶贫活动，回馈社会、服务大众，承担企业社会责任，实现企业社会价值。

公司愿景——成为客户信赖、员工自豪的综合物流服务提供商。

公司使命——全心承递。

核心价值观——诚信尊重，客户至上，团结协作，变革成长。

◎ 学后测评

一、单选题

1. 以下不属于物流无形需求的是（　　）。

A. 时间　　B. 效率　　C. 成本　　D. 内容

2. 项目物流运作特点不包括（　　）。

A. 项目物流运作的目标更为确定　　B. 操作对象较为复杂

C. 包含的物流环节较多　　D. 操作的难度更小

3. 物流园区规划建设的核心问题不包括（　　）。

A. 确定物流园区的产业功能和物流功能　　B. 优化区域产业结构系统性

C. 提升物流服务水平　　D. 提升物流速度

4. 在物流系统的规划中，最核心的部分是（　　）。

A. 物流作业系统　　B. 运输　　C. 仓储　　D. 配送

5. 物流需求分析的主要内容不包括（　　）。

A. 物流需求现状分析　　B. 物流需求趋势分析

C. 物流成本效益分析　　D. 物流成果分析

二、多选题

1. 物流活动包含在企业的（　　）几个环节之中。

A. 供应物流　　B. 生产物流　　C. 销售物流　　D. 逆向物流

2. 物流方案的特点包括（　　）。

A. 目的性　　B. 系统性　　C. 客观性　　D. 专业性

3. 以下属于物流需求特征的是（　　）。

A. 广泛性　　B. 多样性　　C. 平衡性　　D. 差异性

4. 物流评价指标具有评价标准和控制标准的双重功能。在制定评价指标时，必须具备的条件包括（　　）。

A. 可查性　　B. 可比性　　C. 可操作性　　D. 可实验性

三、简答题

1. 概述物流方案的概念。

2. 概述物流方案种类、内容及特点。

3. 概述物流需求及其特征。

4. 概述物流需求分析的主要内容。

5. 概述物流服务方案设计的概念。

◎ 项目六 客户投诉处理

◎ 知识目标

1. 了解客户投诉的原因
2. 掌握处理客户投诉的原则
3. 掌握客户投诉处理技巧

◎ 能力目标

1. 能够分析客户投诉的原因
2. 掌握客户投诉处理的流程
3. 学会灵活处理各种不同客户的投诉

◎ 素养目标

1. 正确对待客户投诉；运用科学的方法技巧处理客户投诉
2. 树立和培养学生自信、真诚待人的良好职业价值观
3. 践行爱国、敬业、诚信、友善的社会主义核心价值观

◎ 案例导入

京东智能客服

随着业务的发展，客服咨询量不断增多，客服成本不断升高，企业期待在保障顾客咨询体验的情况下，节省客服中心成本。而京东智能客服机器人，运用语义理解、智能对话等技术，为顾客提供售前、售中、售后全链条的客户服务，解决了部分企业所面临的问题。

基于NeuHub提供的语义理解、句法分析等能力，京东智能客服可以通过问题预判、意图反问、分类识别、相似度匹配等方法探索出用户的准确意图，并根据问题类型，智能匹配出最佳的解决方案。在理解客户问题后，依托NeuHub运用自然语言处理、大数据计算、机器学习等前沿技术打造的智能对话解决方案，在智能客服中实现了京东人工客服的标准服务六步骤，为顾客提供4 000多个解决方案。除此之外，

与用户沟通时，智能客服还能对无法立刻解决的问题自动创建工单，自主跟进直至问题得到解决，让用户用得更省心，实现了京东智能客服咨询体验和综合效率的全面升级。

基于京东A. NeuHub平台，京东智能客服机器人实现了独立解决90%以上的顾客咨询，节省了上千万元成本。通过情绪识别，京东智能客服能准确辨认用户情感，并生成对应带情感的回复，除了解决问题，做到真正的知人心、解人意，对比普通的回答用户的满意率提升了57%。

2020年年初疫情席卷全球时，京东云与AI面向全国有需要的企业和机构免费开放“智能情感客服”服务。该服务应用人机协同模式，实时解决用户问题，减轻疫情困扰；并提供智能外呼能力，可主动探寻、排查疫情信息，进行智能化统计、分析与处理。京东云与AI与社会各界联手抗击疫情、共克时艰。

针对疫情需求，京东云与AI团队让智能情感客服学习了与疫情相关的专业知识，打造出“智能疫情助理”。经过不断测试优化，目前“智能疫情助理”已能够完成用户常规咨询的实时解答，并在后台采用人机协作模式，将机器人无法解决的问题自动转交人工客服处理。

据悉，这款智能疫情机器人目前已同时支援了山东、四川等地。在滨州，京东云与AI同滨州市政府合作，在当地互联网公共服务平台“滨州网”上线“疫情助手”服务，方便用户实时获取疫情的最新资讯。

对于身处抗疫最前线的医务工作者，京东云与AI也在全力驰援，抵抗疫情。目前，京东智能情感客服已与四川华西第二医院达成合作，打造针对疫情的智能分诊机器人，主要完成患者初筛分流和关键就诊信息收集的工作，可帮助当地民众足不出户就高效完成疫情的自学、自查、分诊、就诊等流程，有效缓解医疗机构咨询承载压力。

除高效的咨询解答，京东云与AI提供的智能外呼服务也是抗疫防疫的好帮手。京东智能外呼可以帮助基层社区、企业、医疗机构快速完成居民排查、信息提醒和通知回访，比人工电话效率提高数百倍。基层医护人员不用上门，避免疫情传播风险。更减少了排查时间，提高了防控效率。

问题：

1. 如何看待智能客服解决客户的问题？

2. 物流客户服务的内容有哪些？

任务一　客户投诉的原因

➢ 任务描述

乔明月是刚入职实习的物流客户服务人员，此时张主管正带着新入职的员工来到呼叫中心参观学习。在整洁干净的办公室内，员工们正戴着耳机坐在电脑前，灵巧的双手不停地在键盘上飞舞着，及时地回答着客户的问题。张主管介绍道，物流客户服务这个职位在企业中是非常重要的，它代表了企业的形象，是战场上的前线，不仅关乎着自身的成长，更关乎着企业的发展。此时，乔明月心中在想：我能胜任这个工作吗？我能解决好客户的问题吗？

➢ 知识链接

随着社会法治意识的不断增强，人们的消费维权意识也不断增强。客户要求我们在办理业务时提高效率。我们的产品和服务一旦达不到客户的期望，他们就会感到不满。如果他们的需求第一时间未被理解或者我们未能及时给予解决，他们有可能会选择投诉，或者重新选择别的供应商。物流企业通过对物流市场施加作用和影响，促成潜在客户转化为现实客户，以满足客户对物流产品（服务）的需求和欲望。引起客户投诉的原因有很多，具体包括以下几个方面。

一、业务人员的操作失误引起的投诉

（一）计费重量确认有误

计费重量是货物运输、仓储等物流活动所产生费用的总运输量，通常以吨为单位。计费重量的正确与否直接影响到客户的成本和费用，所以物流公司在确定计费重量时必须做到精确。

（二）货物包装破损

包装是货物在运输和仓储过程中，为了保护产品的外观形态和内在质量而进行的一系列物流活动。如果客户最终收到的是包装受损的货物，损害客户的利益，那么客户会对企业进行投诉。

（三）单据制作不合格

单据是企业之间进行业务往来、结算货款等的凭证。在企业交往中，一定要注意货物单据的填写规范，包括出入库单据、运输费用单据、仓储费用单据等，必须严格按照规范要求制作日常单据。

（四）报关报检出现失误

报关报检是货物进出口必须经过的货物检查、检疫等通关手续。在报关报检之后就可以完成货物在不同国家之间的进出口工作。如果由于业务员的疏忽引起货物无法顺利完成报关报检，从而引起货物运输时间延误，损害客户的利益，物流公司应当承担相应的责任。

（五）运输时间延误

物流企业要想在激烈的竞争中取得先机，就要在客户规定的时间内把货物送到指定的地方。运输时间的延误必然会影响到客户收货的时间，使客户利益受到不同程度的损害。

（六）舱位无法保障

舱位是货物装船运输的必要步骤。在海运业务中，装船的货物必须预先订舱位，安排货物装船活动。轮船公司根据客户货物的总量进行预配舱，安排客户货物装船时间。因此，轮船公司要通过计算和分配货物位置，确定舱位的安排计划，确保客户货物能按时按量装船。一旦无法顺利装船，将会影响物流时效，引发客户的不满。

（七）运输过程中货物丢失或损坏等情况

如果货物在运输过程中丢失或损坏，那么客户自然而然就会到负责货物运输的相关企业去投诉。

二、销售人员操作失误

（一）信息沟通不对称，有意隐瞒欺骗客户

物流企业在与客户进行联系和业务往来时，要注意信息的沟通，不能有意隐瞒信息。这种情况具体包括：结算价格与所报价格有差别；与承诺的服务不符等。

（二）对货物运输过程监控不力

货物在运输过程中的每一个环节都要处于物流公司的监控下，不能认为公司的运输条件好，能确保货物顺利地运输就可以，还要全程跟踪货物运输的经过，随时查询货物所处的位置。在客户要求查询货物现在所处的状态时，公司应及时准确地告知客户。

三、货运代理操作失误

货运代理是没有任何相关运输工具，只是通过对外宣传，招揽客户的一种运营模式。货运代理公司接受客户委托，完成货物运输的某一环节或相关环节。在一定程度

上，货运代理公司也可以作为买卖双方、物流公司之间的联络员，保持他们之间的连续沟通。如果货运代理因操作失误而使其提供的服务达不到收货方的要求，收货方将会投诉发货方，由此影响公司与发货方的合作关系。

四、客户自身失误

（1）客户方的业务员自身操作失误，但为了免于处罚而转嫁给货运代理公司。

（2）客户方的业务员有自己的物流渠道，由于上司的压力而被迫合作，但在合作中有意刁难等。

五、不可抗力因素

例如，天气、战争、罢工、事故等所造成的延误、损失等。

知识窗

不可抗力的因素包括以下方面：

（1）重大的自然灾害。如重大的地震、海啸、台风、海浪、洪水、蝗灾、风暴等。

（2）重大的社会非正常事件。这类事件往往指社会异常的、突发的事件，既非自然灾害，也不属于政府行为。

（3）有些情况下，政府行为对民事当事人民事活动的影响，类似于不可抗力，应当比照不可抗力处理。

➢ 职业技能点提示

20个指标检测自身服务是否合格：

（1）服务人员对顾客是热情殷勤，还是懒散怠慢？

（2）服务人员对顾客是否体贴入微，连细节都设想周到？

（3）服务人员的服务态度是否亲切有礼，真正做到以客户为中心？

（4）服务人员是否有耐心，不厌其烦地解答客户疑问？

（5）服务人员的专业是否足以解决客户的问题？

（6）服务人员是只顾着推销产品，还是能设身处地了解客户需求？

（7）服务人员的沟通技巧如何？能否运用言简意赅的简报技巧介绍公司的产品与服务？

（8）服务人员是否懂得如何聆听，能抓住客户的需求，不浪费客户的时间？

（9）对于公司产品，服务人员的了解程度有多少？能否就客户需求“对症下药”？

（10）服务的环境与设备是否干净舒适？服务人员的仪容是否整洁？

（11）提供服务的地点是交通便利还是位置偏僻？

（12）是否能随时提供服务，不论深夜或清晨，不分假日或工作日？

（13）对于客户提出的意见或申诉，反应速度有多快？

（14）能否信守承诺的交货期，提供不缩水的服务？

（15）客户情况各不相同，服务人员是否被授权在一定程度内可以弹性调整价格或服务？

（16）售后服务是否完善？是不是付完钱就不认人？

（17）服务是否有一致性，不会因为服务人员的不同而出现明显的差别？

（18）是否“看人下菜碟”，对客户有差别待遇？

（19）服务环境与设备是否安全？

（20）服务人员的品德操守是否可信赖？

➢ 任务实施

任务目的：

在商品社会中，“顾客是上帝”是亘古未变的真理。同样地，物流企业要在激烈的市场竞争中拥有更多的顾客，除了要提供优质高效的服务外，还要正确处理好客户的投诉。试着完成以下物流客户服务任务。

任务准备：

（1）每6人为一小组，角色分配成立模拟物流公司的客户服务部门。

（2）上网或利用其他工具查找物流企业处理客户投诉有关的内容。

任务步骤：

（1）教师下达任务书。

（2）小组讨论。

（3）小组成果展示。

评价与考核：

以小组为单位，指导教师组织各组之间互评讨论，根据各组提交的调研报告的情况，以及各组在模拟训练中的表现，按照评分标准进行成绩评定和总结。

◎ 任务评价

同学们，这次任务完成的情况如何？让我们从 3 个方面对这次任务的质量做一个评价，并将具体评价结果填写在表6–1、表6–2中。

表 6-1　任务执行情况评价表

自我评价（占20%）		
主要评价内容	分值	得分
是否能掌握所学的理论知识	5	
是否能根据所学知识，对案例进行分析和思考	5	
是否能在实践中对电子商务的模式进行分类	10	
合计	20	
小组评价（占30%）		
主要评价内容	分值	得分
是否积极参与了小组的活动，并对小组任务完成做出了贡献	10	
是否遵守小组的纪律，并听从小组安排	10	
是否与小组同学合作默契	10	
合计	30	
教师评价（占50%）		
主要评价内容	分值	得分
是否掌握了所学的基本知识	25	
能否按照老师的要求，进行独立思考和分析，并进行总结	25	
合计	50	
评语	教师签名： 年　月　日	

表 6-2　教师评语及其个人总结

项目		内容
评语		教师签名： 年　月　日
总结	学习收获	
	学习不足	
	如何改进	

任务二 客户投诉处理

➢ 任务描述

乔明月刚刚进入客服行业时，对自己的工作并不是非常了解，遇到了很多问题，还经常遭遇客户的投诉。一旦遭遇投诉，她的工作热情便会受到打击。对于那些投诉她的客户，她总是退避三舍，完全不知道应该如何与其沟通，更谈不上维护客户关系了。

面对这种局面，乔明月有些手足无措，她知道如果自己的工作情况再没有改善，她将面临被辞退的窘境。于是，她向公司的前辈请教提高能力的方法，并按照前辈的指点努力开展工作。

乔明月积极地收集客户信息，并根据客户的不同需求将他们分成不同的类别。她将这些信息一点一点地记到脑子里，尽量在适当的时间与客户分别进行联系。尽管心中依然有些忐忑，而且最初的效果并不是太好，但她没有气馁，一直坚持去做前辈要求她做的事情。

慢慢地，乔明月收集和整理的客户信息越来越多，头脑中储存的客户信息也越来越多。当她能够越来越轻松地按照客户的需求提供相应的产品和服务时，她遭到的投诉也越来越少。乔明月原本认为，随着客户的增多，客服工作会变得越来越困难，可是随着客户满意度的不断提高，她的自信心也越来越强，这让她有了更多的精神和动力，为客户提供更加优质的服务。

在不断地坚持和努力下，乔明月的服务能力越来越强，客户对她的满意度也越来越高，她终于成为一名优秀的客服人员。那么，如何正确认识客户投诉呢？如何处理客户的投诉呢？让我们进入本堂课的学习。

➢ 知识链接

一、处理客户投诉的原则

无论处理什么样的客户投诉，都必须按照顾客的思维模式寻求解决问题的方法。投诉处理的原则有以下几个方面。

（一）树立正确的服务理念

作为物流服务企业，需要树立全心全意为顾客服务的思想和“顾客永远是正确的”“用户至上，专业服务”的观念。面对愤怒的顾客，投诉处理人员一定要注意克制自己，避免感情用事，始终牢记自己代表的是整个物流公司的整体形象。

（二）按照合同的规定处理

要有专门的物流公司制度和人员来管理顾客投诉问题，使各种情况的处理有章可循，保持服务的统一、规范。在这里，主要根据双方签订的物流合同作为主要的处理准则，因为合同已经订明双方的权利和义务，如果违反合同规定，理应按照合同的规定进行索赔和赔偿。

（三）及时处理

处理投诉时切记不要拖延时间，推卸责任。各部门应通力合作，迅速做出反应，向顾客清楚地说明事件的缘由，并力争在最短的时间里全面解决问题，给顾客一个圆满的结果。否则，拖延时间或推卸责任会进一步激怒投诉者，使事情进一步复杂化。

（四）留档备用

对每一起顾客投诉及其处理都要做出详细的记录，包括投诉内容、处理过程、处理结果、顾客满意程度等。通过对以上资料的记录，吸取教训，总结经验，为以后更好地处理顾客投诉提供参考。

延伸阅读

科大讯飞是亚太地区知名的智能语音和人工智能上市企业，长期从事智能语音、自然语言理解、计算机视觉等核心技术研究并保持了国际前沿技术水平；积极推动人工智能产品和行业应用落地，致力让机器“能听会说，能理解会思考”，用人工智能建设美好世界。

在2022年北京冬奥会和冬残奥会上，科大讯飞作为官方自动语音转换与翻译独家供应商，为所有观众展现了一场“无障碍沟通”的体育盛会。基于强大的多语种语音语言技术，做到了语种足够全、翻译足够准、反应足够快，支持包括冬奥体育在内的16大行业领域翻译。在冬奥应用场景下，中文与英、俄、法、西、日等重点语种的翻译准确率超过90%，平均每句语音翻译响应时间不超过1.5秒，一方面帮助各国观众、游客快速掌握赛事信息，另一方面也帮助听障人士运用科技的手段听得见奥运文字，看得见奥运声音。

值得一提的是，科大讯飞AI虚拟人“爱加（i+）”也成为冬奥会的一名“虚拟志愿者”。在北京冬奥小屋中，爱加可以用多种语言与各国运动员进行面对面的交流，助力冬奥的无障碍沟通。科大讯飞运用语音识别、语音合成、口唇驱动、面部驱动、肢体动作驱动等多项核心技术，打造出虚拟形象自动化内容生产方案，让虚拟人不仅会说普通话，同时支持31种语言及方言，是不折不扣的“语言通”，不仅能进行面对面的冬奥赛事、赛程实时互动交流，还能陪你玩一把冬奥知识游戏大PK，周边交通、文化、旅游等咨询问答也不在话下。除此之外，在教育、医疗、物流客服等场景的各类行业人工智能应用中，多语种语音交互系统都将发挥重要作用。

二、客户投诉处理的步骤

（一）接诉

礼貌是做好投诉处理工作的基础，投诉接待环节是影响处理工作的第一关。无论是在现场接待还是通过电话、网络接待客户投诉，都要做好接待环境的选择，尤其是通过电话和网络接待客户投诉时更不能随便。

（二）聆听、记录

诚意听取用户的投诉，与客户保持目光交流。听客户说的时间控制在 80%，而自己说的时间控制在 20%。不要打断客户的话，也不争辩、反驳或找借口。认真记录事故的要点，提出问题，澄清不清楚的地方。待客户诉说后再向客户重复一遍他所投诉的要点，并取得客户的确认。

（三）判断、处理

真心感谢用户的关心和爱护。快速判断、迅速反应、及时处理。经过判断分析，当找到问题所在时，要以积极的正面态度回应用户。能当场解决的，当场处理；不能当场解决的，应当告诉客户将会怎样处理，或向上司反映后会怎样处理，争取客户的理解与支持。

（四）回访

投诉处理完毕后，应及时回访客户，消除公司在客户心中的负面印象。回访是建立信任、弥补失误的重要环节，也是检查工作质量、与用户沟通、搞好关系的最好机会。

（五）总结

总结发生这次投诉的原因，并且填写客户投诉处理表（表 6–3）作为留底。同时，要思考从这次投诉处理中应该吸取哪些经验教训，在以后的工作中怎样才能避免类似情况的发生。

表 6–3　客户投诉处理表

<table>
<tr><td>受理编号</td><td></td><td>受理日期</td><td></td></tr>
<tr><td>投诉客户姓名</td><td></td><td>投诉类型</td><td></td></tr>
<tr><td>客户地址</td><td></td><td>电话</td><td></td></tr>
<tr><td>投诉原因</td><td colspan="3"></td></tr>
<tr><td>客户要求</td><td colspan="3"></td></tr>
<tr><td rowspan="2">投诉受理</td><td rowspan="2">□受理　□不予受理</td><td>承诺办理期限</td><td></td></tr>
<tr><td>理由</td><td></td></tr>
<tr><td>备注</td><td colspan="3"></td></tr>
</table>

➢ 职业技能点提示

面对投诉不再恐慌的10个方法。

1. 保持冷静

即使面对不礼貌的客户，也要保持冷静，用正确的态度处理遇到的问题。

2. 正面态度

不要忽略投诉，不要收起投诉，不要反应过分偏激，不要认为投诉是针对个人。

3. 积极聆听

从客户那里收集资料（寻找事实）。这些资料将为我们提供线索，帮助我们解决问题。时刻保持与客户的眼神接触及点头是有效的方法。

4. 重复事实

及时地重复、总结客户所说的话，一方面可验证所记录的内容是否正确，另一方面能给客户营造出你站在客户角度思考问题的心理效果。

5. 评估投诉

根据收集到的数据，评估客户的投诉是否合理。

6. 做出决定

在我们根据收集的信息确定了投诉是否合理后，要决定采取什么样的措施。

7. 提出建议

向客户提出我们的方案或建议。

8. 跟进服务

如果第一次提出的建议或方案不被客户接受，不要着急，仔细思考客户的诉求，然后提出其他方法，并向客户解释自己所做的努力。

9. 真诚致谢

客户提出的投诉和意见是改进服务的依据，所以在问题处理完以后应当向客户表示感谢。

10.保持礼貌

在整个处理过程中，应尽最大努力维持礼貌的态度。称呼客户的名字是有效且恰当的做法。

➢ 任务实施

任务目的：

通过情景模拟，掌握客户投诉处理的步骤和方法，理解客户服务的内容，培养学生发现问题、解决问题的能力。

任务准备：

A公司承揽一票100标箱的海运出口货物由广州去日本，由于轮船爆舱，在不知情的情况下被船公司甩舱，发货人知道后立即投诉A公司，要求A公司赔偿因延误运输而产生的损失。假设你是A公司的客服人员，你如何解决发货人的投诉问题？

实施步骤：

根据以上案例情景，以小组为单位，完成以下任务：

（1）成立模拟物流公司客户服务部。

（2）演示如何灵活地处理发货人的投诉。

评价与考核：

以小组为单位，指导教师组织各组之间互评讨论，根据各组在模拟训练中处理客户投诉的表现情况，按照评分标准进行成绩评定和总结。

◎ 任务评价

同学们，这次任务完成的情况如何？让我们从3个方面对这次任务的质量做一个评价，并将具体评价结果填写在表6-4、表6-5中。

表6-4 任务执行情况评价表

自我评价（占20%）		
主要评价内容	**分值**	**得分**
是否能掌握所学的理论知识	5	
是否能根据所学知识，对案例进行分析和思考	5	
是否能在实践中对电子商务的模式进行分类	10	
合计	20	
小组评价（占30%）		
主要评价内容	**分值**	**得分**
是否积极参与了小组的活动，并对小组任务完成做出了贡献	10	
是否遵守小组的纪律，并听从小组安排	10	
是否与小组同学合作默契	10	
合计	30	

续表

<table>
<tr><td colspan="4">教师评价（占50%）</td></tr>
<tr><th colspan="2">主要评价内容</th><th>分值</th><th>得分</th></tr>
<tr><td colspan="2">是否掌握了所学的基本知识</td><td>25</td><td></td></tr>
<tr><td colspan="2">能否按照老师的要求，进行独立思考和分析，并进行总结</td><td>25</td><td></td></tr>
<tr><td colspan="2">合计</td><td>50</td><td></td></tr>
<tr><td>评语</td><td colspan="3">教师签名：
年　　月　　日</td></tr>
</table>

表6-5　教师评语及其个人总结

<table>
<tr><th colspan="2">项目</th><th>内容</th></tr>
<tr><td colspan="2">评语</td><td>教师签名：
年　　月　　日</td></tr>
<tr><td rowspan="3">总结</td><td>学习收获</td><td></td></tr>
<tr><td>学习不足</td><td></td></tr>
<tr><td>如何改进</td><td></td></tr>
</table>

任务三　客户投诉处理技巧

➢ 任务描述

2024 年 2 月，国家邮政局发布 2023 年第四季度邮政业用户申诉情况的通告，在这一季度中，国家邮政局以及各省（区、市）邮政管理局通过“12305”邮政业用户申诉电话和申诉网站共受理申诉 71 380 件，与业务量相比申诉率为 1.51/1000000。在邮政普遍服务申诉主要问题中，邮件延误申诉中占比较多的是中转或运输延误，投递服务申诉中占比较多的是虚假签收，邮件丢失短少申诉中占比较多的是企业未按照规定赔偿（图 6–1）。物流客户服务作为企业与客户的重要桥梁，起着至关重要的作用，因为优质的客户服务能够为双方长期合作打下良好基础。

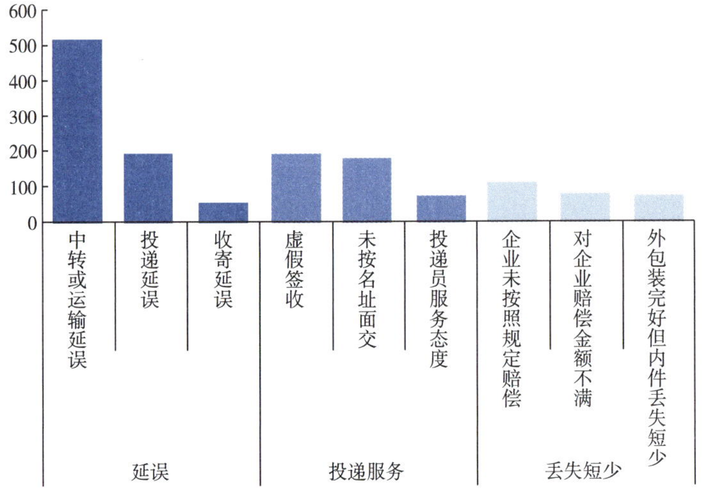

图6–1　邮政普遍服务申诉主要问题（单位：件）

那么，如何应对客户的投诉呢？客户投诉处理的技巧有哪些呢？让我们带着问题进入本堂课的学习。

➢ 知识链接

一、客户投诉处理的技巧

（一）虚心接受客户投诉，耐心倾听对方诉说

客户只有在利益受到损害时才会投诉，客服人员要专心倾听，对客户表示理解，并做好记录。待客户叙述完后，复述其主要内容并征询客户意见。对于较小的投诉，自己能解决的，应马上答复客服；对于当时无法解答的，要做出时间承诺。在处理过程中，无论进展如何，到承诺的时间一定要给客户答复，直至问题解决。

（二）设身处地，换位思考

当接到客户投诉时，首先要有换位思考的意识。如果是本方的失误，首先要代表公司表示道歉，并站在客户的立场上为其设计解决方案。对问题的解决，也许有三到四套解决方案，可将自己认为最佳的一套方案提供给客户，如果客户提出异议，可再换另一套，待客户确认后再实施。在问题解决后，还要征求客户对该问题的处理意见，争取下一次的合作机会。

（三）承受压力，用心去做

当利益受到损害时，客户不可避免地会着急，甚至会提出一些过分的要求。客服人员此时应能承受压力，面对客户始终面带微笑，并用专业的知识和积极的态度解决问题。

（四）有理谦让，处理结果超出客户预期

纠纷出现后，要用积极的态度去处理，不应回避。在客户联系你之前先与客户沟通，让他了解每一步过程，争取圆满解决问题并使最终结果超出客户预期，让客户满意，从而实现在解决投诉的同时抓住下一次商机。

（五）长期合作，力争共赢

在处理投诉和纠纷的时候，一定要将长期合作、共赢、共存作为前提，具体应该做到：

（1）善于引导客户，共同寻求解决问题的方法。

（2）要有宽阔的胸怀，敏捷的思维及超前的意识。

（3）具备本行业丰富的专业知识，随时为客户提供咨询。

（4）要有换位思考的意识，勇于承担自己的责任。

（5）处理问题时留有回旋的余地，任何时候都不要将自己置于险境。

（6）处理问题的同时，要学会把握商机。通过与对方的合作，达到双方共同规避风险的共赢目的。

综上所述，客服人员在处理问题时应明白自己的职责，首先解决客户最想解决的问题，努力提升在客户心目中的地位及信任度，通过专业知识的正确运用和对公司政策在不同情况下的准确应用，最终达到客户与公司都满意的效果。

◎ 拓展提升

如何提高自己的语言表达能力

1. 听

要想较好地表达出自己的想法，首先你要会听，养成会听、爱听、多听的好习惯，多听一些名人演讲、新闻、别人的讲话等，从而获取大量丰富的信息，并提炼总结成自己的语言，为培养说的能力打下坚实的基础。

2. 看

多看为多说提供素材和示范。可以看电影、书报、谈话类节目，或是生活中一些生动感人的情景。通过多看，可以学习到他人的表达方式、技巧和内容，为学习语言表达提供范例。

3. 背

背诵能强化记忆，能训练人们形成良好的语感。可以尝试多背诵诗词、名人名言、优美的文章段落。这样通过积累，我们才能出口成章。

4. 想

很多时候并不是我们不会说，而是我们不会想。在说之前要会想，想清楚别人在说什么，自己想要说什么，并且要注意用词的准确。想清楚了再表达。

5. 说

说是语言表达能力的最高体现。只有多说，有强烈的表达意愿，语商能力才会迅速提高。可以尝试多与人进行交谈，增加说话的机会，多做练习，克服紧张情绪，建立自信。

二、诉怨处理技巧

在物流营销中，处理顾客诉怨是服务提供者的一项重要工作。如何平息顾客的不满，使被激怒的顾客“转怒为喜”，是企业获得顾客忠诚的最重要手段。在这里，我们将介绍一个处理顾客诉怨，令顾客心情晴朗的技巧——“CLEAR”方法，即顾客愤怒清空技巧。该技巧包括以下步骤：控制你的情绪（Control）；倾听顾客诉说（listen）；建立与顾客共鸣的局面（establish）；对顾客的情形表示歉意（apologize）；提出应急和预见性的方案（resolve）。理解和实践顾客愤怒清空技巧能够帮助企业妥当地处理最棘手的情形。

（一）控制你的情绪（C）

员工先要控制自己的情绪，面对顾客的投诉要耐心倾听，根据问题具体处理。

1. 目的

避免员工在面对顾客投诉时，因感受到顾客的攻击、不耐烦而被惹火或难过，进而产生冲动、丧失理性、以暴制暴的行为，防止事态更加复杂，保障服务质量和企业信誉不受严重损害。

2. 原则

坚持一项原则，那就是：可以不同意顾客投诉的内容，但不可以不同意顾客的投诉方式。正如我们可以不赞成他们说话的内容，但我们誓死捍卫他们说话的权利一样。顾客投诉是因为他们有需求没有被满足，所以我们要充分理解顾客的投诉和他们可能表现出的失望、愤怒、沮丧、痛苦或其他过激情绪等，不要与他们的情绪共舞或是责怪任何人。

3. 有效技巧

（1）深呼吸，平复情绪。要注意呼气时千万不要大声叹气，避免给顾客不耐烦的感觉。

（2）思考问题的严重程度。

（3）登高几步。要记住，顾客不是对你个人有意见，即使看上去是如此。

（4）以退为进。如果有可能的话，给自己争取点时间。如“我需要调查一下，10分钟内给您回电”，“我需要两三分钟时间同我的主管商量一起解决这个问题，您是愿意稍等一会儿呢，还是希望我一会儿给您打回去？”。当然，你接着得确保在约定的时间内兑现承诺。

（二）倾听顾客诉说（L）

员工的情绪平复下来后，需要顾客也镇定下来才能解决好问题。先别急于解决问题，而应先平复顾客的情绪，然后再来解决顾客的问题。

1. 目的

为了管理好顾客的情绪，你首先要意识到这些情绪是什么，他们为什么投诉。静下心来积极、细心地聆听顾客愤怒的言辞，做一个好的听众，这样有助于达到以下效果：

（1）把握顾客所投诉问题的实质和顾客的真实意图。

（2）了解顾客想表达的感觉与情绪。

细心聆听的态度，给顾客的抱怨一个宣泄，辅以语言上的缓冲，为发生的事情道歉，声明你想要提供帮助，进行细心地聆听，表示出与顾客合作的态度。这既让顾客将愤怒一吐为快，使愤怒的程度有所减轻，也为自己后面提出解决方案做好准备。

2. 原则

倾听顾客诉说时，不论是事实，还是隐藏在事实之后的情绪，要遵循的原则应该是为了理解而倾听，而不是为了回答而倾听。

3. 有效技巧

（1）全方位倾听。要充分调动左右脑、直觉和感觉来听，比较你所听到、感到和想到的内容的一致性。用心体会、揣摩，听懂弦外之音。

（2）不要打断。要让顾客把心里想说的话都说出来，这是最起码的态度。中途打断顾客的陈述，可能遭遇顾客最大的反感。

（3）向顾客传递被重视。可通过点头、眼神注视和脸部表情等回应顾客，表达对其所反映问题的重视。

（4）明确对方的话。对于投诉的内容，如果觉得不是很清楚，要请对方进一步说明，但措辞要委婉。

（三）建立与顾客共鸣的局面（E）

共鸣被定义为站在他人的立场，理解他人的参照系的能力。它与同情不同，同情意味着被卷入他人情绪，并丧失了客观的立场。

1. 目的

对顾客的遭遇深表理解，这是化解怨气的有力武器。当顾客投诉时，他最希望自己的意见受到对方的尊重，自己能被别人理解。建立与顾客的共鸣就是要促使双方交换表达。

2. 原则

与顾客共鸣的原则是真诚地理解顾客，而非同情。只有站在顾客的角度，想顾客之所想，急顾客之所急，才能与顾客形成共鸣。要站在顾客的立场想问题，学会换位思考。

3. 有效技巧

（1）复述内容。用自己的话重述顾客难过的原因，描述并稍微夸大顾客的感受。

（2）对感受做出回应。把你从顾客那里感受到的情绪说出来。

（3）模拟顾客的境地，换位思考。如果使用“我能够理解”这种说法的话，务必在后面加上你理解的内容（顾客难过的原因）和你听到的顾客的感受（他们表达的情绪）。

（四）对顾客的情形表示歉意（A）

在处理顾客诉怨的过程中，对顾客的情形表示歉意是至关重要的一环。它不仅有助于缓解顾客的情绪，更是建立良好客户关系、解决问题的关键步骤。

1. 目的

聆听了顾客的投诉，理解了他们投诉的原因和感受，那么就有必要对顾客的情形表示歉意，从而使双方的情绪得以控制。

2. 原则

（1）不要推卸责任。当问题发生时，很容易逃避责任，说这是别人的错。即便你知道是公司里谁的错，你也不要责备公司的员工，这么做只会使顾客对公司整体留下不好的印象，其实也就是对你留下坏印象。

（2）道歉总是对的（即使顾客是错的）。为使顾客的情绪更加平静，即使顾客是错的，也一定要为顾客情绪上受的伤害表示歉意。

（3）道歉要有诚意。一定要发自内心地向顾客表示歉意，否则就会让顾客觉得是心不在焉的敷衍。

（4）不要说“但是”。当道歉时，最大的诱惑之一就是说“我很抱歉，但是……”。这个“但是”否定了前面说过的话，使道歉的效果大打折扣。差错的原因通常与内部管理有关，顾客并不想知晓。

3. 有效技巧

（1）为情形道歉。要为情形道歉，即使问题的归属还不是很明确，需要进一步认定责任承担者时，也要首先向顾客表示歉意。但要注意，不要让顾客误以为公司已完全承认是自己的错误，我们只是为情形而道歉。例如，可以用这样的语言："让您不方便，对不起。""给您添了麻烦，非常抱歉。"这样的道歉既有助于平息顾客的愤怒，又没有承担可导致顾客误解的具体责任。

（2）肯定式道歉。当顾客出了差错时，我们不能去责备。要记住，当顾客做错时，他们也许不对，但他们仍是顾客。我们可能无法保证顾客在使用产品的过程中百分之百满意，但必须保证当顾客不满找上门来时，在态度上总是能够让顾客100%满意。

（五）提出应急和预见性的方案（R）

在积极地聆听、与顾客产生共鸣、向顾客道歉之后，双方的情绪都得到了控制，现在是时候把重点从互动转到解决问题上去了。平息顾客的不满与投诉，问题不在于谁对谁错，而在于争端各方如何沟通处理，解决问题。

1. 目的

（1）解决单次顾客投诉。

（2）为顾客服务提供改善建议。

2. 原则

对于顾客投诉，要迅速做出应对，针对这个问题提出应急方案；同时，提出杜绝类似事件发生或对类似事件进行处理的预见性方案，而不仅仅是修复手头的问题。

3. 有效技巧

（1）迅速处理，向顾客承诺。应迅速就目前的具体问题，向顾客说明各种可能的解决办法，或者询问他们希望怎么办，充分听取顾客对问题解决的意见，对具体方案进行协商。然后确认方案，总结将要采取的各种行动——你的行动与他们的行动，共同解决问题。要重复顾客关切的问题，确认顾客已经理解，并向顾客承诺不会再发生类似事件。

（2）深刻检讨，改善提高。在检查顾客投诉的过程中，负责投诉处理的员工要记录好投诉过程的每一个细节，把顾客投诉的意见、处理过程与处理方法详细记录在处理记录报表上，深入分析顾客的想法，这样顾客也会秉持慎重的态度。而每一次的顾客投诉记录都将存档，以便日后查询，并定期检讨产生投诉意见的原因，从而加以修改。

要充分调查此类事件发生的原因，仔细思考一下，为了防止此类事件再度发生，是否需要进行变革，对服务程序或步骤要做哪些必要的转变，以提出预见性的解决方案，减少或避免将来发生类似的投诉。提出预见性的方案也是对顾客的一个最好承诺。

(3) 落实。对所有顾客的投诉意见及其产生的原因、处理结果、处理后顾客的满意程度以及今后改进的方法，均应及时用各种固定的方式，如例会、运员会、早班会或企业内部刊物等，告知所有员工，使全体员工迅速了解造成顾客投诉意见的种种情形，并充分了解处理投诉事件时应避免的不良影响，以防止类似事件再次发生。

(4) 反馈投诉的价值。顾客进行投诉是希望能跟你继续做生意，同时其对企业服务不满信息的反馈无疑也给企业提供了一次认识自身服务缺陷和改善服务质量的机会。于情于理，我们都要真诚地对顾客表示感谢。所以，可以写一封感谢信感谢顾客所反映的问题，并向顾客说明公司为防止以后类似事件的发生所做出的努力和改进的办法，真诚地欢迎顾客再次光临。

总之，在处理各种顾客投诉时，要掌握两大原则：一是顾客至上，永远把顾客的利益放在第一位；二是迅速补救，始终把顾客的每次抱怨看作公司发现弱点、改善管理的机会。只有这样，才能重新获得顾客的信赖，提高企业的成绩。

➢ 职业技能点提示

10个应当遵守的电话沟通原则

(1) 当你在工作时间接听电话时，就是代表公司。

(2) 接听电话时，千万不要只说“喂”，应说出自己的名字、公司名称，并询问致电一方需要什么帮助。

(3) 每次都需要缓慢并清晰地说出公司的名字。

(4) 时刻都要准备纸和笔。

(5) 记录留言。

(6) 用语礼貌得体。

(7) 若需要转接来电，千万不要在有关人士仍在与其他人交谈时打断他，应该请致电一方留言，并告诉他有关人士稍后会回电。

(8) 必须时刻集中精神聆听对方的诉求。

(9) 接听电话时，不要吃东西。

(10) 接听电话时，应该保持微笑。

➢ 任务实施

任务目的：

通过情景模拟，掌握客户诉怨处理的技巧和方法，锻炼学生与客户沟通的能力，培养学生发现问题、解决问题的能力。

任务准备：

客户A在5月1日通过广州某物流公司从花都区快递一批1998年长城干红葡萄酒到番禺区，当时该公司承诺当天可以送货上门。5月2日，客户A咨询该物流公司时被告知其中有10瓶红酒已被打破，但只负责赔偿300元，张先生觉得不合理，现决定投诉要求赔偿打碎的红酒和延误送达费用共2 000元。

实施步骤：

根据以上案例情景，以小组为单位，完成以下任务：

（1）成立模拟物流公司客户服务部。

（2）简述客户投诉的原因。

（3）演示公司如何灵活地处理客户投诉。

评价与考核：

以小组为单位，指导教师组织各组之间互评讨论，根据各组在模拟训练中处理客户投诉的表现情况，按照评分标准进行成绩评定和总结。

◎ 综合实训

实训目标：了解客户投诉的原因，掌握客户投诉处理的流程。

情景描述：乔明月毕业后就加入客服团队，目前已经在公司工作了5年。她已是一家工业品销售公司的订单客户服务代表，主要从事热线电话接听、销售订单处理、订单发货协调及客户投诉受理等相关工作。

1. 多平台操作，秒变小超人

乔明月每天早上8：30之前到公司，登录热线电话系统，打开SAP和CRM系统，开始一天的订单客服工作。乔明月每天接听电话量在10个左右，比呼叫中心客服接听的量要少很多。但接听电话不是乔明月工作的全部，乔明月更多的时间花在处理来自邮件系统分配的各种需求（如查询牌价，协调货期，核查特价，订单下单，安排发货），并将这些需求按客户要求快速处理完毕。乔明月在过去几年中已经练就了随时切换接听热线电话、处理CRM邮件、操作SAP订单、回复微信等不同频道的超强本领。

2. 定期团队会议，及时发现问题，快速落实行动

每周三13：00–14：00是客服团队的周例会时间，每周例会由客服代表轮流主持。今天正好是周三，乔明月是本周例会的主持人。她已提前收集了团队成员需要在本次例会中讨论的问题，安排人员介绍问题背景，鼓励大家一起讨论出可行性方案，并约定具体的行动计划。及时发现问题，及时解决问题，及时分享经验，及时落实行动是

乔明月所在的客服团队不断提高工作效率、满足客户需求的日常要求。

3. 拼手速，打通节点，创行业领先

一天中最忙的时间段是14：00—16：00，整个客服团队都在忙碌，连喝口水的时间都没有。由于是B2B业务，大部分的客户都会有对应的信用额度和信用账期，所有的销售订单都需要先输入SAP系统，通过SAP系统设置的credit check 逻辑进行财务审核。如果客户的订单被系统锁单，乔明月需要快速协调或提醒对应的客户和财务部进行及时付款，及时释放订单，以便赶上当天的发货截单时间。对于客户邮件中不是特别明晰的要求，乔明月会视紧急程度情况，选择马上致电客户澄清或者回复客户邮件确认客户需求。为了让客户尽早收到产品，乔明月所在的公司将零担配载的当天发货截单时间延长至16：00，凡是16：00之前创建发货单的产品，均可以进入拣配过程，并确保在当天晚上出库，送上发往全国各个城市的专线车。16：00发货截单时间是行业标杆，把拣配、物流、短驳等各个环节完美整合了，而很多类似的公司，只能做到中午12：00截单。这样完美的订单操作和物流仓储协同，节约了物流运输成本，大大提高了客户满意度。

4. slow down to speed up（欲疾先缓，欲张先弛）

每当16：00一过，乔明月总会长长地呼口气，喝口咖啡放松一下。基本上当天必须完成的事情已经处理完毕。接下来是自我梳理时间。乔明月会在每天的这个时间段梳理当天工作中累积的疑惑：是否有可能的不同处理方式？又出现了哪些信号，可能需要大家一起讨论系统解决？哪些需要请教主管指导？哪些需要隔壁的跨部门团队一起讨论？这是乔明月定义为做更好的自己，明天更好地服务客户的黄金时间段。

实训步骤：

根据以上案例情景，以小组为单位，完成以下任务：

（1）阐述乔明月一天的工作流程，谈谈她是怎么面对问题去解决的。

（2）分析客户投诉的真正诉求。

评价与考核：

以小组为单位，指导教师组织各组之间互评讨论，根据各组在讨论中的表现情况，进行成绩评定和总结。

◎ 任务评价

同学们，这次任务完成的情况如何？让我们从3个方面对这次任务的质量做一个评价，并将具体评价结果填写在表6-6、表6-7中。

表6-6　任务执行情况评价表

自我评价（占20%）		
主要评价内容	**分值**	**得分**
是否能掌握所学的理论知识	5	
是否能根据所学知识，对案例进行分析和思考	5	
是否能在实践中对电子商务的模式进行分类	10	
合计	20	
小组评价（占30%）		
主要评价内容	**分值**	**得分**
是否积极参与了小组的活动，并对小组任务完成做出了贡献	10	
是否遵守小组的纪律，并听从小组安排	10	
是否与小组同学合作默契	10	
合计	30	
教师评价（占50%）		
主要评价内容	**分值**	**得分**
是否掌握了所学的基本知识	25	
能否按照老师的要求，进行独立思考和分析，并进行总结	25	
合计	50	
评语	教师签名： 年　　月　　日	

表6-7　教师评语及其个人总结

项目		**内容**
评语		教师签名： 年　　月　　日
总结	学习收获	
	学习不足	
	如何改进	

◎ 学后测评

一、不定项选择题

1. 物流客户服务的衡量标准包括（　　）。

A. 库存保有率　　B. 订货周期　　C. 配送率　　D. 商品完好率

2. 投诉回复的三个要点是（　　）。

A. 抓住客户投诉的关键词　　B. 回复内容事实清楚，逻辑清晰

C. 必须完全解决问题　　D. 客户反馈问题解决方案合理

3. 处理投诉的“CLEAR”原则中的“C”代表的是（　　）。

A. 平复情绪　　B. 清洁现场　　C. 客户第一　　D. 清醒头脑

4. 处理投诉的“CLEAR”原则中的“E”代表的是（　　）。

A. 使客户轻松　　B. 与客户共鸣

C. 提供电子化服务渠道　　D. 结束投诉

5.（　　）就是换位思考的能力，也是为客户提供优质服务的必要条件之一。

A. 同情心　　B. 同理心　　C. 有形度　　D. 信任度

二、判断题

1. 真正的倾听是要听两方面的内容，事实和情感。（　　）

2. 封闭式问题的使用完全是为了帮助客户进行判断，因此客户只能回答“是”或“否”的问题。（　　）

3. 电话通话完毕，应等对方挂断电话后再将电话轻轻放回。（　　）

4. 不要让电话铃声响得太久，应尽快接电话。若周围吵嚷，应安静后再接电话。（　　）

5. 如果对方打错电话，不要责备对方，知情时还应告诉对方正确的号码。（　　）

6. 接听客户来电时，因为有急事或在接另一个电话而耽搁时，应向来电的客户表示歉意。（　　）

7. 在处理客户投诉的初期，不论面对什么具体问题，在事实尚不明确的情况下，应快速得出结论，提高投诉处理效率。（　　）

三、简答题

1. 简述客户投诉的原因。

2. 简述处理客户投诉的原则。

3. 诉怨处理的技巧有哪些？

四、案例分析

海生快速消费品企业委托一通物流公司承运到达广州和东莞的货品，按照合约规定，一通物流公司应该进行行邮方式的发运。一通物流公司人员将货品卸往行邮基地之后，并未对是否装载上车厢进行监督。即与行邮人员交接货品之后即自行离去，而并未跟进行邮是否将该批货物进行装车发运。海生快速消费品企业跟踪人员次日进行始发跟踪时，一通物流公司跟踪人员反馈货品已经装载上车辆，可以正常到达。

海生快速消费品企业广州同事派车前往到货点收货时，发现该票货物根本没有在车上，故此致电承运地同事查询该票货物具体所在。对方反馈，7 月 19 日当日因为计划紧张没有装载上行邮，故此装载的是 7 月 20 日的行邮。而且在跟踪的时候，行邮按照计划应该到达武汉附近，海生快速消费品企业已经没有任何方法更改此次运输。一通物流公司未及时装车导致海生快速消费品企业对客户的到货预报失误，广州提货车因提不到货品导致空驶，由此引起海生快速消费品企业的客户投诉，该企业又投诉一通物流公司。

问题：如果你是一通物流公司的客服经理，你有什么样的应对策略和技巧呢?

项目七 市场的深度开拓

◎ 知识目标

1.了解物流市场深度开拓的基本策略

2.了解物流延伸服务和物流金融的概念及模式

3.掌握物流企业开拓市场的基本流程

4.掌握优秀业务员必有“六心”的基本内容

◎ 能力目标

1.能够从全球化方面制定简单的物流战略计划书

2.能根据物流公司的现状选定适合的延伸服务种类

3.能区分不同客户需求并采取有效策略

◎ 素养目标

1.通过本节的自主性学习，让学生感受和体会物流市场开发的具体内容和业务员的基本素养，增强学生的方案构思能力和语言表达能力

2.增强客户类型的分析能力，提高客户服务的业务水平

◎ 案例导入

阿里集团拓展韩国仓储物流市场

阿里集团在韩国市场业务发展迅速，仓储物流在其中发挥着重要的保障作用。2015 年阿里集团旗下菜鸟网络与圆通联手，首次开辟“上海浦东—韩国仁川—青岛—香港—上海浦东”的国际航线包机业务，直接打通了中韩货物跨境运输通道。此航线配备 737 全货机进行国际货物承运，显著提升中韩货物的运输时效。随后，阿里集团旗下支付宝赴韩开启金融核算业务，为双方仓储物流合作提供全面服务。至此，阿里集团在韩国仓储物流市场已经形成支付宝负责资金核算、菜鸟负责具体运输的基础市场格局。

基础市场格局形成以后，阿里集团进一步紧跟国家政策指导，牢牢把握中韩国家

战略会议契机深入对方市场，并取得显著成效。2017 年中韩交通运输与物流合作第七次会议举行，双方就中韩陆海联运促进方案、铁路货运商讨务实合作方式。借此机会，阿里集团国际站在韩建立了第五家全球订单履约中心，以借助韩国完成全亚洲的仓储物流货物集散。2018 年中韩国智慧物流圆桌论坛上，中国物流冷链委员会与韩国希杰物流供应链有限公司达成智慧冷链共识。此后，阿里集团在韩的仓储物流建设开始大力引进冷链智慧控制系统，确保货物运输在适宜温度下执行。

此后，阿里集团全方位与韩国的企业开展合作，通过兴建仓储物流中心，着力完善仓储物流基础建设。阿里集团国际站与韩国的企业签署 500 万元贸易港口建设合同，以全面推动仓储物流中心建设。截至 2021 年 1 月，阿里集团已在韩国兴建 1 个全球订单履约中心、1 个菜鸟 1 号仓、4 个海外仓、7 个物流转运中心负责相关业务。

2022 年，阿里的韩国市场版图再次迎来“扩建”。速卖通加大了对韩国市场的投入，包括新建两座专门面向韩国发货的仓库、投入百亿韩元补贴、设立韩语客服中心等。

而这一系列努力也取得了一定的成果：双十一期间，速卖通成为韩国下载量第一的购物类APP，超过韩国最受欢迎的当地电商平台Coupang。

尝试出海新业务，加快抢占新市场，阿里不停奔跑，加大全球化布局力度。

问题：阿里为中国其他企业拓展物流市场提供了哪些重要的经验指导？

任务一 物流市场深度开拓的策略

➢ 任务描述

乔明月是 × × 物流公司的市场部经理，公司目前正处在转型期，在当前互联网大数据和区块链的时代背景下，公司想要在多如繁星的各大物流企业的共同夹击下占有一席之地，最关键的一点就是要紧跟时代的步伐。公司主管领导交给乔明月和她的团队一项重要工作，就是详细考察中外物流市场的现状以及发展方向，制定出一份可行性高的市场开发方案。乔明月怎样做才能交给领导一份满意的答卷呢？

➢ 知识链接

近年来，我国快递物流、电子商务、制造行业快速发展，传感器、定位技术等技术手段不断提升，智能物流系统应用场景不断丰富，人工参与程度大幅降低。数据显示，我国智能物流行业交易规模由2018年的372.99亿元增长至2022年的688.44亿元，复合年均增长率达24.14%。由此可见，智慧物流是整个物流行业的发展趋势，是所有大中小物流企业发展过程中都绕不开的道路。这就意味着物流企业想要谋得更长远的发展，就需要从智慧物流的深度运营入手。

一、完善相关法规制度

法律法规的建立健全可以指导物流行业规范化、科学化发展，使之能够把握好大数据时代机遇，不断攻克发展难题，规范市场秩序，提高现代信息技术与大数据技术的利用率，早日建成智慧物流供应链。根据我国国情国策，结合物流行业发展情况以及智慧物流发展要求，汲取发达国家的实践工作经验，对现有法律法规进行补充，完善信息标准，助力智慧物流平台建设，协调好相关行业产业的关系，将给物流行业与其他行业之间的深度合作创造有利局面。

利用智慧物流平台实时动态地监控物流管理活动，企业管理层能够针对数字物流发展中出现的各种问题迅速做出反应，调整企业运营方案，规避风险，进一步优化物流管理流程，打造素质高、能力强的企业人才队伍，提高从业人员与岗位的契合度，使他们在智慧物流发展过程中贡献最大的智慧和力量。

知识窗

物流企业的管理模式可分为集中化管理和分散化管理两种。集中化管理由一人负责领导整个公司的物流活动。其优点是可以密切控制各项物流活动，从而享受大规模运作带来的高效率；缺点是对各种突发问题的反应速度较慢，影响客户体验。分散化管理是指企业的各个组成部分分别建立各自的物流部门来进行自己经营中的实际物流工作。其优点是可以对客户的需要做出更快、更个性化的反应；缺点是不能通过仓库共享、共同采购和数据共享提高效率。

二、大数据在物流服务效率提升中的应用

在大数据支持下，物流配送中心能运用各项先进技术建立全自动化的配送体系。例如，很多自动化物流中心已经实现了机器人装卸、无人搬运等工作模式，货物的出库、入库、运输、储存等过程都可以借助自动化设备来完成。再加上EDI技术、RFID技术、二维码技术、无线网络传输技术的支持，数据交互平台可以直接展开产品生产过程的管控，以信息共享的方式为物流工作提供决策支持。此外，整个物流企业的信息化运作水平与服务效率得到稳定提高，以供应链为基础的信息共享模式开始形成，

构建现代智慧供应链，促进全球化物流的发展。即便是跨境物流运输，也可以在大数据的支持下精准地预测目标区域的需求和供给情况，制定选址与运输策略后，推进安全化物流以保障服务效率。

三、加强数字化物流技术的应用

随着网络技术和信息技术的快速发展，很多智能技术得到了广泛应用，如电子运单、人工智能和机器学习、云物流、物联网、区块链等技术应用成本逐渐降低，这就为智慧物流的建设和发展创造了机会。很多高科技被应用到智慧物流建设当中，有力地推动智慧物流产业的发展。同时，政府部门也非常重视本地区物流业的发展，对其发展给予政策上的帮扶及发展上的指导。大型物流企业要继续在智慧物流建设方面加大投入，运用好各项高科技，在物流产业的发展中发挥它们最大的应用价值，做好行业的发展标杆。中小企业也要转变发展思路，注重借鉴其他企业的发展经验，适当加大对智慧物流建设的资金和技术投入，促进企业的发展转型，力争利用技术优势在竞争激烈的物流行业占据一定的优势，实现更好的发展。

四、构建云平台

一般来说，大数据和云计算是密不可分的两项技术。目前，不少物流企业都构建了云平台，只需要将物流管理各个环节产生的信息进行数字化处理，上传到云平台上，就可以有效地实现不同物流企业之间信息传递与共享，从而使整个物流管理活动实现全程可追溯，出现问题也能够及时找到根源，既能够为物流管理提供信息支持，又能够为客户提供更加优质周到的服务。

延伸阅读

走进京东——学习智慧供应链的京东物流

京东集团2007年开始自建物流，2017年4月25日正式成立京东物流集团。京东物流是中国领先的技术驱动的供应链解决方案及物流服务商，以“技术驱动，引领全球高效流通和可持续发展”为使命，致力成为全球最值得信赖的供应链基础设施服务商。

京东物流建立了包含仓储网络、综合运输网络、配送网络、大件网络、冷链网络及跨境网络在内的高度协同的六大网络，具备数字化、广泛和灵活的特点，服务范围覆盖了中国几乎所有地区、城镇和人口，不仅建立了中国电商与消费者之间的信赖关系，还通过211限时达等时效产品和上门服务，重新定义了物流服务标准。在2020年，京东物流助力约90%的京东线上零售订单实现当日达和次日达，客户体验持续领先行业。截至2020年12月31日，京东物流在全国运营超过900个仓库，包含云仓面积在内，京东物流运营管理的仓储总面积约2 100万平方米。

京东物流的服务产品主要包括仓配服务、快递快运服务、大件服务、冷链服务、跨境服务等，其一体化业务模式能够一站式满足所有客户供应链需求，帮助客户优化存货管理、降低运营成本、高效地重新分配内部资源，使客户专注其核心业务。2020年，京东物流为超过19万企业客户提供服务，针对快消、服装、家电、家居、3C、汽车、生鲜等多个行业的差异化需求，形成了一体化供应链解决方案。京东物流是全球唯一拥有六大物流网络的智能供应链企业。

京东物流始终重视技术创新在企业发展中的重要作用。基于5G、人工智能、大数据、云计算及物联网等底层技术，京东物流正在持续提升自身在自动化、数字化及智能决策方面的能力，不仅通过自动搬运机器人、分拣机器人、智能快递车等，大大提升了仓储、运输、分拣及配送等环节的效率，还自主研发了仓储、运输及订单管理系统等，支持客户供应链的全面数字化，通过专有算法，在销售预测、商品配送规划及供应链网络优化等领域实现决策。凭借这些专有技术，京东物流已经构建了一套全面的智能物流系统，实现服务自动化、运营数字化及决策智能化。截至2020年9月30日，京东物流在全国共运营28座“亚洲一号”大型智能仓库。到2020年底，京东物流已经拥有及正在申请的技术专利和计算机软件版权超过4 400项，其中与自动化和无人技术相关的超过2 500项。

五、绿色物流战略

从经济可持续发展的角度来看，随着大量生产、大量消费而产生的大量废弃物对经济社会产生了严重的消极影响，这不仅因为废弃物处理困难，而且还表现在容易引发社会资源的枯竭和自然环境的恶化。所以，如何保证经济的可持续发展是所有企业在经营管理中必须考虑的重大问题，对于企业物流管理而言也是如此。

具体来说，要实现上述目标，从物流管理的角度看，不仅要在系统设计或物流网络的组织上充分考虑企业的经济利益和经营战略的需要，同时也要考虑商品消费后的循环物流，这包括及时、便捷地将废弃物从消费地转移到处理中心，以及在产品从供应商转移到最终消费者的过程中减少容易产生垃圾的商品的出现。除此之外，还应当考虑如何使企业现有的物流系统减少对环境所产生的负面影响，如使用新能源车辆以解决汽、柴油车造成的污染物排放问题等。

显然，要解决上述问题，需要企业在物流安排上制定一个完善、全面的规划，诸如配送计划、物流标准化、运输方式等，特别是制定物流管理体制时，企业不能仅仅考虑自身的物流效率，还必须与其他企业协调起来，从综合管理的角度，集中合理地管理调度、生产和配送活动。

➢ 任务实施

学生分小组成立一家虚拟物流公司，教师负责编写物流公司背景资料，学生根据资料选定预开发的目标市场，利用互联网调查中外目标市场的现状以及发展方向，制定出一份可行性较高的市场开发方案，每小组选派代表在课堂进行讲演汇报，教师做评价总结并打分。

任务二 物流延伸服务——物流金融

➢ 任务描述

甲建材厂商的产品主要销往欧美，自 2024 年起，由于国际订单量较少，产能过剩，公司大量裁员，资金周转困难，现金流面临断裂局面，经营陷入困境。

年初，企业接到一宗法国特大采购订单，完成该笔订单即可大大缓解经营困境。然而其遍寻多家银行、金融机构都没能解决采购生产资金的问题。

此时乙物流公司介入，在了解企业问题之后，发现甲目前虽然经营困难，但是产品的竞争力很高，只需对其供应链体系进行适当优化，即可在解决资金问题之后转入良性发展。同时，乙如果促成了该笔订单，又能极大地获得甲的信任，为后期的长期合作奠定一个良好基础。

于是乙进行了深入分析，并为甲设计了有针对性的管理优化方案：

（1）利用乙公司资源、技术和一体化供应链服务平台，为客户提供专业、高效的物流、通关、商检、信息处理等配套服务。

（2）与客户深度合作，以客户担保人的身份帮助客户向金融机构申请质押贷款，解决客户资金短缺困难。

（3）帮助客户实现从采购、生产到交货全过程的实时监控，提高运作效率。

（4）帮助客户提高生产计划、现场管理、品控等运作水平，有效增大产能。

（5）利用多种财务、金融工作和风控管理手段，做到全程信息监管，有效规避整个运作过程中的风险。

通过以上方案，甲企业成功完成订单，并且在配套解决方案的促进下，业务快速发展，企业经营成本大大降低。

在本案例中，甲乙双方达成合作的原因有哪些？物流金融的优势是什么？什么是物流金融？让我们带着这些问题进入本堂课的学习。

➢ 知识链接

我国物流产业作为国民经济支柱，已经显示出强劲的增长趋势，但是在蓬勃发展的表面下，仍存在着两大不利因素：一是物流产业的服务内容较为单一；二是国内金融业和物流产业缺乏合作。这两大不利因素也是导致物流服务效率低下的主要原因。

一、物流延伸服务概述和模式

（一）物流延伸服务概述

物流延伸服务是指物流企业提供一般性、基础性的服务以外的其他增值服务的总和。通常来说，延伸服务伴随着物流活动的产生而生产，且表现形式各有不同，具体内容包括：运输的延伸服务主要有运输方式与承运人选择、运输路线与计划安排、货物配载与货运招标等；仓储的延伸服务主要有集货、包装、配套装配、条码生产、贴标签、退货处理等；配送的增值服务主要有JIT工位配送及配送物品的安装、调试、维修等销售支持等。

（二）物流延伸服务模式

所谓物流延伸服务模式，是指在现有物流基础上，通过向两端延伸，向客户提供更加完善和全面的物流服务，从而提高物流服务的附加价值，满足客户高层次物流需求的经营模式。例如，仓储企业利用掌握的货源，通过购买部分车辆或者整合社会车辆从事配送服务；运输企业在完成货物的线路运输之后，根据客户的要求从事货物的临时保管和配送。

这种模式对于从事单一功能物流服务的传统物流企业来说，不仅可以拓展物流服务的范围，而且可以达到提高物流服务层次的目的。

二、物流金融

（一）物流金融的概念

物流金融的概念最早是由浙江大学经济学院的邹小芃、唐元琦提出来的，定义为“面向物流业的运营过程，通过应用开发各种金融产品，有效地组织和调剂物流领域中货币资金的运动”。

物流资金运动包括发生在物流过程中的各种存贷款、投资、信托、租赁抵押、贴现、保险、有价证券发行与交易以及金融机构所办理的各类涉及物流业的中间业务等。物流金融是一种物流的延伸服务，发挥着第三方中介人的作用。

（二）物流金融业务模式

按照融资对象的不同以及产品生产经营的不同阶段和方式，物流金融业务模式可以分成两大类。

1. 基于存货的物流金融业务模式

基于存货的物流金融业务模式包括两种业务形式：一是仓单融资；二是存货融资。

（1）仓单融资：又称为仓单质押融资，是指申请人将其拥有完全所有权的货物存放在银行指定的仓储公司，仓储公司出具仓单在银行进行质押作为融资担保，银行依据质押仓单向申请人提供用于经营专项贸易的短期款项，属于权利质押业务。

（2）存货融资：又称存货质押融资，是指申请人将其拥有的存货做质物，向银行转移所有权，同时将质物转交给具有合法保管存货资格的物流企业进行保管，以获得银行贷款的业务活动，是物流企业参与下的动产质押业务。

想一想

仓单融资和存货融资有什么区别？

2. 基于贸易合同的物流金融业务模式

这种业务模式有两种典型的做法：一是应收账款融资；二是订单融资。

（1）应收账款融资：又称发票融资，指企业将赊销形成的应收账款有条件地转让给专门的融资机构，使企业得到所需资金，加快资金的周转。应收账款融资是集融资、结算、财务管理和风险担保于一体的综合性金融服务。

（2）订单融资：指企业凭信用良好的买方产品订单，在能提供有效担保的条件下，由银行提供专项贷款，供企业购买原材料组织生产并进行其他经营活动，企业在收到货款后须立即偿还贷款的业务。

（三）物流金融实施的注意事项

在物流金融活动中涉及三个主体：物流企业、客户和金融机构。物流企业与金融机构联合起来为资金需求方提供融资，物流金融的开展对这三方都有非常迫切的现实需要（图7–1）。

（1）物流企业与客户、金融机构应建立长期的合作关系。物流企业为客户提供物流金融服务的基础是对客户有充分的了解。建立长期的合作关系，更有利于提高效率，防范物流企业金融风险；通过与银行建立合作关系，取得银行的信用，可以有效地解决金融服务的效率问题。

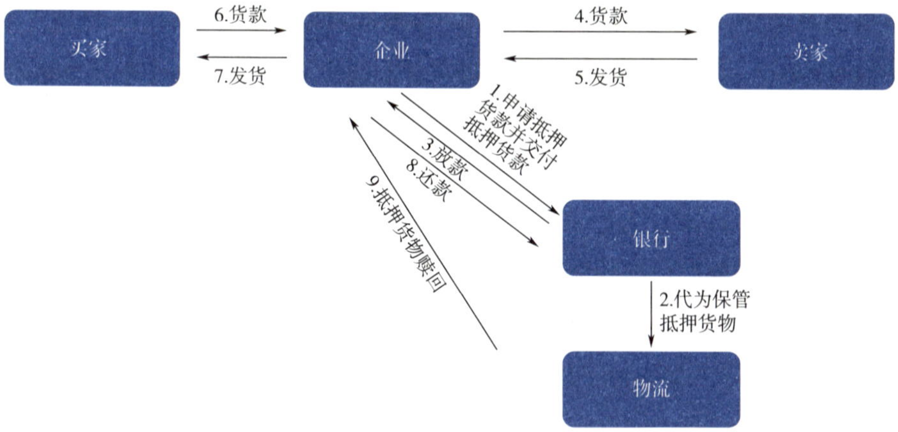

图7-1　物流金融活动

（2）加强对客户的信用管理。信用治理是现代企业的核心治理内容之一。信用作为买卖双方交易完成的根本保障，构成了契约关系的最重要基础。在物流企业金融服务过程中，通过对客户的资料收集制度、客户资信档案治理制度、客户资信调查治理制度、客户信用分级制度、合同与结算过程中的信用风险防范制度、信用额度稽核制度、财务治理制度，可以对客户进行全方位的信用管理。

（3）建立灵活快速的市场商品信息收集和反馈体系。通过这一体系，物流企业能把握市场行情的脉搏，把握商品的市场价值和销售情况变化规律，及时获得真实的资料，准确评估和选择质押货物，避免信息不对称情况下对质押货物的评估失真。

（4）实施有效的过程监控。在提供金融服务的过程中，物流企业要充分了解和即时监控商品的市场价格、企业的运营状况，以防范物流金融的风险。

延伸阅读

物流金融的诞生背景

20世纪80年代，由于我国信用体系发育程度较低，信用秩序混乱，信用缺失现象严重，如大量银行贷款逾期收不回来，成为呆账、死账，从而衍生出了新兴行业——担保公司。可是担保公司介入的方式并没有从根本上解决银行的风险问题。银行一般采用的担保方式主要包括实物担保和信誉担保。实物主要指通过房产、车辆、机器设备等实物财产进行担保。其中，固定资产比较多，流动资产比较少。但固定资产变现能力较差，银行一旦出现坏账，只能把固定资产打折处理给资产管理中心，如此就会造成银行的损失。信誉担保主要是企业之间互相担保，这种互保关系使很多企业承受了大量连带责任，导致企业不堪重负。

正是因为诚信机制的不完善和固定资产担保出现的一系列问题，才产生了质押监管物流金融模式。物流金融就是重新打造一个链条，用自己的货物进行贷款的担保，从而大大提高银行资金的安全度和社会经济的安全度。

➢ 任务实施

教师提供一家虚拟小型物流公司的背景资料，学生分组讨论该公司存在的问题，并就如何开展物流延伸服务、助力公司稳步持续发展拟订一份可行性报告。

任务三 物流企业深度开拓市场的流程

➢ 任务描述

任职于××物流公司的员工小李上下班时，每天都会路过甲方的工厂，他发现工厂门口进出的货车比较多，这引起了他的兴趣。平时，只要有空，他就来到这家工厂的门口蹲点，跟从工厂出来抽烟的人员聊天。渐渐地，就拿到了负责物流以及采购的人员的名字及联系方式，并建立起了联系。第一年参加该工厂的招标，因为对业务了解得不够透彻，加上关系不够深入，物流公司未能中标。第二年，小李继续跟进这个业务，通过进一步的调查，了解到该工厂领导与目前的承运商领导关系较深，所以切入的难度很大。但小李始终没有放弃，一直与工厂相关负责人保持联系。后来工厂高层出现人事调整，原领导被调离岗位，新领导梳理了所有的采购工作，并重新对物流业务进行招标。因为甲方的高层有意要切换，所以当小李所提供的报价和方案跟原承运商提供的价格和服务差不多时，该物流公司很快就被甲方确定为新的承运商。

想一想，我们在开发客户时需要注意哪些问题？

➢ 知识链接

对于新进物流业务员来说，开发客户是最重要的。而第一个客户的开发往往是最难的，并且印象是最深的。一名优秀的业务员除了要具备专业素养，还需要详细的市场调研和完善的计划方案。只有这样才能少走弯路，避免过多无用功，使工作开展得更顺利。具体的开发流程通常包含以下几个方面。

一、实地调查、确认目标

在整个市场开拓过程中，对选定区域内客户情况的调查摸底是基础的一个环节。

在这个阶段，最为重要的是求证。我们不能片面地听取某一方的声音，而应该从不同消费者角度全方位地了解，并结合客户市场管理资料（即该客户的诚信情况）估计、预测其实际物流服务需要量，采用科学的分析预测法，最大限度地减少误差。

二、客户细分

即使同一场所的客户，他们之间也存在着巨大的差距。想要做好客户沟通，提高沟通成功率，我们既要全面掌握客户的基本情况，更要了解客户的经营意愿、配合度。根据客户销售情况、经营意愿的不同组合，可将客户分为以下四类：

A类客户：销售好、经营意愿高。

B类客户：销售好、经营意愿低。

C类客户：销售一般、经营意愿高。

D类客户：销售一般、经营意愿低。

通过客户细分，可以很快地找到我们的重点客户，即需要攻克的对象，也可以更好地针对不同类型的客户采取不同的沟通和营销方式。

三、采取不同策略与客户进行有效沟通

（一）A类客户

要突出一个“诚”字。这类客户是比较容易营销成功的对象，他们本身具有较强的销售能力，对整体市场情况也比较了解，我们只要找到其主管人员，就可以很快进入实质性磋商阶段并就销售各方面的工作达成协议。在磋商时，我们要注意站在客户的角度考虑问题，多进行利益引导，积极营造一种良好的沟通氛围，让客户觉得协议销售就是我们为他们提供的一种合作意愿，使客户对自身利润实现的可能性充满信心。

（二）B类客户

要找对人、做对事。这类客户本身的经营能力比较强，消费群体也比较大，消费水平比较高，但经营意愿却低。其中一个原因是我们没有找到沟通的正确对象，没有了解到真实信息。另外一个原因是我们没有掌握客户所想要了解的东西，不知道客户想要什么。因此，针对这类客户，我们要找对人，要找到真正能做出决策的人员；同时，我们要做对事，要有针对性地为客户提供他所想要的信息。

（三）C类客户

要突出“勤”字。这类客户是我们的重点客户，他们的销售量虽然不大，但他们的意愿很高，容易沟通，配合度高。通过客户经理的经营指导，他们的销售量可以得到有效提高，他们的利益可以逐步提高，他们的忠诚度和依赖度也是最高的。对这类

客户，我们不要因为客户销售量不大而退缩，而是要多走多听多问，多为客户量身制订物流服务计划，使客户真正从我们的指导中得到实惠，让他们逐步成长为我们的核心客户，真正实现客我双赢。

（四）D类客户

要突出耐心。该类客户由于没有在物流服务中获得满意的利润，因此他们的经营意愿长期处于一种消极状态，是我们的攻坚对象。我们可以把这些客户放在市场开拓的中后期，通过前三类客户经营的成功和利润的获取，使该类客户看到物流服务所带来的利润，从经济上不断提升该类客户的合作意愿。

四、达成协议

在进行有效的沟通并取得客户的信任和肯定后，我们就要进入实质性的流程中，即签订物流服务协议。客户已经充分了解企业提供的物流服务后，应该趁热打铁，就双方提供与使用物流服务签订服务合同。

五、跟踪与反馈

签订物流服务合同后，要对客户服务进行跟踪和反馈，主要考察企业提供的服务是否满足客户的要求，是否按照规定的时间实施，是否给客户带来利润的增加等。同时，对于在服务过程中遇到的困难和不足，应该第一时间联系客户，一起商量解决问题的办法，争取把损失降到最低。上述物流方案的顺利实施与否直接关系到客户的维持与中断，给企业以后的发展带来巨大的影响，理应详细记录，留作档案。

➢ 任务实施

学生分小组编写一份物流市场调查问卷并在当地进行实地调研，分析该地区的物流市场类型，完成调研报告后与全班同学分享。

任务四 业务员开拓市场所必有的“六心”

➢ 任务描述

乔明月是某物流公司非常有经验的业务员，为公司谈成了不少订单，同时她经手的新客户往往都能发展成老客户，公司每年新招业务员的岗前培训，都会让乔明月分享工作经验，她常说的一句话就是：寻找客户的方式很多，没有固定路数，但要把握两个关键——“人”和“信息”。只有经过系统的规划和适当的实施，才能取得最大的效果。而完成了“寻找到目标客户”，甚至完成对目标客户的情况了解、分析工作，仅仅是个开始，在开发市场中可能仅仅完成了10%不到的进度。物流开发工作如果细细说来，每个业务员、经理人都会有自己的观点、办法和思考。

➢ 知识链接

常言道：市场是没有硝烟的战争。然而，市场也是培养营销专家最好的地方。从某种程度上来讲，能成功开拓市场，也是优秀业务员综合能力的反映。就业务员来说，要想成功开拓市场，一定要具备以下“六心”。

一、市场开拓需要信心

如果不能将自己想象为成功者，就永远不会成功。“人之所以能，是因为相信自己能。”如果业务员展现出自信和专业性，客户就会对业务员的话语产生信任感，并愿意与其合作。如果业务员展现出自卑和消极的态度，客户也会受到感染，进而对产品或服务产生厌烦情绪和不信任感。同时，在面对各种挑战和拒绝时，只要有信心，就能坚定地面对困难，找到解决问题的方法，从而更好地开拓市场。拥有充分的自信往往会给客户留下良好的形象，展现出专业性和自信度，有利于建立长期稳定的合作关系。

因此，信心是业务员开拓市场时非常重要的品质，能够帮助业务员更好地实现销售目标并建立良好的客户关系。

二、市场开拓需要决心

开拓市场过程中会遇到各种挑战和困难，通常是一项长期并且艰苦的工作，需要持续投入和努力。同时，在与客户沟通过程中，一定会伴随拒绝和失败，而每次的无效沟通过程中，都会积累担忧和害怕再次沟通的负面情绪。因此，自己的决心就成为重要的精神支柱。坚定不移的决心使人能够坚持不懈地进行市场开拓工作，不轻言放弃，从失败中汲取教训，敢于挑战并尝试新的方式和方法，继续努力寻找下一个机会。此外，决心也是团队领袖必须具备的一项心理素质。领袖的决心能够传达给整个团队，带领团队克服困难，推动整个团队向着共同的目标努力。

三、市场开拓需要热心

市场开拓者需要极高的热情，对自己的事业要充满热情，对同仁要充满热情，对市场前景要充满热情，最终让客户感受到你的热情。这关系到以下几点：

（1）建立关系。热心的态度会让客户感受到业务员真诚的关心和热情，有利于建立良好的人际关系，建立起长期合作的基础。

（2）建立信任。热心的服务态度可以让客户感受到被重视和尊重，从而增加客户对业务员的信任感，提升合作的可能性。

（3）提升服务质量。热心的业务员会更加关注客户的需求和反馈，努力为客户提供更好的解决方案和服务，从而提升整体的服务质量。

（4）增加动力。热心的态度不仅可以感染客户，还能激发团队成员的工作热情和动力，促进团队合作，共同努力实现市场开拓目标。

总体来说，热心是市场开拓过程中非常重要的品质，有助于建立良好的人际关系，提升服务质量，激发团队动力，打造积极形象，从而更好地推动市场开拓工作。

四、市场开拓需要爱心

优秀的业务员应该是一个真正有爱心的人。业务员的热情表现为在与客户沟通时传达积极乐观的态度，而爱心则表现为发自内心、设身处地为客户着想。这种无私的爱是不计回报的付出，但其所获得的回报则无法量化。因为事实上，业务员认识的所有人，乃至这些人的家人、朋友、同事等，也都是他的潜在顾客。爱心使业务员与客户建立真诚的连接，建立长久的合作关系，它可以帮助业务员打开更多潜在顾客的心扉，帮助他们解决生活中遇到的问题，也因此实现自己的销售目标。

五、市场开拓需要恒心

开拓市场需要恒心，要坚持不懈地推进市场开拓工作，尤其是在遇到困难和挫折时，要坚定信念和目标，保持积极乐观的态度，不断寻找突破口和机会。

恒心有别于决心，后者强调以扩大市场作为一个阶段的工作目标并准备为此付出工作和努力，而恒心则强调实际工作中持续不断坚持。因为实践中一定会遇到无法预想到的挫折和困难，而突破它们的唯一方法就是要有百折不挠的恒心。

延伸阅读

推销之神原一平

原一平出生于日本长野县。23岁时，他离开长野到东京打拼。1930年，原一平进入明治保险公司成为一名见习业务员。由于他身高只有1.45米，被人嘲笑是“矮冬瓜”，公司老板和其他员工都欺负他，经常当佣人一般使唤还不给发薪水。为了节省开支，他过的是苦行僧式的生活：不吃中午饭，不搭公共汽车，租小得不能再小的房间容身。这一切并没有打垮原一平，他内心时刻燃着“永不服输”的火，鼓励着他愈挫愈勇。他对着镜子苦练微笑，并把微笑分为 38 种。为了赢得客户的信任，他曾经在近 4 年的时间里登门拜访 70 余次，最终获得成功。1936 年，原一平的业绩遥遥领先公司其他同事，成为全公司之冠，并且夺取了全日本的第二名。36 岁时，原一平成为美国百万圆桌协会成员，协助设立全日本寿险推销员协会，并担任会长至 1967 年。因对日本寿险的卓越贡献，原一平荣获日本政府最高殊荣奖，并且成为百万圆桌协会的终身会员。原一平 50 年的推销生涯，可以说是由一连串的成功与挫折所构成的。他成功的背后，是用泪水和汗水写成的辛酸史。

六、市场开拓需要平常心

市场开拓者需要一颗平常心。市场开拓过程中会面对各种挑战和变化，保持平常心有助于保持冷静和稳定的情绪，让人能够客观地看待市场情况和竞争对手，做出理性决策，避免被主观情绪左右而影响判断。同时，客户也更愿意与遇事沉着冷静、处变不惊的合作伙伴打交道，拥有平常心更容易留住老客户，从而降低客户流失率。平常心是市场开拓过程中非常重要的一种心态，它能让人在各种情况下保持理性和稳定，更好地应对挑战，取得成功。

➢ 任务实施

通过本节内容认真体会业务员的“六心”。教师设计一场情景剧，分为物流业务员、甲方基层员工、甲方经理三种角色并分别安排每种角色的任务，由学生实景演绎，教师负责点评总结并为三名同学的表现打分。

◎ 应用训练

一、行动准备

1. 角色分配（分组）

6 人一小组，成立模拟物流公司的营销部门。

2. 教具

课件一个、张贴板一块、水笔若干、板钉若干、书写卡。

3. 学生任务

（1）将相关理论知识阅读一遍。

（2）上网或利用其他工具查找和物流企业市场深度开拓有关的内容。

二、行动过程

第一步：教师下达任务书。

第二步：小组讨论和完成任务。

第三步：小组成果展示。每一组派一名代表将讨论的成果贴在张贴板上，并对内容进行讲解和分析。

第四步：教师对学生的行为进行点评，并对知识内容进行总结。

◎ 学后测评

一、单选题

1. 仓储的延伸服务不包括（　　）。

A. 集货　　B. 货运招标　　C. 条码生产　　D. 包装

2. 物流金融是一种物流的延伸服务，发挥着（　　）的作用。

A. 第三方中介人　　B. 买家　　C. 卖家　　D. 银行

3. 运输企业在完成货物的线路运输之后，根据客户的要求从事货物的临时保管和配送属于（　　）。

A. 物流基础服务　　B. 物流延伸服务　　C. 物流金融　　D. 物流标准服务

4.（　　）由于没有在物流服务中获得满意的利润，因此他们的经营意愿长期处于一种消极状态。

A. A类客户　　B. B类客户　　C. C类客户　　D. D类客户

5. 市场开拓一方面需要技巧，另一方面更需要时间，因此业务员必须具有（　　）。

A. 热心　　B. 平常心　　C. 恒心　　D. 爱心

二、多选题

1. 在全球化物流战略的实施过程中，我们应该注意（　　）。

A. 不仅要考虑规模经济，更要发挥范围经济

B. 必须向其他大型跨国物流企业看齐

C. 必须处理好集中化与分散化物流的关系

D. 以国内物流战略规划为基础

2. 配送的增值服务主要有（　　）。

A. 工位配送　　B. 配送物品的安装

C. 配送物品的调试　　D. 配送物品的加工

3. 在物流金融活动中涉及三个主体（　　）。

A. 法院　　B. 物流企业　　C. 客户　　D. 金融机构

三、简答题

1. 互联网物流战略具体体现在哪两个方面？它和传统物流之间的关系是什么？

2. 在物流金融活动中主要涉及哪三个主体？应如何处理好三者之间的关系？

四、案例分析

2024 年 4 月，朱家桥分公司钢材物流事业部理货员正式进驻开发区某企业钢材仓库，进行钢材理货、分拨、配送业务，这是分公司为认真贯彻董事长在 2023 年工作报告中提出的积极打造钢材中转基地的要求而开展的物流延伸服务工作。

2024 年以来，港口钢材中转量同比有大幅度的增长。为进一步巩固钢材中转量，努力为客户提供更为快捷、简便、高效、优质的服务，打造钢材中转基地，由分公司牵头，与钢材使用单位、钢材供货单位分别签订协议，并由港口理货员在客户单位仓库进行钢材理货、分拨、配送，从而使钢材进港后，直接运输到钢材客户需求单位。同时，根据供货方的发货指令，直接将不同型号、不同规格、不同品种的钢材分拨、配送到钢材需求单位的相关车间、仓库。此项延伸物流服务的开展，不仅缩短了钢材物流运输时间，提高了钢材分拨的准确率，同时也减少了钢材在港口的库存时间，缓解了港口库场的压力，提高了港口经济效益，为打造钢材中转基地积累了经验。据悉，到2024年4月底，通过开展物流延伸服务运作的钢材量就达1.5万吨。

问题：案例中朱家桥分公司的钢材流通方式说明了哪一点？如果你是这家分公司的总经理，结合案例中的物流处理方式，你应该如何进一步给客户提供物流延伸服务？

参考文献

[1] 赵铁. 市场营销[M]. 北京：清华大学出版社，2018.

[2] 吴作民，孙雀密，陈旭. 市场营销[M]. 南京：南京大学出版社，2018.

[3] 刘斌. 物流管理[M]. 北京：高等教育出版社，2021.

[4] 段满珍. 物流管理[M]. 北京：北京交通大学出版社，2022.

[5] 石小平，任翔. 物流市场营销[M]. 重庆：重庆大学出版社，2019.

[6] 何善华，张俊，曹静宇. 物流市场营销[M]. 天津：天津科技翻译出版公司，2021.

[7] 刘晓燕，王晔丹，方秦盛. 物流市场营销[M]. 武汉：华中科技大学出版社，2019.

[8] 旷健玲. 物流市场营销：第二版[M]. 北京：电子工业出版社，2020.

[9] 国家标准化管理委员会. 物流术语：GB/T18354—2021[S]. 北京：中国标准出版社，2021.